国家发展和改革委员会经济研究所第二届亚洲宏观经济论坛

Taming Inflation:
the Common Challenge for
Emerging Asia

东亚主要经济体

应对通货膨胀的国际经验

孙学工 等著

经济管理出版社
ECONOMY & MANAGEMENT PUBLISHING HOUSE

图书在版编目（CIP）数据

东亚主要经济体应对通货膨胀的国际经验/孙学工等著. —北京：经济管理出版社，2012.10
ISBN 978-7-5096-2125-7

Ⅰ.①东… Ⅱ.①孙… Ⅲ.①反通货膨胀—经验—东亚 Ⅳ.①F823.105

中国版本图书馆 CIP 数据核字（2012）第 232135 号

组稿编辑：徐 雪
责任编辑：徐 雪 赵 杰
责任印制：黄 铄
责任校对：超 凡

出版发行：经济管理出版社
（北京市海淀区北蜂窝 8 号中雅大厦 A 座 11 层 100038）
网 址：www. E-mp. com. cn
电 话：(010) 51915602
印 刷：三河市延风印装厂
经 销：新华书店
开 本：720mm×1000mm/16
印 张：13.75
字 数：253 千字
版 次：2013 年 5 月第 1 版 2013 年 5 月第 1 次印刷
书 号：ISBN 978-7-5096-2125-7
定 价：48.00 元

前 言

亚洲宏观经济论坛是由国家发展和改革委员会经济研究所举办的主要讨论东亚地区宏观经济问题和政策的国际学术研讨会。本论坛的创立旨在为本地区的宏观经济政策研究者提供一个相互学习讨论和交流的平台，以便更好地为各国的宏观经济决策服务，进而促进本地区在宏观经济政策领域内的协调与合作并提高本地区宏观经济决策的质量。至 2011 年本论坛已经成功举办了两届，在东亚地区的影响不断扩大，目前除文莱外的其他所有东盟成员国，以及日本、韩国和印度均派代表出席过本论坛。一些国际组织或多边机构如国际货币基金组织、亚洲开发银行、欧盟和东盟东亚研究所也派代表出席论坛并发言。论坛的举办也得到国家发展和改革委员会领导和国内各有关部门的大力支持。国家发展和改革委员会副主任朱之鑫同志出席了首届论坛并为第二届论坛发了贺信，国家发展和改革委员会相关司局领导出席并参加了讨论。由财政部和外交部管理的亚洲区域合作专项资金为论坛的召开提供了资助。国内相关政策研究机构也积极参与了论坛的各项活动。对于来自国内外各方对亚洲宏观经济论坛的大力支持，我们作为会议组织方深表感谢。

第二届亚洲宏观经济论坛的主题是“东亚主要经济体应对通货膨胀的国际经验”，主要分析研讨东亚主要经济体在金融危机复苏阶段出现通货膨胀的原因与政策应对。与会学者主要围绕东亚主要新兴经济体通胀形势与趋势、通胀形成机理与成因、应对通胀的政策与效果以及加强地区宏观经济政策合作协调等方面展开研讨。出席本次论坛的有国家发展和改革委员会与中国人民银行等负责中国宏观经济决策的领导同志，国务院发展研究中心、中国社会科学院、国家发展和改革委员会宏观经济研究院等国内重要研究机构的专家学者。出席本次论坛的国外学者来自国际货币基金组织、日本银行、东盟和东亚经济研究所、马来西亚中央银行、韩国金融研究所、印度国家应用经济研究所、泰国发展研究所、越南中央经济管理研究院、新加坡管理大学以及印度尼西亚茂物农业大学。本次论坛共提交大会发言论文 14 篇，交流论文 18 篇，内容涉及各国通胀形势分析、反通胀的财政货币政策、大宗商品价格、农产品价格等。为了使更多的学者和读者了解第二届亚洲宏观经济论坛的内容，特把会议论文结集出版，并按内容分为国际篇和中国篇。论文观点都为作者所有，并不代表作者工作单位和所在国政府。书中不妥与错误之处，也敬请读者批评指正。

孙学工

2013 年 5 月

目　录

国际篇

中国篇

国际篇

东盟经济体通胀发展趋势

一、概述

自从21世纪开始，东盟国家和地区的决策者不得不在“抗通胀”和“保增长”这两个目标之间寻求平衡。2008年之前，在供给冲击、国内货币供给增长（资本流入对此起到推波助澜的作用）、产出缺口扩大以及通胀预期强烈等因素的综合影响下，东盟国家和地区物价上涨现象旷日持久。2008年末至2009年，东盟各国和各地区经济深深陷入衰退的泥沼，决策者大力推行积极的财政、货币政策以刺激经济增长。然而，这些刺激政策在促进经济快速回复的同时，也带来了通胀高企的隐患。2010年初，物价水平迅速抬头。这轮通货膨胀处于全球经济“双轨”的背景下：亚洲与其他新兴市场国家面临过热压力，发达经济体则陷入低增长的困境中难以自拔，如图1所示。

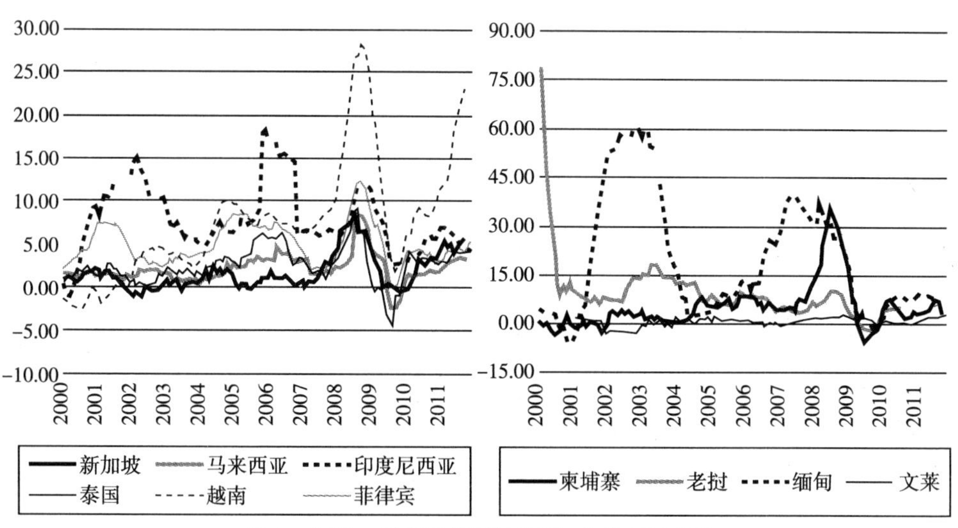

图1 东盟：通货膨胀整体趋势（同比变化率）

资料来源：中国香港环亚经济数据有限公司。

2010年中开始，抗通胀成为欧盟经济体决策者面临的首要问题。随着2011年中通胀水平创下新高，人们开始担心2008年的通货膨胀高涨态势可能重演。在欧元区危机迅速恶化、美国经济持续疲弱、全球经济前景堪忧的背景下，2011年第三季度欧盟国家经济迅速下滑。此时，多数东盟国家和地区的通胀压力开始缓解，政策重心再次向扩张模式转变。

与此同时，东盟国家和地区的资产价格经历了与物价水平差不多的变化趋势，如图2所示，但先于物价停止上涨或有所下滑。资产价格运行主要由国内流动性驱动，后者则进一步取决于资本流入和央行的货币政策取向。

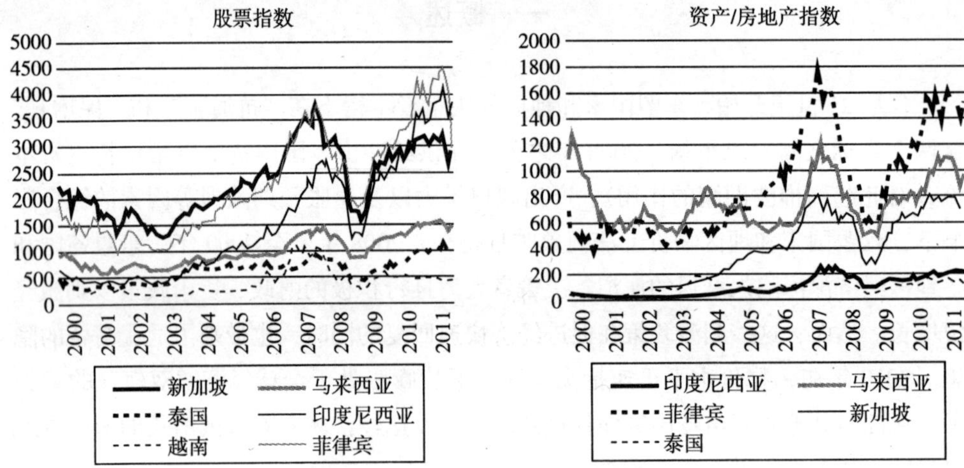

图2　东盟：证券与房地产指数

资料来源：中国香港环亚经济数据有限公司。

本文旨在对近年来东盟经济体的通胀趋势与政策应对加以论述，同时从整体上对政策的有效性进行评价，最后试图对应对通胀的中长期策略与政策框架提出建议。

二、东盟经济体的通胀趋势

东盟经济体近期的通货膨胀呈现出一些共同特征：第一，食品和能源是物价上涨的主要推动因素。这二者对CPI指数上涨的贡献都超过了50%，与东北亚国家和地区形成了鲜明对比（如表1所示）。第二，东盟内部较大经济体纷纷提高汇率决定机制的灵活性。[①] 第三，多数东盟国家和地区针对资本流入的政策较为开放。受此

① CLMV国家（柬埔寨、老挝、缅甸、越南）货币都不同程度的美元化，文莱林吉特与新加坡元挂钩。

影响，这些国家对于资本流动的不稳定性十分敏感，相应的预防措施却常常徒劳无功。正因如此，2008 年全球金融危机之后东盟经济体纷纷加强了资本管制。第四，在中央银行是否应当把盯住通胀作为首要目标这一问题上难以达成一致。在 10 个东盟国家中，目前只有泰国、菲律宾和印度尼西亚实施了明确的盯住通胀政策。

表 1　食品、能源在 CPI 篮子中占比

	食品（%）	能源（%）
中国	33.00	5.00
韩国	15.90	5.90
日本	25.86	6.05
印度	60.20	14.20
新加坡	23.40	5.30
马来西亚	31.40	13.80
泰国	36.10	9.70
印度尼西亚	45.30	15.20
越南	42.70	10.10
菲律宾	46.60	7.00
柬埔寨	42.70	8.70
缅甸	64.90	8.80
老挝	55.00	12.00
文莱	28.80	22.50
亚洲新兴市场国家	36.40	8.80
新兴市场国家	27.00	6.50

资料来源：中国、韩国、印度、新加坡、马来西亚、泰国、印度尼西亚、菲律宾数据来自 IMF 世界经济展望 2011 年 9 月数据库。柬埔寨、缅甸、老挝、越南、文莱来自亚洲开发银行数据。日本数据来自 CEIC 数据库。

尽管东盟国家和地区内部造成通胀出现的特定因素各不相同，这些成因却皆受到全球因素的影响。2008 年全球金融危机爆发之前，通胀压力不断上升的原因主要是：大宗商品价格攀升（尤其是食物和能源）、区域资本流入激增、产出缺口扩大以及长期经济强劲增长背景下的通胀预期增强。大宗商品价格与资本流入亦是危机后复苏期通胀形成的重要原因。在这一时期，大规模的财政货币刺激政策也是推动通货膨胀的关键因素。

国际货币基金组织（IMF）在 2010 年 10 月的《亚太经济展望》中对东盟国家和地区近期的通胀推动因素进行了研究和总结。该研究认为，包括东盟在内的亚洲国家和地区通胀主要由供给冲击和货币冲击引起，产出缺口在其中发挥的作用并不显著。除了印度尼西亚（商品生产大国）之外，大宗商品和食物价格上涨是东盟国家和地区通胀形成的重要推手。原因在于这些国家和地区的开放程度和对石油与食物进口的依赖程度较高。有意思的是，这项研究同时发现，供给冲击对通胀的影响日益降低，而产出缺口对其的影响却越来越强。此外，货币冲击的负面作用也日渐削弱，尤其是在货币政策目标明确、汇率形成机制灵活的国家，例如实施盯住通胀货币政策的印度尼西亚、泰国、菲律宾等。

如前所述，与发达经济体及其他亚洲国家和地区相比，食物和能源价格在东盟国家和地区的 CPI 篮子里所占比重要高得多。实际上，2009 年末至 2011 年中期，东盟国家和地区通胀高企的主要推动力就是食品与能源价格的持续上扬。这也解释了广义通胀与核心通胀之间存在的差异，因为在多数东盟国家和地区，核心通胀用于衡量经济体内部长期潜在的价格趋势，食物和能源则因其主要由国际因素决定而通常被剔除。

与其他东盟国家和地区不同，新加坡核心通胀计算中是包含食物和能源价格的。[①] 原因在于新加坡经济具有小而开放的特点，国内消费品主要依赖于进口，因而难以剔除食品和能源价格的影响。新加坡的核心通胀剔除另外两个项目——私人租房成本与交通成本，该国货币当局认为其具有“非持续性、非普遍性”。因此，2009 年末至 2011 年初食品与能源价格显著上涨时期，新加坡的核心通胀与广义通胀运行轨迹十分接近。但是 2011 年初以来，租房成本与交通成本成为影响价格走势的主导因素，此时核心通胀与广义通胀呈现出较大差异（如图 3 所示）。

然而，近期的研究将重点指向食品、能源价格上涨对广义通胀的“第二轮”效应，即其对通胀预期形成的影响。IMF 最近的一份研究报告指出，由于核心通胀篮子里不包括食品和能源价格，受二者价格上涨的影响，通胀更多地体现为由广义通胀向核心通胀传导。的确如此，直到 2011 年 9 月，尽管面临经济减速的局面，东盟国家和地区对 2011~2012 年的通胀预期依然强烈。[②] 具体来看，2011 年 4~9 月，多数东盟国家和地区内部针对 2011 年的通胀预期明显提升，对 2012 年的通胀预期则相对缓和。

近期来看，全球大宗商品价格预计将保持稳定，多数东盟国家和地区的外部需求持续疲弱。总体上原油和食品价格已经达到近期峰值并出现缓和迹象（如图 4 所示）。但是由于大米价格受到近期严重的供给冲击，自 2010 年 5 月以来大米储蓄持续处于上升趋势。湄公河区域的洪水对泰国、越南、柬埔寨这三个全球大米出口大

---

① Ong et al.，2011.

② IMF，Asia Regional Economic Outlook，October 2011.

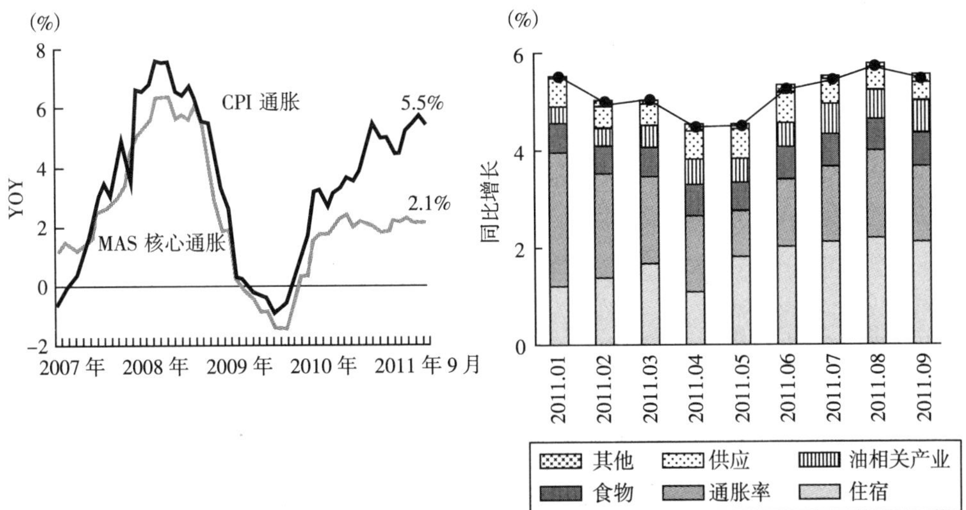

图 3 新加坡通胀趋势及成因

资料来源：EPG，MAS estimates.

国造成重创（其大米出口量分别位列全球第一、第二、第五），大米价格攀升显著推动了东盟国家和地区的食品价格上涨（菲律宾、印度尼西亚、马来西亚是全球最大的大米进口国）。

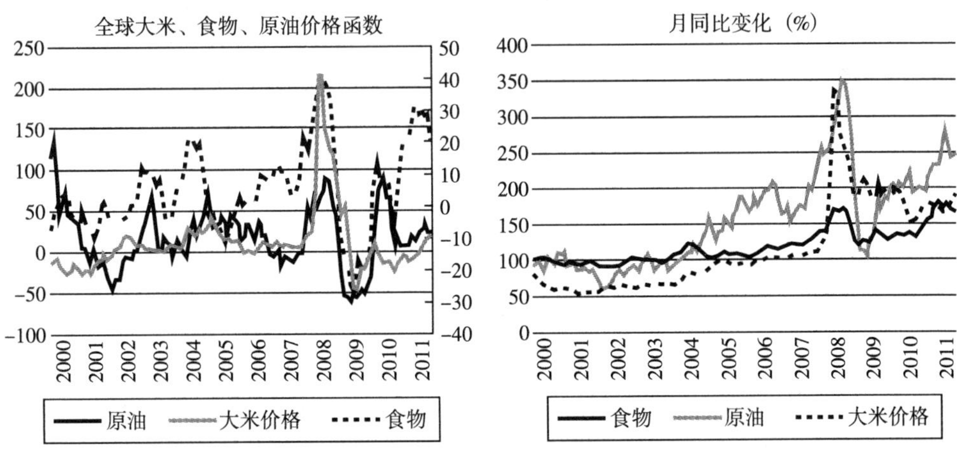

图 4 全球大米、食物、原油价格函数

资料来源：IMF Database. Food and crude oil index data in real terms，as deflated by U.S. consumer price index. Rice price data uses 5 percent broken milled white rice，Thailand nominal price quote，US$ per metric ton. Crude Oil change based on LHS axis，Food price change based on RHS axis.

资产价格的迅速下降将形成显著的负面财富效应。东盟国家和地区的资本流入也面临减速，印度尼西亚等几个国家近几个月的资本流出迅速增加。这些因素将有助于使该区域的通胀处于可控范围之内。

然而与此同时，东盟国家和地区政府为了应对经济下滑，政策倾向于货币、财政扩张，限制了产出缺口收窄、通胀下降的步伐。一些国家已经开始实施扩张性政策，例如印度尼西亚银行于 2011 年 10 月、11 月下调基准利率总计 75 个 BP。

三、应对通胀的政策措施

如图 1 所示，东盟 6 个核心国家和地区中，新加坡、马来西亚和泰国应对通胀的表现一直好于其他国家和地区，无论是在 2008 年危机之前还是之后，多年来这三个国家总体上能将广义通胀水平控制在 3%以下。印度尼西亚和菲律宾在 2008 年金融危机之后应对通胀比之前效果显著：危机前两国广义通胀水平长期处于 5%以上，危机之后下降到 5%以内，印度尼西亚尤其能够比其他国家和地区更快地将通胀水平降低。唯一的例外是越南，该国的广义通胀平均处于 20%以上。

2008 年之后东盟国家和地区的通胀水平与其应对政策的关系值得研究。东盟国家和地区使用了一系列政策工具，例如允许货币升值以应对输入性通胀，尤其是食品和能源。

如图 5 所示，2009 年 7 月至 2011 年 6 月，除了越南盾之外的大部分东盟国家和地区货币对美元显著升值，以印度尼西亚卢比和新加坡元为首。同时，货币升值也受同时期大规模资本流入的影响。控制通胀得力的国家汇率决定机制往往更为灵活。特别是新加坡，由于具有经济体量小、对外依存度高等特点，其将货币升值作为阻止输入性通胀的主要手段。此外，有研究表明，汇率变动与国内进口价格之间有显著的传递关系。①

2008 年全球金融危机之前，新加坡金融管理局（MAS）允许名义有效汇率（NEER）显著升值以对冲输入性通胀。2010 年，由于通胀风险再度来袭，MAS 提升新加坡元的波动区间并允许大幅升值来扭转危机时期宽松的货币政策。2011 年 4 月，MAS 再度上调汇率波动区间，允许 2011 年下半年新加坡元对美元升值 5%。2011 年 10 月，由于全球经济衰退风险显现，MAS 将汇率政策从“较为陡峭的升值（3%）”转变为“缓和渐进的名义有效汇率升值”。②

货币政策目标在应对通胀方面同样发挥了重要作用。2010 年早期开始，东盟

① Chew et al.，2009.

② MAS 货币政策公告。

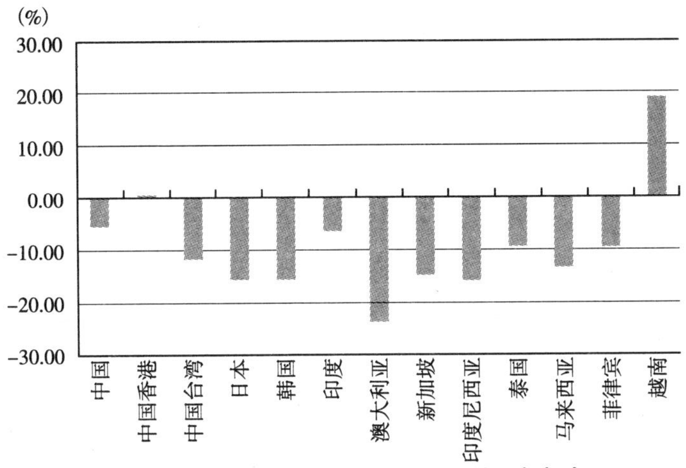

图 5 2009 年 7 月至 2011 年 6 月亚洲汇率变动

资料来源：彭博资讯公司。

各国和各地区（最明显的是马来西亚、泰国、印度尼西亚、菲律宾）纷纷数次提高基准利率，扭转或超过了危机时期利率的降幅。马来西亚和印度尼西亚还同时提高了存款准备金率以阻止货币供给的增长，如表 2 所示。这些政策的有效性还不明朗，但大多东盟国家和地区还维持着负的实际利率，如图 6 所示。

表 2 东盟国家和地区通胀应对政策

	政策利率	货币升值	存准率要求	价格控制、补贴和行政措施
马来西亚	2010 年：3 月至 8 月末 3 次提高利率共计 75 个 BP 至 2.75%。衰退时期利率曾被降低至历史最低	2009 年 7 月至 2011 年 6 月林吉特对美元升值约 13%	2010 年：银行存款准备金率保持 1%	2010 年：基本商品实行价格控制
	2011 年：上半年 2 次提高利率		2011 年：4~7 月为吸收过剩的流动性，央行分 3 次提高商业银行存准率至 4%	2011 年：政府出台价格控制 20 项措施
印度尼西亚	2008 年：5~9 月央行提高基准利率 125 个 BP 至 9.25%	2009 年 7 月至 2011 年 6 月卢比对美元升值近 17%	2010 年：自 11 月 1 日起，央行提高银行存准率以吸收银行体系过剩流动性	政府向燃料和其他基本商品持续提供补贴
	2010~2011 年：央行仅提高利率 1 次（2008 年 10 月至 2009 年 8 月下调 300 个 BP 至 6.5%）			

续表

	政策利率	货币升值	存准率要求	价格控制、补贴和行政措施
菲律宾	隔夜拆借利率（Overnight Borrowing Rate）和隔夜借款利率（Overnight Lending Rate）分别提高至 6%和 8%，共计 100 个 BP	2009 年 7 月至 2011 年 6 月比索对美元升值近 10%		价格控制
	2011 年：上半年央行 2 次提高利率 50 个 BP（危机时期利率下调 200 个 BP）			
泰国	2008 年：7 月、8 月央行分别提高利率 25 个 BP	2009 年 7 月至 2011 年 6 月泰铢对美元升值约 10%		2008 年：政府低价出售大米库存并于 3~7 月临时对柴油实施补贴。政府要求石油炼制企业减少柴油炼制利润
	2010 年：7 月、8 月共提高利率 50 个 BP（危机时期降低利率 250 个 BP 至 1.25%）			2008 年：8 月起实施控通胀的一揽子政策，为期 6 个月，包括降低以纯酒精和柴油的消费税，对穷人免收电费和税费
	2011 年：前 8 个月内央行 6 次提高利率至 3.5%			2011 年：至年底向低收入群体提供特权，包括免费供电、供水、公共交通，燃料燃气方面更多的补贴

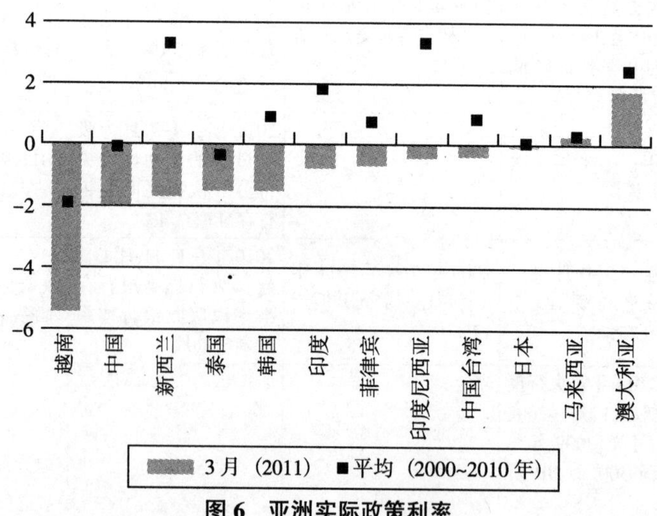

图 6　亚洲实际政策利率

行政手段和价格控制也是东盟国家和地区普遍运用的通胀应对措施。例如2011年马来西亚政府出台20项价格控制措施以稳定居民的基本生活成本。泰国政府2008年将粮食储备低价出售并临时恢复柴油补贴，同时还要求炼油厂减少柴油炼制利润。2011年，该国政府再次对燃料燃气提供补贴。与其他国家和地区不同的是，新加坡主要通过汇率调整对冲输入性通胀的影响，而非使用行政干预和价格控制方式。政府对公用事业、租房、交通等基本生活支出提供退税与拨款，以此来间接降低生活成本，避免对市场价格的直接干预。

Jongwanich 和 Park（2011）研究表明，尽管食品和能源在CPI篮子中所占比例很高，但是在一些东盟国家和地区中这两者价格上涨向国内通胀传递的作用有限。作者认为原因在于这些国家和地区的政府采取了各种价格控制与补贴措施。

资本流入是东盟国家和地区流动性过剩的主要推动因素，进而影响到通货膨胀和资产价格泡沫的形成。一般认为，治理资本流入泛滥所采取的政策措施取决于有待实现的政策目标。如果政策目标是维持宏观经济稳定，那么应该采用汇率调整、外汇市场对冲干预、货币和财政紧缩等宏观经济政策；如果政策目标是防范金融风险，那么应当采取审慎措施。只有当二者均难以奏效时，才能实施资本流入限制、资本流出放松等资本管制措施。换言之，资本管制只能作为宏观经济政策与审慎措施的补充。①

除了越南以外，多数东盟国家和地区的中央银行在面对迅速增长的资本流入时允许本国货币升值，如图5所示。印度尼西亚和新加坡的外汇管理政策灵活度最高。货币紧缩政策在应对资本流入激增导致的通货膨胀与经济过热时往往是把双刃剑。一方面它有助于阻止流动性过快增长、缓和国内经济过热所产生的压力，另一方面却可能进一步吸引热钱的流入。这正是东盟国家和地区央行为何不愿过于激进地提高基准利率的原因。

东盟国家和地区央行越来越多地采取审慎措施和资本控制应对资本流入问题，从而保证金融市场的稳定。如表3所示，多种政策工具被用来应对热钱流入，但各国政策工具与针对的目标市场不尽相同，类型的选择上也缺乏一致性。以印度尼西亚为例，其主要针对短期央行票据（SBI）作出政策约束，包括对投资者持有期限的限制。该项措施是在印度尼西亚央行的对冲外汇干预操作吸引了资本进一步流入之后开始实施的。短期央行票据主要用于央行中和外汇干预的操作，是印度尼西亚国内外的投资者所青睐的交易工具。

① Ostry et al., 2010.

表 3　东盟国家和地区资本流动管理措施

政策工具	近期示例	政策目标
央行票据最短持有期	印度尼西亚（2010 年 6 月）：国内外投资者持有央票最短 1 个月	该政策旨在限制热钱的流动性。央行票据经常被用于作为套利交易的工具，持有期限制有助于降低热钱的冲击
限制外国资本对央行工具的投资	印度尼西亚（2010 年 6 月至今）：逐步减少 1 个月和 3 个月央票发行，增加 9 个月和 12 个月央票发行，增加上限为 6 个月的不可流通债券（Nontradable term deposit）的供给，并且仅限于位于印度尼西亚的银行投资	该政策旨在限制热钱的流动性，并防止央行对冲操作吸引更多热钱流入。短期央票主要用于外汇市场干预，是投资者所青睐的套利工具
鼓励居民对外投资	马来西亚（2010 年 10 月）：员工养老基金（Employee Provident Fund）海外投资上限从 7%提高至 20%	
	菲律宾（2010 年 12 月）：居民从授权银行购买外汇资产上限提高。允许私人部门外汇贷款预付	
	泰国（2010 年 2 月，9 月）：提高居民对外直接投资、借贷和持有外汇的上限	
外汇和非居民账户的准备金要求	印度尼西亚（2011 年 3 月）：将外汇账户准备金要求从 1%提升至 5%。计划于 2011 年 6 月进一步升至 8%	降低热钱流入对银行体系的冲击，减少银行作为短期资本流入中介的激励
外国投资者持有政府债券的预扣税	泰国（2010 年 10 月）：重新对非居民投资政府债券的利息收入和资本利得征收 15%的预扣税（2005 年曾取消）	减缓热钱流入政府债券市场的步伐

资料来源：IMF REO，2011 年 4 月。

泰国主要通过无酬储备要求（URR）进行资本控制。URR 在应对 2008 年全球危机之前的一波资本流入时被使用过，尽管引发了多重后果。2010 年 10 月，泰国银行再次对非常住人口购买政府债券的利息收入和资本利得征收 15%的预扣税。

资本流出放松管制也是东盟国家和地区普遍使用的政策措施。过去几年中，马来西亚、泰国和菲律宾提高了居民对外证券投资和直接投资的上限，从而减少资本净流入。

新加坡实施了有限的资本管制，主要对房地产市场实施审慎措施以维持金融市场的稳定。2009~2011 年，新加坡政府双管齐下控制房价：一方面增加政府土地供给，另一方面采用印花税、提高土地价值比率（Land to Value Ratio）等市场约束措施，如表 4 所示。

表 4　房地产市场谨慎措施

时　间	谨慎措施
2009 年 9 月	恢复政府土地出售（GLS）
	禁止利息吸纳计划（Interest Absorption Scheme）与只付利息的住房贷款（Interest Only Loans）
	2009 年出台的支持房地产开发商的政策于 2010 年初到期后不再延期
2010 年反投机政策	2010 年 2 月发布反投机措施
	2010 年 5 月宣布大力增加土地供给的计划
	紧缩融资并对建屋发展局 2010 年 8 月出台的“居者有其屋”计划进行限制
	对外国投资者拥有有地住宅作出新的限制，包括加大违法处罚
2011 年 1 月	第二套房按揭的贷款价值比例降低至 60%
	提高卖房者的印花税，并对住宅交易加大征税

对东盟国家和地区资本控制影响的实证研究结果不尽相同。例如 IMF 的很多研究表明，泰国的资本控制成功地通过增加资本流出减少了资本净流入，但投资者对该国政策信心的缺失也是部分原因。当控制措施取消后，资本流出的趋势立即扭转。这些措施在减少资本流入总量和结构方面是无效的，而这正是政策最主要的目标。泰国的 URR 政策没能够阻止泰铢实际汇率的升值，也没能增强该国货币政策的独立性（但在其他资本控制措施的帮助下实现了该目标）。①

Jongwanich、Gochoco-Bautista 和 Lee（2011）评估了泰国与马来西亚 2000~2010 年资本控制政策的有效性。他们发现，泰国的资本控制在控制资本流入总量方面没有显著效果，但对资本流出有效，特别是对外直接投资。马来西亚的资本管制对该国的资本流入有显著的影响。两个国家的资本控制对汇率都没有显著影响。因此它们认为，资本控制措施必须仔细设计，并且只有当政策目标明确时才可使用。

四、东盟通胀管理的中长期问题

关于东盟在中长期应对通胀的政策框架方面的若干问题需要进一步深入探讨。

第一，对于东盟国家和地区而言，产出缺口与国内货币增长似乎成为通胀的最主要因素，因为这些国家国内支出对经济增长的贡献要高于出口。它们必须保证足够的基础设施投资以提高经济效率并避免出现可能引起通胀压力的增长“瓶颈”。

① IMF，GFSR，April 2010；Pradhan et al.，2011.

总体而言，多数东盟国家和地区的财政和债务/GDP状况相对良好，因此假如未来几年经济放缓，财政加大基础设施投资的空间仍然较大。

第二，鉴于内需的相对重要性，东盟国家和地区保持货币政策独立性的需要日益增强，因此应当继续提高汇率管理体系的灵活性，这也是应对热钱流入的首道防线。东盟国家和地区近几年的经验表明，保持汇率体系的灵活性有助于增强通货膨胀管理的有效性。泰国、印度尼西亚和菲律宾的例子表明，保证应对通胀货币政策框架的清晰透明可以显著缓解通胀预期，并逐步降低实际的通胀水平。三个国家的货币政策采取了不同形式的通货膨胀目标制。

第三，各国中央银行有必要对核心通胀的计算及其与广义通胀的差异进行研究。东盟国家和地区央行往往关注核心通胀的管理，食品和能源价格上涨则不包含在内。越来越多的证据表明，若忽略食品和能源价格上涨所引发的二轮上涨效应以及通胀预期，央行的应对措施将显得滞后和力度不足。在核心通胀明显抬头之前，货币紧缩和汇率升值就已经需要实施。针对食品和能源价格控制与补贴的政策效果应当更多地被关注。这一方面反映在部分东盟国家和地区食品能源价格上涨向广义通胀传导的影响较小，另一方面也涉及财政支持在中长期的可持续性。

近年来，东盟国家和地区在保障食品和能源安全以及维持二者价格稳定方面所进行的区域合作探索日益加强。"东盟+3"国家提出了"紧急大米储备库计划"（APTERR）并有望在不久后得到签署。东盟也在试图将大米以外的大宗商品加入到类似的计划中。此外，东盟国家和地区承诺在其他一些领域之间加强协调合作：①

第一，加强农业研究并提出农业可持续发展方案。包括提高生产率和产量的项目、针对价格、库存、进出口以及加大食品行业投资的政策协调。

第二，加强对可替代能源、清洁能源、可再生能源的研究，探寻提高能源效率和节约的方法。这包含在"东盟+3"国家食品安全与生物能源发展整体方案当中，后者包括《2011~2015食品和能源安全行动战略方案》。

上述努力形成了一个良好的开端。然而，除了全区域共同食品储备和价格稳定机制这些充满了效率与公平之辩的问题外，东盟还可以加快食物和能源供给以及区域配送网络的构建。加大食品生产基础设施与东盟区域内交通网络的投资将对降低食品和能源供给成本大有裨益。

湄公河地区作为大米以及其他大宗商品的主要生产地有很大的潜力，区域内各

① Chair's Statement of the 18th ASEAN Summit, Jakarta, 7-8 May 2011; Chair's Statement of the 19th ASEAN Summit, Bali, 17 November 2011.

国应当进一步加强合作以将这一潜力转化为现实。除了现有的亚洲开发银行的项目外，东盟国家可以在为湄公河地区引入更多私人和公共投资方面发挥巨大作用。需要作出的努力包括改善该地区的投资环境、加速资本流动便利；既要发展硬件基础设施，也要加强管制与资本市场基础的建设。尤其是鉴于湄公河地区银行体系和资本市场不够完善，私募股权投资应当可以发挥关键性作用。

此外，正如亚洲开发银行一篇研究报告所指出的，各国应加强政策协调，避免一国短期政策造成问题向其他国家转移。① 例如，当大宗商品过快上涨时各国应当建立协调机制，防止出口禁令和进口补贴等以邻为壑的行为重现。这类政策在 2008 年被东盟各国广泛采用，结果导致区域贸易减少、短缺问题加剧的现象发生。东盟区域内在管理资本无序流动的协调方面还有很大空间，无论是否在清迈倡议框架之内。最近建立的东盟宏观经济研究室（AMRO）代表了东盟国家宏观经济政策和金融合作又向前迈出了一步。该研究室的研究领域包括东盟国家所应采取的审慎措施和资本管制政策类型及其力度。仅仅在食品安全和价格政策方面，应当努力避免政策套利的出现，防止一国或地区资本管制措施导致另一国或地区大量的资本涌入。

反思 2008 年全球金融危机与当前欧元区国家困境，东盟国家应当在区域金融和资本市场一体化方面放缓脚步。过去几年多数东盟国家将通胀水平维持在一定限度内，部分确实得益于资本管制措施，但未来有待解决的问题是需要各国保证各自的政策不至于将困境转移给区域内其他国家。

执笔：Kim Song Tan
新加坡管理大学②
2011 年 12 月 8 日

参考文献

[1] ADB. Asia Economic Monitor. Manila：Asian Development Bank，2011.

[2] Chew，Joey，S. Ouliaris and S. M. Tan. An Empirical Analysis of Exchange Rate Pass-Through in Singapore. MAS Staff Paper No. 50. Singapore：Monetary Authority of Singapore，June 2011.

[3] IMF. Global Financial Stability Report. Washington：International Monetary Fund. April 2010.

[4] IMF. Consolidating the Recovery and Building Sustainable Growth. In Regional Economic

① ADB，2011.

② 感谢 Gan Lu 和 Wu Qiong 对本研究作出的协助。

Outlook Asia and Pacific. Washington: International Monetary Fund, October 2010.

[5] IMF. Managing the Next Phase of Growth. In Regional Economic Outlook Asia and Pacific. Washington: International Monetary Fund, April 2011.

[6] IMF. Navigating and Uncertain Environment While Building and Inclusive Growth. in Regional Economic Outlook Asia and Pacific. Washington: International Monetary Fund, October 2011.

[7] Jongwanich, Juthathip and D. Park. Inflation in developing Asia: Pass-through from Global Food and Oil Price Shocks. Asian Pacific Economic Literature, Crawford School of Economics and Government. The Australian National University and Blackwell Publishing Asia Pty Ltd., 2011.

[8] Jongwanich, Juthathip, M. S. Gochoco-Bautista and J-W Lee. When are Capital Controls Effective? Evidence from Malaysia and Thailand. ADB Economics Working Paper Series No. 251, March 2011. Manila: ADB.

[9] Pradhan, Mohmood and others. Policy Responses to Capital Flows in Emerging Markets. IMF Staff Discussion Note, SDN/11/10. Washington: IMF, April 2011.

[10] Ong, David Z. Y. and others. A Review of the Core Inflation Mesaure in Singapore. MAS Staff Paper No. 51. Singapore: Monetary Authority of Singapore, August 2011.

[11] Ostry, Jonathan and others. Capital Inflows: The Role of Controls. IMF Staff Position Note 10/04. Washington: International Monetary Fund, 2010.

印度通货膨胀之谜

一、概述

2010年第四季度以来，印度以批发物价指数（Wholesale Price Index，WPI）衡量（2004~2005年为基年）的广义通货膨胀率同比增速持续超过9.5%，这一趋势是由内外部因素的共同作用造成的。近年来印度与全球范围天气灾害状况频现，2009年的干旱、2010年的雨量分配不均导致了全球粮食歉收。全球商品价格上涨对印度国内的物价产生了较大影响。日益增长的需求以及中东地区的政治动荡（似乎也受到食品价格高涨的影响）推动燃料和电力价格上升。大宗商品价格上涨逐步传递到制造业部门。

近年来，印度的平均通胀水平一直高于世界平均水平。尽管天气灾害因素是2009年以来引发通货膨胀的重要原因之一，但其并非长期以来导致通胀的唯一原因。谷物价格一直较低，其他食品尤其是水果蔬菜价格持续上涨都是原因之一。在其他食品领域缺乏绿色革命（Green Revolution）的推动以及食品供应链不足导致印度的食品价格通胀指数达到两位数。居民收入增加及其引起的食品需求结构升级是蛋类、肉类和鱼类价格上涨的原因。“国家农村就业保障计划（NREGA）”等政策改善了农业的贸易条件以及2009年金融危机之后宽松的货币财政政策都是近年来印度高通胀的重要推动因素。

最近几个月，愈演愈烈的希腊债务危机以及欧元区债务危机减缓了全球经济的复苏步伐。这尽管阻止了全球油价的上涨势头，同时也打击了投资者对世界经济的信心，再加上印度国内的政策困境，导致印度卢比贬值。因此，印度国内的燃料价格仍在上涨并推高了整体物价。

印度的货币传导机制效果不理想导致从供给端解决通胀问题行不通。2010年3月以来，印度央行（RBI）13次提高回购利率，但对批发价格指数的影响微乎其微。这对印度经济形成了重大挑战，因为通货膨胀门限值为6%（政策讨论中有此提法)，高于该值的通货膨胀将阻碍经济增长。印度面临的挑战在于如何迅速调整供给状况以适应需求的结构性调整。此外，全球变暖对粮食生产的影响也必须得到重视，这是解决食品通胀的重要变量。NREGA 对劳动力供给和工资水平的影响也需要进行深入研究。

二、发展趋势

2010 年第四季度以来，印度以 WPI 衡量的通货膨胀率同比始终高于 9.5%（2011 年第三季度同比增长 8.91%除外）。产业工人消费物价指数（CPIIW）自 2010 年第二季度以及之后的 3 个季度一直保持同比两位数增长，2011 年第二季度尽管延续了下行趋势，但仍保持 8.5%。农业工人消费物价指数（CPIAL）发展趋势与 CPIIW 类似，2010 年第二季度至 2011 年第二季度一直保持两位数，之后在 9%左右波动。对 WPI 通胀进行分解可以得出，主要构成项目依然保持高位增长态势。一方面，食品项目通胀有所缓解（尽管水果蔬菜通胀率仍高达 15%）；另一方面，非食品项目和矿物价格上涨指数保持两位数，尤其是后者，完全没有回落的迹象。燃料和电力项目仍然延续两位数上涨趋势。制造业价格逐步减速、缓慢上升。资本品通胀增速放缓令人安慰，但中间品项目的表现预示了通胀态势仍将持续。

2007 年以来，印度的通货膨胀率一直高于世界平均水平，其后几年波动性较大，但目前保持相对稳定。2008 年春天大宗商品价格高涨加重了印度原本就很严重的通货膨胀。对此，印度央行提高利率加以应对，但很多专家表示这项政策并不适合供给冲击引起的价格上涨。紧接着，2008 年 9 月爆发的全球金融危机导致物价水平回落，政府采取宽松的货币政策和财政政策刺激下降的总需求。2008~2009 年印度经济复苏速度相对较快，但 2009 年的干旱又造成基本商品的价格上涨，食品项目通胀达到两位数；其后，2010 年印度又遭遇雨量分配不均；只有在 2011~2012 年，印度的物价上升趋势才得以缓解。天气灾害、需求结构变动、食品供应链不完善、绿色革命的缺失导致粮食成为推动物价上涨的最主要因素。由于农产品贸易条件的改善，NREGA 的实施同样增加了通胀压力。

中东局势动荡、需求增加、投资者信心不足等导致印度国内燃料价格面临上涨的压力。天气状况也影响到棉花等非食品基础产品的价格。基础产品价格的上涨超过一年并开始向制造业产品传递。

印度治理通货膨胀的政策效果并不理想。2010 年 3 月至 2011 年 12 月 25 日，印度央行 13 次提高回购利率。当前的回购利率为 8.5%，与 2008 年 6 月的利率水平接近，当时的 WPI 通胀高达 11.47%。2011 年印度央行的《2011~2012 年第 2 季度评论》（Second Quarter Review for 2011~2012）显示，实际利率仍然处于低位。

三、通胀成因

理论上，通货膨胀的成因可以分为国内外需求端和供给端两类。新兴经济体高居不下的通胀率受到财政赤字、货币扩张与物价上涨之间的交织影响。

（一）需求端因素

2008 年以来，印度国内外经历了经济过热、天气灾害、油价高涨、货币财政政策宽松等各种状况。如图 1 所示，2000~2001 年、2005~2006 年、2006~2007 年、2010~2011 年，中央政府财政赤字占 GDP（按当前市场价格计算）比重几乎相同。但如果对两个阶段财政赤字的平均增速进行比较，后一时期的财政赤字平均增速（34.4%）远远高于前一时期（6.4%）。

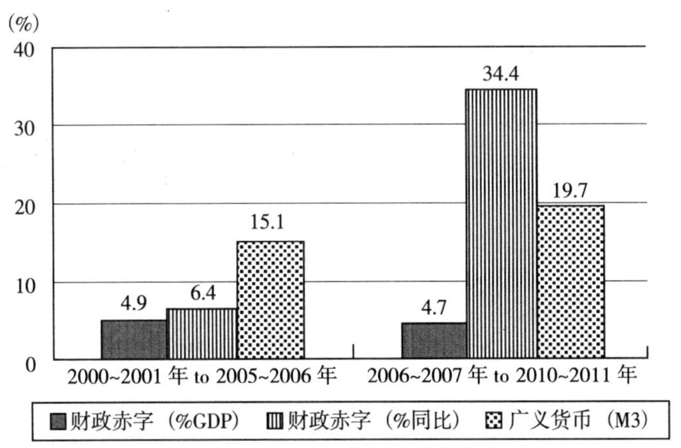

图 1 实际与货币因素发展趋势对比

资料来源：作者根据 RBI 数据计算。

受金融危机影响的 2008~2009 年、2009~2010 年，印度中央政府财政政策保持扩张性立场以刺激国内需求。2008~2009 年，政府通过财政刺激政策向经济注入 18600 亿卢比（占 GDP 的 3.6%），这些资金主要以第六届收入委员会、农民贷款和社会项目等形式支出，减税税率也获得降低。受此影响，中央政府财政赤字大幅上升，赤字占 GDP 比重从 2007~2008 年的 2.6%提升至 2008~2009 年的 6%。2009~2010 年，受部分财政刺激政策延续的影响，中央政府的财政赤字占 GDP 的比重进一步升至 6.7%。2010~2011 年中央财政预算中，向经济提供税收优惠净额达 700 亿卢比。

图 2 显示了印度国内需求的上升趋势。近 6 年实际私人最终消费和政府最终消费支出平均增幅比之前的 5 年几乎翻了一番，实际人均 GDP 的增长趋势与之类似。这说明过去 6 年中印度内需显著提升。同时从直观上看，2005~2006 年以来印度经济发生了结构性转变。

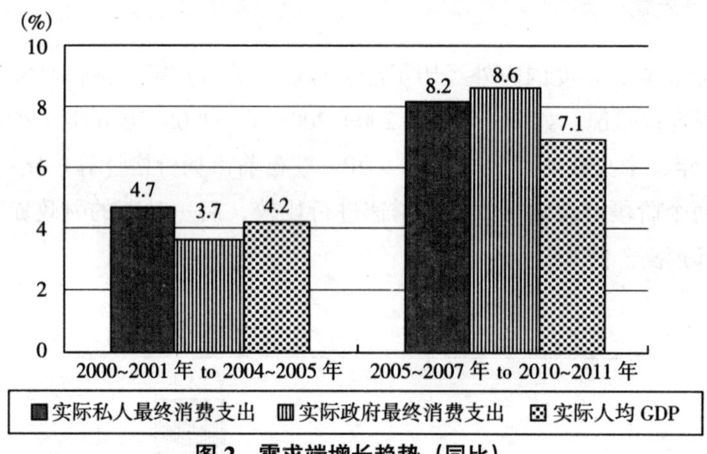

图 2 需求端增长趋势（同比）

资料来源：作者根据 CSO 数据计算。

实证研究认为，供给端因素通过实际产出缺口（实际产出与潜在产出的差额）对通胀造成影响，这是发达国家通用的标准研究方法。但对于印度等发展中国家而言，相对落后的金融市场导致产出缺口可能无法完全代表总需求。因此，部分研究（Dua 和 Gaur，2009）运用实际货币缺口作为通胀形成的替代决定因素。一些研究表明，印度、菲律宾和中国的产出缺口为正并且在统计上是显著的。与此相反，Coe 和 MacDermott（1997）的研究表明，实际产出缺口模型在对印度、中国和泰国进行实证研究时并不适用。图 3 显示了 2000~2001 年以来实际产出缺口、实际货币缺口以及 WPI 通胀的发展趋势。从图中可以看出 2005~2006 年、2007~2008 年经济中存在明显的过度需求，2008~2009 年受全球衰退影响才有所降低。2008~2009 年以来，经济持续保持略低于潜在产出的水平。与其类似，2006~2007 年、2007~

2008 年这两年实际货币缺口（实际货币供给与潜在货币供给水平的差额）保持上升趋势。实际上，由于危机时期（2008~2009 年、2009~2010 年）印度央行实施扩张性货币政策以支持特定领域的资金需求，实际货币缺口仍然接近或高于实际货币供给的潜在水平。尽管在 2005~2006 年与 2007~2008 年，通货膨胀与总需求之间存在较强的相关关系，但从长期趋势来看，通货膨胀与实际产出缺口和实际货币缺口均不存在显著相关性。

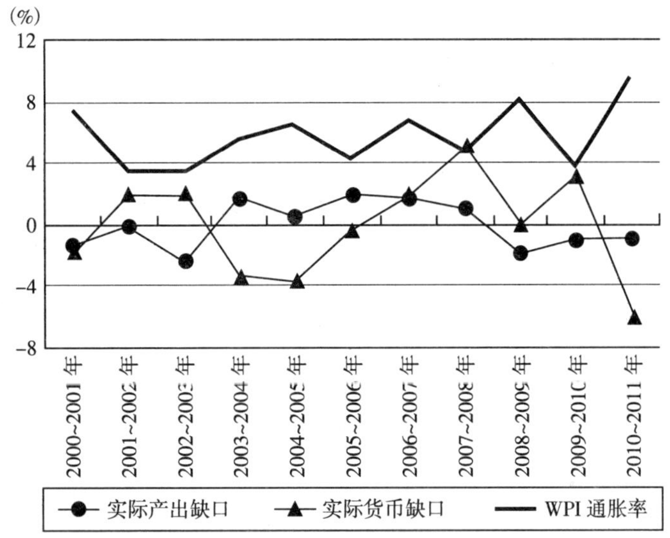

图 3 实际产出缺口和实际货币缺口

资料来源：作者自行计算。

印度 60%的人口居住于农村，农业发展状况直接影响这部分人口的就业和收入。印度家庭的食品支出占总支出的 40%，而富裕国家的这一比重仅为 7%~8%。由于食品持续供小于需，近年来食品项目价格上涨难以避免。官方数据表明，1980~1981 年、2004~2005 年期间，食品消费与生产的增速相同。但 2004~2005 年和 2009~2010 年，食品消费增长了 4.1%，而生产仅增长 3.1%。

（二）供给端因素

在食品需求与日俱增的同时，天气灾害导致印度遭受供给冲击。2009~2010 年的严重干旱造成 2010~2011 年食品价格持续面临上涨压力。由于马哈拉施特拉邦纳西克市的暴雨对粮食生产造成打击，2010 年 12 月几周内洋葱价格从 15 卢比/千克猛涨至 80 卢比/千克。

有观点认为，市场管制等造成的供给瓶颈是引起印度通货膨胀的主要原因。证明这一观点的难度在于，供给“瓶颈”长期以来一直存在，无论通货膨胀处于何种水平。近期供需差额变小可能引起价格对供给冲击的敏感度提高。

从供给端看，实际工资率、劳动生产率、降雨、粮食产出是决定通胀水平的重要因素。

（三）外部因素

图 4 显示了印度原油及石油产品进口的平均实际增速上升，这主要由于国际原油价格的显著增长。由于石油进口占印度进口总额的 29%，因此在给定汇率下，国际油价的风吹草动都会影响印度的进口总额。此外，资本货物占印度进口总额的 24%，近期国际市场工业投入品价格上涨严重提高了印度的进口成本。更为重要的是，这些商品作为各种经济活动的投入品逐步将价格上涨传递到印度国内。如图 4 所示，2005~2010 年非燃料商品的价格指数比 2000~2004 年翻了一番。

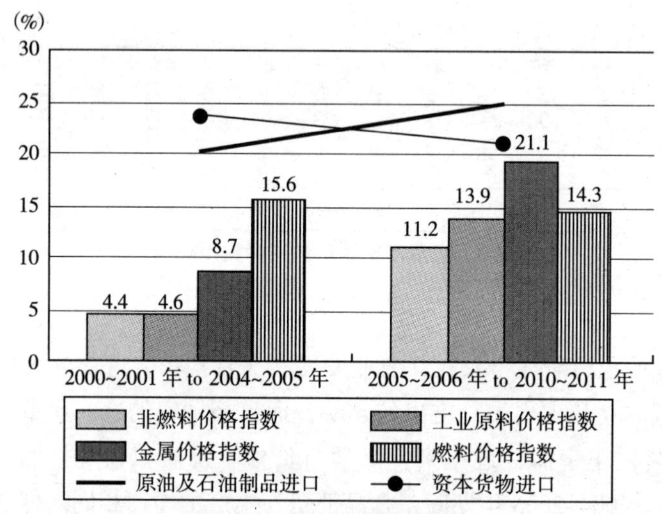

图 4　外部因素的发展趋势

注：2008~2009 年非燃料、工业原料和金属价格负增长，2009~2010 年石油价格指数负增长，2009~2010 年资本货物和石油进口额负增长。

资料来源：RBI 、IMF 大宗商品数据库。

总而言之，汇率、国际油价和大宗商品价格、发达国家经济增长等外部因素影响了近期印度的通货膨胀状况。

四、通货膨胀与经济增长

1970~1971 年、2010~2011 年，CPIIW 通胀率与人均 GDP 增速之间的相关系数仅为-0.11，WPI 通胀率与人均 GDP 增速的相关系数为-0.42。图 5 显示了通货膨胀率与人均 GDP 增速的散点图。部分研究表明，印度的通货膨胀门限值介于 5%~7%之间。如果通货膨胀水平超过这一范围，将会导致经济减速（Sarel，1996；Singh，2010；Pattnaik 和 Nadhanael，2011）。另一个观察角度是，每当印度的经济增速接近或高于 8%，通胀就会加速上涨。在当前印度的经济结构背景下，这一速率是印度经济的增速极限吗（潜在增长率）？

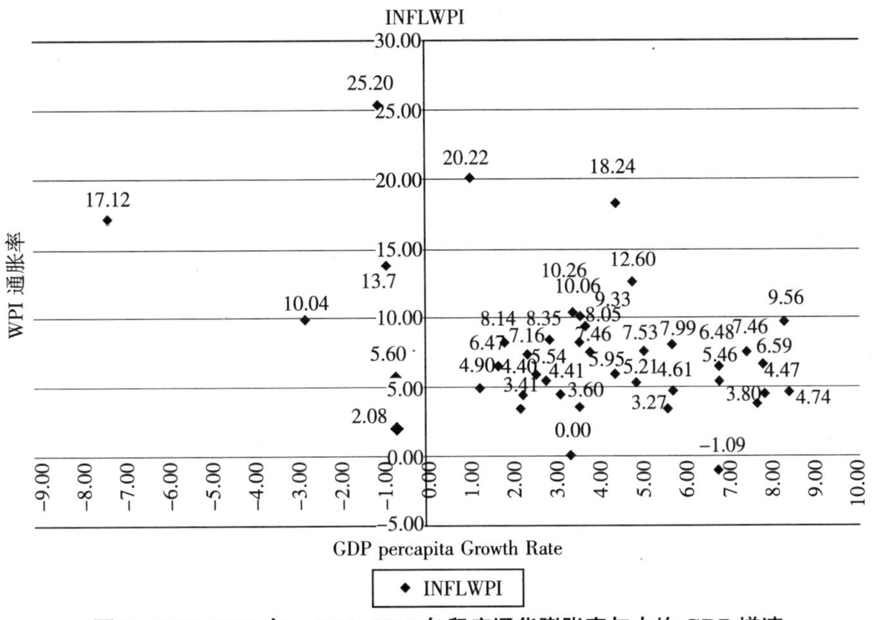

图 5 1970~1971 年、2010~2011 年印度通货膨胀率与人均 GDP 增速

资料来源：World Development Indicators，Office of the Economic Advisor，Government of India and Labour Bureau，Government of India.

五、印度货币传导机制的有效性

理论上认为，货币政策通过多种渠道影响实际经济活动，但所有渠道基本可以归类为货币观点（money view）和信贷观点（credit view）两大类。货币观点强调通过银行资产负债表中的负债方进行操作。货币供给的紧缩将遏制债券需求，导致债券收益率提高，进而降低投资需求和实际产出。信贷渠道则强调银行资产负债表中的资产方来解释货币传导。该理论假设银行的资产包括现金、债券和贷款，利率提高会直接影响企业向银行的借贷行为。提高借贷成本可以强制企业压缩投资行为，至少在短期内如此。因此，货币紧缩将通过银行借贷降低投资和总需求。

无论什么货币传导渠道，货币政策的首要目标是有效影响实体经济。对于印度等新兴经济体，改革之后货币传导机制的重要性与日俱增。包括 RBI 在内的许多研究机构和人员对此进行了研究。Pandit、Mittal、Roy 和 Ghosh（2006）建立了一个结构化 VAR 模型对后改革时期印度的银行信贷渠道进行检验，发现小银行受货币紧缩的影响程度高于大银行。然而，Al-Mashat（2003）认为，银行在将货币政策传给实体经济方面的作用微乎其微。他得出，在模型中加入汇率因素后，货币政策冲击对宏观经济变量的影响更大。一项对印度货币传导的实证研究表明，广义货币的正向冲击引起产出增加，但对隔夜拆借利率的正向冲击效果相反（Reserve Bank of India，2003），表明印度信贷渠道较为狭窄。Prasad 和 Ghosh（2005）对印度货币政策与企业行为的关系进行了检验，发现 1998 年之后利率传导机制的作用增强了。Singh 和 Kalirajan（2007）认为，在印度后改革时期，利率在货币传导机制中发挥了重要作用。

Aleem（2010）近期的研究表明，由于印度银行对商业部门的信贷占社会信贷总额的 70%，因此银行在货币政策向实体经济传导的机制中扮演了重要角色。该研究运用 VAR 模型研究得出，超出预期的货币政策冲击对隔夜拆借利率有暂时性的影响。隔夜拆借利率上行将引起物价上涨和 GDP 增长的减速，并且物价下行滞后于 GDP 的减速。该研究进一步得出，资产价格渠道在印度货币政策传导中作用不大，因为印度央行为稳定币值对外汇市场进行过多的干预将导致汇率传导渠道不畅。

总体而言，上述研究表明，印度货币政策通过银行信贷渠道控制通胀比其他渠道有效。在 2009~2010 年下半年以来价格持续上涨的背景下，印度央行开始使用银行信贷政策（利率）或隔夜拆借利率政策控制通胀。问题在于，利率上升控制通胀的有效性如何？

从目前通胀状况来看，印度从紧的货币政策效果并不理想。此外，印度一项企业信心调查表明，利率上涨已经对投资意愿和产出增长形成压制。因此，当前货币政策在降低投资与产出方面发挥了作用，但在控通胀方面却相对无效，其中的原因是另一个值得研究的问题。

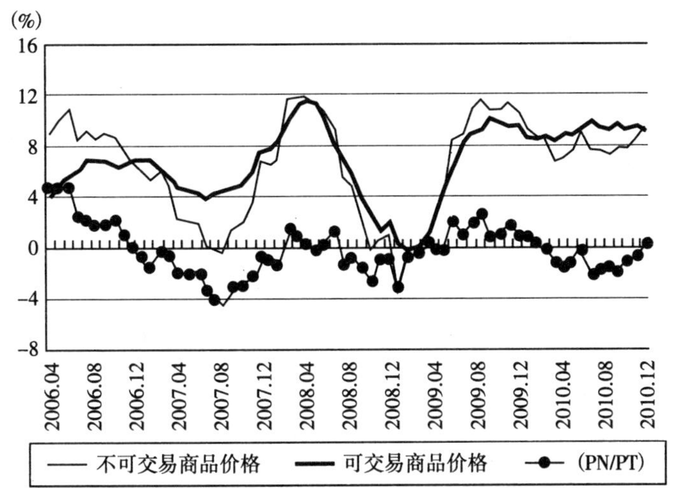

图 6 可交易商品与不可交易商品价格的同比增速

资料来源：作者根据印度工商部发布的数据计算。

Shah（2010）指出，CPI 作为衡量通胀的最佳指标，在印度的统计中包含了很大比重的可交易商品。但印度的利率政策对国内可交易商品价格的调节无效，因为受到利率上涨导致的印度卢比升值影响，可交易品的进口更加便宜。因此，利率上涨只能影响不可交易商品的价格。然而受通胀预期强烈的制约，印度的利率政策并未有效地调节不可交易商品的价格。在此情况下，成本推动因素发挥了更为重要的作用。图 6 显示，2010 年早期，基于 WPI 商品篮子的可交易商品与不可交易商品价格同比大幅上升。尽管近期不可交易商品价格的上涨势头有所减缓，但仍然处于高位，而可交易商品的价格则进一步延续了 2010 年以来的上升态势，这反映出相对于国际油价和大宗商品价格上涨，汇率升值对印度可交易商品价格的影响较小。

利率真的上涨了吗？名义利率确实上升了，而实际利率并非如此。8 月份拆借利率为 7.94%，而 WPI 通胀率和 CPIIW 通胀率分别为 9.5%和 9%，因此实际利率为负，银行利率 6%和回购利率 8.5%也反映出负的实际利率。根据传统经济理论，利率增长会降低货币供给进而导致 GDP 增长放缓。利率上升也会压低货币需求，因为融资成本升高降低了私人消费和投资，同样导致 GDP 减速。这些效应降低了总需求进而降低了通货膨胀率。然而由于利率为负，上述效应的传导链条难以实现，因此货币政策似乎是无效的。

总而言之，印度的货币传导机制并未有效实现控通胀的目标。印度央行现任行长 D. Subbarao 近期发言，由于 RBI 面临多重任务等结构性问题、财政与货币政策缺乏平衡性、通胀主要由供给冲击推动而非总需求、关注多个通胀指数导致政策目标不明确、金融市场不对称（例如存在基于政府管制利率和减让的大规模小额储蓄计划）等问题，印度的货币政策传导机制尽管在改善但仍然相对无效。

在金融危机时期面临流动性困难的背景下，他说："金融市场更多地受到稀缺性的感觉影响，而非实际的稀缺性。因此，当 RBI 承诺将维持充足的市场流动性之后，市场信心将得以恢复，进而金融市场状况迅速改善。我们必须认识到，危机在印度的传导方向是从实体经济向金融部门，而不像发达国家那样从金融市场向实体经济。"

2008~2009 年危机时期，RBI 实施了扩张性的货币政策，以协同积极的财政政策一同刺激经济增长。由此不仅导致政府财政赤字比上一年增长 1 倍以上，货币供给增速也创下新高，导致居民手中现金余额激增，加上投资支出降低和 2009~2010 年的严重干旱，最终导致总需求增速超过总供给。

六、发展趋势

作为一个经济转轨国家，印度面临诸多发展需求，例如软件与硬件基础设施建设的缺口。私人部门资金在融资渠道中的占比仍然相对较小，尤其在硬件方面。政府支出的扩大留下大量的财政赤字。天气灾害等不利的供给冲击、正向的需求冲击以及需求结构改变等导致物价上涨。最后，过去的发展经验表明，每当经济增速超过 8%，通货膨胀率将会加速上涨。

为了增加总供给，我们需要提高整个经济的投资水平与生产效率，破除结构性障碍的经济改革将是重中之重。

执笔：Bornali Bhandari and Purna Chandra Parida[①]

参考文献

[1] Aleem Abdul. Transmission Mechanism of Monetary Policy in India. Journal of Asian Economics，2010.

[2] Al -Mashat R. Monetary Policy Transmission in India：Selected is Sues and Statistical Appendix. Country Report No. 03/261. International Monetary Fund，2003.

---

① 通讯作者：Bornali Bhandari，男，印度新德里，国家应用经济研究所。E-mail：bbhandari@ncaer.org。Purna Chandra Parida，男，印度新德里，国家应用经济研究所。E-mail：pcparida@ncaer.org。

[3] Coe D.T. and McDermott C. J. Does the Gap Model Work in Asia?. IMF Working Paper No. 69, 1997.

[4] Dua, Pami and Upasna Gaur. Determination of Inflation in an Open Economy Phillips Curve Framework: The Case of Developed and Developing Asian Countries. CDE Working Paper, No. 178, April 2009.

[5] Ho C. and R.N. McCauley. Living with Flexible Exchange Rates: Issues and Recent Experience in Inflation Targeting Emerging Market Economies. BIS Working Papers, No: 130. 2003.

[6] Ito and Sato. Exchange Rate Changes and Inflation in Post-Crisis Asian Economies: VAR Analysis of the Exchange Rate Pass-Through. NBER Working Papers 12395, 2006.

[7] Reserve Bank of India. Money, Credit and Prices. Report on Currency and Finance. Mumbai: Reserve Bank of India, March 2003.

[8] Pandit B. L., Mittal A., Roy M. & Ghosh S., Transmission of Monetary Policy and the Bank Lending Channel: Analysis and Evidence for India. Study Number 25, Mumbai: Development Research Group, Department of Economic Analysis And Policy, Reserve Bank of India, 2006.

[9] Pattnaik S. and G. V. Nadhanael. Why Persistent High Inflation Impedes Growth?. An Empirical Assessment of Threshold Level of Inflation for India, RBI Working Paper Series WPS (DEPR), 2011.

[10] Prasad A. & Ghosh S. Monetary Policy and Corporate Behaviour in India. IMF Working Paper No. 05/25. International Monetary Fund, 2005.

[11] Sarel M. Nonlinear Effects of Inflation on Economic Growth. International Monetary Fund Staff Papers. 43 (1), March 1996.

[12] Shah, Ajay. Reining in the Inflationary Dragon. Published in Author's Own Webpage, 2010.

[13] Singh K. & Kalirajan K.. Monetary Transmission in Post-reform India: An Evaluation. Journal of Asia Pacific Economy, 12, 2007.

[14] Singh P. Searching Threshold Inflation in India. Economics Bulletin. 30 (4), December 2010.

泰国通货膨胀治理经验

一、概述

保持物价水平稳定一直是各国政策制定者的重要政策目标。如果治理通货膨胀的效果不明显，则可能对一国经济造成严重负面影响。例如，不断提高的物价导致企业家难以制定生产决策。对未来货币购买力的不确定也会打击投资和储蓄。[①]通货膨胀还会迫使人们囤积货物，从而在产品市场上造成混乱。由于工资存在刚性，劳动力市场也会受到沉重打击。

为了成功治理通货膨胀，政策制定者必须依据一个有效的模型，对政府出台的各类政策与通货膨胀在内的宏观经济变量之间的关系进行正确描述。随着 20 世纪 60 年代货币主义学派的兴起，出现了大量此类模型，但迄今为止尚未构建出一个完全令人满意的。因此，相关理论只能为实际的通胀治理提供部分参考，政策的制定主要还是依赖决策者的判断。

各国治理通胀所采取的政策各不相同。从 2002 年至 2010 年，发达国家的政策成果似乎要好于新兴经济体的，如图 1、图 2 所示。这段时期内，泰国的通货膨胀问题并不严重，整体通胀与核心通胀均低于其他新兴市场国家。但整体通胀水平要高于发达国家，核心通胀则一直保持较低水平并且达到了发达国家的程度。

本文试图在以下三个方面做出尝试：一是对泰国通胀的成因进行探讨，二是对泰国通胀治理政策的有效性进行评价，三是对本国和区域内的通胀治理提出政策建议。

本文结构如下：第一，对泰国通胀治理及通胀水平与其他国家的情况进行比较；第二，分析泰国通胀的成因；第三，对泰国实施通胀治理政策的主要机构进行介绍，并对政策实施效果进行评价；第四，基于泰国的实践，对未来通胀治理提出政策建议；第五，对全文进行总结。

---

① Bulkley，1981.

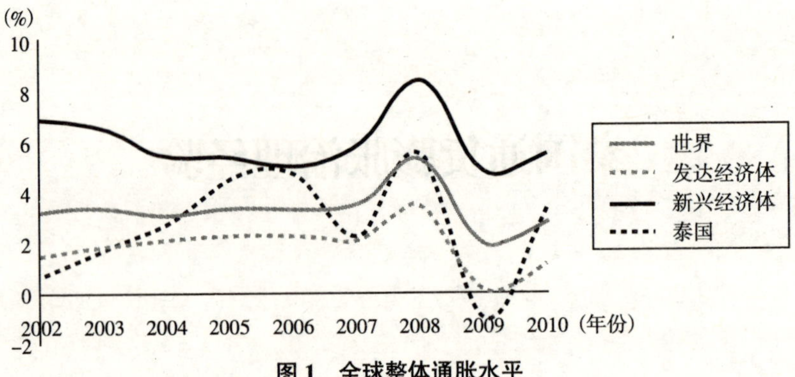

图 1　全球整体通胀水平

资料来源：IMF. Bank of Thailand，2010。

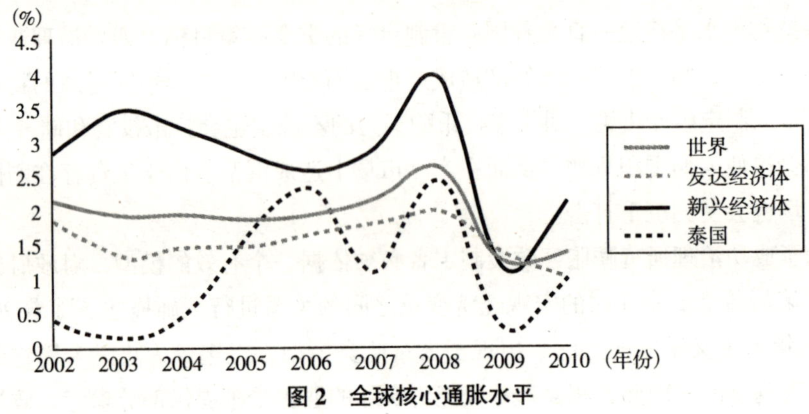

图 2　全球核心通胀水平

资料来源：IMF. Bank of Thailand，2010。

二、泰国通货膨胀的成因

(一) 理论视角

凯恩斯理论将引起通货膨胀的原因分为两种类型：需求拉动型和成本推动型。前者指通胀主要由总需求增加引起，后者指因总供给减少而引起。当代经济理论进一步将通胀的推动因素分为四类：①

(1) 财政收支不平衡引起的通胀；②

① Loungani and Swagel，2001.

② Sargent and Wallace，1981；Liviatan and Piterman，1986.

（2）与经济过热相关的通胀，主要通过产出缺口等经济变量衡量；①

（3）成本推动型通胀或供给端成本冲击；②

（4）通胀预期调整之后或交错工资合同等引起的通胀惯性。③

上述分类给我们的启示在于，在通胀、产出缺口和财政平衡之间存在三种交换。通胀和产出缺口之间的交换已经为人所熟知，即菲利普斯曲线。财政平衡这个变量提供了另一个维度的交换。直觉上，牺牲财政平衡可以让政府同时填补低通胀和高产出缺口。基本理念是同时实施两类政策，一类用于刺激经济，一类用于控制通胀。

因此，仅仅管理通胀取得成效并不代表政策制定的成功。在评价政策效果时至少还需多考虑上述其他两个变量，下文在评估泰国通胀治理政策时将运用这一理念。上述分类也为治理不同类型通胀政策的制定提供了线索。例如泰国 1992 年成立国家能源政策委员会（NPEC）来解决石油价格上涨问题（供给端冲击）。

（二）泰国通胀的实际情况

与其他国家类似，泰国也是基于消费者价格指数（CPI）来定义通货膨胀。各种产品按照不同权重被计入该指数的商品篮子中，选择范围的差别形成两类不同的指数。整体通胀覆盖了代表性家庭购买的所有产品，核心通胀则提出了未加工食品和能源产品。而这两类产品价格不稳定，不能准确反映经济状况。

各类产品的权重如表 1 所示。2002 年至今，泰国曾调整过一次权重（2007 年）。总体上，食品和饮料支出占整个商品篮子成本的 1/3，居住成本和交通通信成本各占 1/4，剩余成本主要用于服装鞋帽、医药和个人保健、娱乐教育，以及烟草酒水。需要指出的是，家庭支出用于交通和通信的比重不断提高。这类支出的代表性权重从 2002 年的 21.98%上升至 2007 年的 26.8%。这两年，未加工食品和能源在整体通胀计算中的比重约为 1/4。

表 1　泰国整体通胀与核心通胀的权重分配

	2002 年			2007 年		
分类	权重	整体通胀	核心通胀	权重	整体通胀	核心通胀
1. 食品和饮料	36.06			33.01		
1.1　非加工食品	15	15	0	14.61	14.61	0
1.2　加工食品	21.06	21.06	21.06	18.4	18.4	18.4

① Coe and McDermott，1997.

② Ball and Mankiw，1995.

③ Chopra，1985.

续表

分类	2002年			2007年		
	权重	整体通胀	核心通胀	权重	整体通胀	核心通胀
2. 服装鞋帽	3.4	3.4	3.4	2.96	2.96	2.96
3. 住房家具	23.86			23.48		
3.1 能源相关		5.1	0		5.1	0
3.2 非能源相关		18.76	18.76		18.38	18.38
4. 医疗和个人保健	6.04	6.04	6.04	6.87	6.87	6.87
5. 交通和通信	21.98			26.8		
5.1 能源相关		3.95	0		4.82	0
5.2 非能源相关		18.03	18.03		21.98	21.98
6. 娱乐教育	5.82	5.82	5.82	5.21	5.21	5.21
7. 烟草酒水	2.83	2.83	2.83	1.66	1.66	1.66
整体通胀与核心通胀						
a. 非加工食品和能源（1.1+3.1+5.1）	24.05			24.54		
a1. 非加工食品（1.1）	15			14.61		
a2. 能源（3.1+5.1）	9.05			9.93		
b. 核心通胀（CPI）	75.95			75.46		
c. 整体通胀（CPI）	100			100		

资料来源：Bureau of Trade and Economic Indices，Ministry of Commerce；Author's Calculations.

表2对2000~2009年泰国不同产品的物价指数进行了细分。核心通胀的组成项目多年来价格波动很小，而未加工食品和能源价格上涨较快。2007~2008年能源价格显著下降主要由2007年世界能源价格下调以及当年泰国CPI计算体系调整引起。

表2　2000~2010年泰国CPI按产品类型细分

分类	CPI（2002年为基年）										
	2000年	2001年	2002年	2003年	2004年	2005年	2006年	2007年	2008年	2009年	2010年
1. 食品和饮料	98.50	99.20	100.60	104.60	109.10	115.10	122.00	125.40	142.80	145.89	154.01
1.1 非加工食品	96.90	98.40	100.80	109.70	119.30	130.70	145.00	149.50	176.30	182.63	199.61
1.2 加工食品	99.64	99.77	100.46	100.97	101.84	103.99	105.62	108.23	118.94	119.73	121.53
2 .服装鞋帽	99.00	99.90	100.10	100.00	100.40	100.90	101.00	101.20	101.50	98.06	98.29
3. 住房家具	98.60	100.10	100.00	99.10	100.40	102.20	103.07	103.50	95.30	98.81	100.78
3.1 能源相关	92.70	100.10	100.50	102.40	107.50	111.60	117.80	115.10	72.20	90.02	97.61
3.2 非能源相关	100.20	100.10	99.86	98.20	98.47	99.64	99.87	100.35	101.58	101.21	101.64
4. 医疗和个人保健	98.40	99.60	100.50	102.20	103.30	104.90	106.40	106.70	108.60	109.56	110.02
5. 交通和通信	98.60	96.00	101.00	104.10	108.40	122.80	126.80	137.50	118.40	129.19	131.78
5.1 能源相关	105.07	84.06	104.39	114.31	132.02	186.98	193.18	245.92	177.13	252.90	260.37

续表

分类	CPI（2002年为基年）										
	2000年	2001年	2002年	2003年	2004年	2005年	2006年	2007年	2008年	2009年	2010年
5.2 非能源相关	97.18	98.62	100.26	101.86	103.23	108.74	112.26	113.75	105.53	102.08	103.61
6. 娱乐教育	98.20	99.50	100.40	99.70	102.40	102.50	103.80	105.30	106.30	95.43	96.07
7. 烟草酒水	92.10	100.00	100.10	98.90	98.80	108.50	109.50	112.50	114.00	129.47	129.28
整体通胀与核心通胀											
a.非加工食品和能源（1.1+3.1+5.1）	96.90	96.20	101.40	108.80	118.90	135.90	147.10	158.10	154.40	174.92	188.41
a1. 非加工食品（1.1）	96.90	98.40	100.80	109.70	119.30	130.70	145.00	149.50	176.30	182.63	199.61
a2. 能源（3.1+5.1）	98.10	93.10	102.20	107.60	118.20	144.50	150.70	172.20	118.00	161.11	168.65
b. 核心通胀（CPI）	98.66	99.55	100.22	100.36	101.30	104.02	105.62	107.08	108.70	107.67	108.73
c. 整体通胀（CPI）	98.35	98.79	100.49	102.42	105.53	111.68	115.61	119.33	119.68	123.75	127.78

资料来源：Bureau of Trade and Economic Indices，Ministry of Commerce；Author's Calculations.

表3按照产品类型对通胀来源进行了分解。多年来核心通胀的主要推动因素总体上基本稳定，即食品和饮料（不包含未加工食品）、非能源相关居住成本和交通通信成本。对于整体通胀而言，核心通胀以外的计算项目影响越来越大。非加工食品比重从2000年的14.78%上升至2010年的23.43%，同期能源价格占比从9.03%上升至11.94%。

表3 泰国通胀成因按产品类型分解

单位：%

通胀成因	2000年	2001年	2002年	2003年	2004年	2005年	2006年	2007年	2008年	2009年	2010年
核心通胀（CPI）	100	100	100	100	100	100	100	100	100	100	100
1. 食品和饮料											
1.1 非加工食品	0.00	0.00	0.00	0.00	0.00	0.00	0.00	0.00	0.00	0.00	0.00
1.2 加工食品	28.00	27.79	27.79	27.90	27.87	27.72	27.73	28.03	30.34	30.83	30.99
2. 服装鞋帽	4.49	4.49	4.47	4.46	4.44	4.34	4.28	4.23	4.18	4.08	4.05
3. 住房家具											
3.1 能源相关	0.00	0.00	0.00	0.00	0.00	0.00	0.00	0.00	0.00	0.00	0.00
3.2 非能源相关	25.09	24.84	24.61	24.17	24.01	23.66	23.35	23.15	23.08	23.22	23.09
4 .医疗和个人保健	7.93	7.96	7.97	8.10	8.11	8.02	8.01	7.92	7.95	8.09	8.05
5. 交通和通信											
5.1 能源相关	0.00	0.00	0.00	0.00	0.00	0.00	0.00	0.00	0.00	0.00	0.00
5.2 非能源相关	23.38	23.52	23.75	24.09	24.19	24.82	25.23	25.22	23.05	22.51	22.62
6. 娱乐教育	7.63	7.66	7.68	7.61	7.75	7.55	7.53	7.54	7.49	6.79	6.77

续表

通胀成因	2000年	2001年	2002年	2003年	2004年	2005年	2006年	2007年	2008年	2009年	2010年
7. 烟草酒水	3.48	3.74	3.72	3.67	3.63	3.89	3.86	3.91	3.91	4.48	4.43
整体通胀（CPI）	100	100	100	100	100	100	100	100	100	100	100
1. 核心通胀（CPI）	76.19	76.53	75.75	74.43	72.91	70.74	69.39	68.15	68.98	66.08	64.62
2. 非加工食品	14.78	14.94	15.05	16.07	16.96	17.55	18.81	18.79	22.10	22.14	23.43
3. 能源	9.03	8.53	9.20	9.51	10.14	11.71	11.80	13.06	8.92	11.78	11.94

资料来源：Bureau of Trade and Economic Indices，Ministry of Commerce；Author's Calculations.

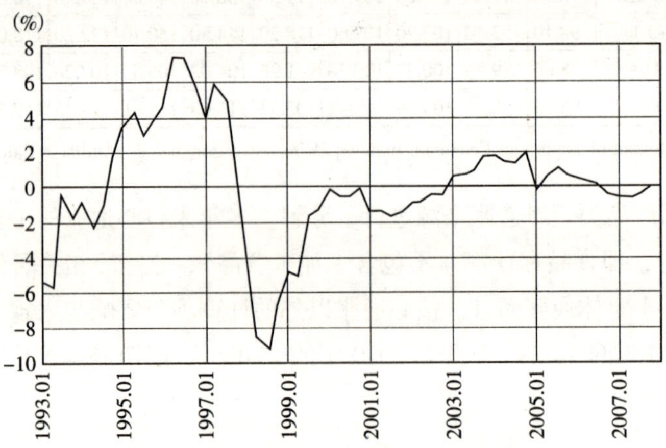

图3　1993~2008年泰国产出缺口测算

资料来源：Chuenchoksan et al.，2008.

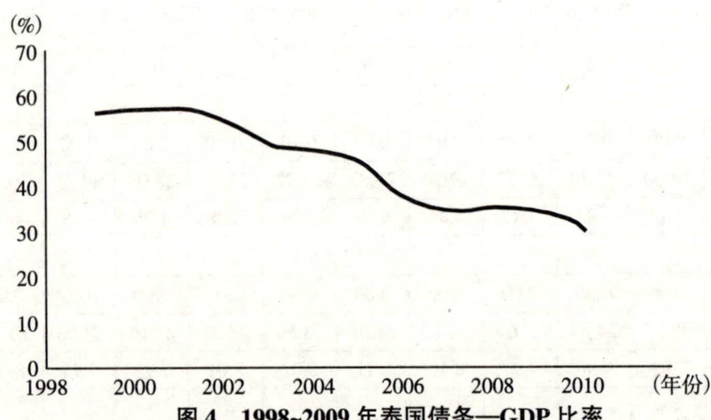

图4　1998~2009年泰国债务—GDP比率

资料来源：Luksanasut et al.，2010.

泰国的产出缺口和债务—GDP 比率进一步证明了泰国治理通胀的成功。1998 年以来，泰国的产出缺口保持相对稳定，如图 3 所示，债务—GDP 比率持续下降，如图 4 所示。这证明泰国治理通胀的同时并未牺牲经济增速或积累过重的公共债务。

总而言之，上述数据证明了泰国在治理核心通胀方面取得了较大成功，但对整体通胀中未加工食品和能源价格的控制并不理想。下一部分将对泰国负责通胀管理的主要机构进行介绍，并对其政策效果进行评述。

三、泰国政府部门控通胀的职能分工

泰国通胀的推动因素可以分为两类：一类是计算核心通胀所包含的素有产品，另一类是未加工食品和能源产品。按照凯恩斯的理论，第一类产品价格主要受需求端影响，第二类产品价格主要受供给端影响。例如未加工食品价格主要受其供给影响，后者进一步取决于气候条件等因素。能源价格主要取决于国际市场以及欧佩克组织的控制。

泰国核心通胀主要由泰国央行（Bank of Thailand，BOT）负责。BOT 成立于 1939 年，迄今为止已解决了该国的很多货币问题，并拥有制定货币政策的职能。未加工食品和能源价格的管理则分布在许多政府部门，例如农业与合作部、能源部、商务部、工业部等。此外，BOT 还通过汇率管理影响这两类产品的价格。

（一）泰国央行（BOT）的职能

泰国央行主要通过利率政策和汇率政策应对通胀，前者控制总需求，后者稳定泰铢的币值。2000 年以来泰国实行了通胀目标制战略。如图 4 所示，该国核心通胀持续保持了低水平。然而，BOT 在稳定汇率方面的成果并不理想。对外汇市场的持续干预导致 BOT 债务规模激增，尤其当面临巨大外部冲击时更是如此。例如 1997 年 BOT 干预外汇市场的成本大约为 1.3 万亿泰铢，按 2011 年汇率约合 43 亿美元，如图 5 所示。

BOT 招聘了很多泰国顶级高校毕业的学生，并且资助了其中多人的博士研究。BOT 的多数高层决策者都毕业于世界名牌高校，这为 BOT 制定货币政策能力的提高奠定了基础。BOT 的决策制定往往基于宏观经济模型，包括宏观计量经济模型、半结构化模型、动态随机一般均衡模型、子模型（Satellite Model）。

BOT 十分重视研究货币政策工具与宏观经济变量之间的关系，并分五条传导路径进行深入分析：利率渠道、资产价格渠道、预期渠道、汇率渠道和信贷渠道。这

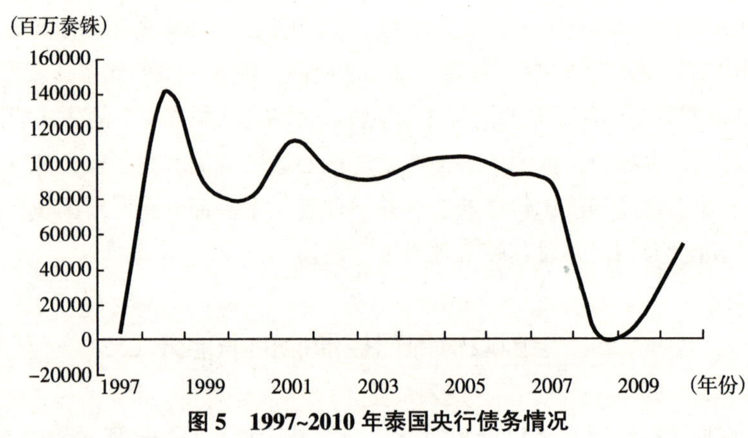

图 5　1997~2010 年泰国央行债务情况

资料来源：泰国中央银行。

些研究为 BOT 正确把握经济运行打下了坚实基础。

BOT 也存在一定弊端，例如等级制度。缺乏竞争机制导致工作效率较低，许多员工的工作产出低于其他行业同薪酬人员。许多高层级人员对现代经济理论缺乏了解，因而无法将这些理论运用于重要的决策当中。BOT 决策所运用的核心模型仍然是宏观计量经济模型，这些模型近年来已经被多数文献所抛弃。此外，BOT 货币政策决策失误后并不承担相应的责任。例如，1997 年 BOT 的干预成本并没有被其员工所认识到，这导致了 BOT 的运作中存在道德风险。

总而言之，泰国通胀管理的成功很大程度上得益于 BOT 对货币政策与经济变量关系的深入研究。BOT 员工卓越的工作能力也是政策制定成功的关键之一。但是，层级制度也是 BOT 进一步提高效率的重大阻碍。同时，决策者不承担失误责任，导致 BOT 的汇率干预过于激进。当前的汇率稳定政策则导致了政府债务负担过重。

（二）公共机构管理未加工食品和能源价格的职能

与核心通胀不同，泰国的未加工食品与能源价格由多个部门分头管理。这一问题需要深入分析，但超出了本文的研究范围。因此，本文仅对各产品的价格政策进行大致梳理。

泰国是一个中等收入国家，接近 40%的人口供职于农业部门。农产品价格政策需要兼顾价格和收入公平问题，但二者并不相容。例如，农产品价格升高能够增加农业部门收入，减少收入不均，但会导致未加工食品的价格上涨。

令人吃惊的是，泰国许多农业政策试图同时实现上述两个目标。例如在政府承诺的大米市场干预政策下，政府以高于市场的价格从农民手中购买大米之后，在市场上重新以正常价格出售。这一方式旨在提高农民收入，同时不引起物价上涨。该政策下买卖大米的差价导致公共债务不断积累，最终被取消。据测算，2005 年这一政策的损失大约为 190 亿泰铢。[①] 这一政策也为滋生贪污腐败提供了温床，商人因此可以从邻国以市场价格购买大米然后出售给政府来套利。

泰国控制能源价格的公共政策问题相对较小。1992 年国家能源政策委员会（NPEC）成立，旨在提高能源领域管理效率。NEPC 的职能包括促进能源节约，管理“节能推广基金”（Energy Conservation Promotion Fund），二者是泰国调节能源价格的基础。“节能推广基金”在国际能源价格较低时积累资金，在能源价格高涨时用于降低本国的能源价格。同时，该基金还起到收入转移的作用，即向主要由私家车使用的汽油征收高额税费，向主要由家庭和产业使用的石油液化气收费较低。

如前所述，泰国未加工食品和能源价格管理政策不如核心通胀管理政策有效。主要原因包括：未加工食品价格的多头监管导致政策效率低下。同时，农业政策制定者没能准确把握一系列相关问题的政策效应。许多政策只是为贪污腐败提供了便利，而未能用于控制通胀。在管理能源价格方面，石油基金的设立只能起到缓解作用，不能解决根本问题。全球能源价格高涨对泰国的影响很大，这也是泰国能源价格管理效果低于预期的原因。

四、加强泰国通胀管理的政策建议

泰国通胀管理方面有两大问题亟须解决。第一个需要解决的问题是农业政策的制定需要进行完善。政府必须认识到农业政策在控制农产品价格和降低收入不均方面不可兼得。如果试图同时实现这两大目标将会恶化政府的财政收支平衡，进而限制政府的预算能力。

本文认为，政府应当通过解决土地所有制和教育等更为基础的问题来解决收入不公平问题，而不是使用农产品价格支持政策，从而让农产品市场机制更好地发挥作用。收入差距和部门间劳动力流动有助于体现劳动力的能力差异并提高劳动生产率。与此相反，当前泰国的农业价格支持政策不鼓励劳动力流出农业部门。农业部门的高收入依靠政府补贴维持，而非由劳动生产率的提高引起。因此，该政策缓解通胀压力是以举债为代价的。

---

① Poapongsakorn and Charupong（2010）.

第二个需要解决的问题是政府对汇率市场和能源市场的干预。泰国当前的价格稳定政策适合国际能源价格相对稳定、没有较大“黑天鹅事件”冲击的条件。20世纪70年代拉美国家的经验表明，石油价格冲击会严重损害政府财政平衡并使经济陷入衰退。泰国在1997年也经历了类似的情况，当时房地产泡沫破灭，大量资本流出国内。BOT稳定泰铢币值的尝试最终却导致泰国遭受沉重的金融损失。

反对政府干预主要基于两个理由。第一，无论泰国政策制定者的教育背景如何，其试图对市场进行干预都是徒劳的，因为泰国市场容量在世界上的比重太小。人为控制国内价格实际上在为投机者的套利行为提供可乘之机。同时，由于外部冲击影响太大，政府为了维持价格稳定而债台高筑使得成本可能远远大于收益。第二，多数情况下价格稳定政策的制定者在判断失误时并不承担相应的责任，因此他们不会建立控制市场干预风险的机制。

本文建议泰国政府寻求控制汇率和能源价格的新途径。例如，在稳定汇率方面应当建立防范资本急剧流动的机制，比如制定一套管理资本流动的规则，或对金融创新工具进行限制以缓解汇率套利的压力。在控制能源价格方面，许多发达国家通过技术创新寻求替代能源。这方面仅仅依靠一个国家自身的力量是不够的，泰国应当加强与其他国家的合作，建立一个新能源技术的共同研发基金。合作联盟内国家之间应加强信息共享，协调能源使用。

五、结论

综上所述，泰国在控制通胀方面较为成功。2002~2010年，泰国的核心通胀率较低并达到发达国家的标准。同时期整体通胀的管理并不如核心通胀那样成功，但是相对于其他新兴市场国家而言其仍然保持了较低的整体通胀水平。

按照产品类型分析，泰国的核心通胀主要由三个项目推动：一是食品和饮料(不包括未加工食品)，二是非能源相关的住房和家具支出，三是非能源相关的交通和通信支出。这三个项目占总体核心通胀的75%。整体通胀则越来越多地受到未加工食品和能源产品的影响。这一趋势值得警惕，因为泰国当前对这些项目进行的控制还并不能完全令人满意。BOT是泰国控制核心通胀的唯一公共机构。与其不同，其他很多政府部门只是对未加工食品和能源价格造成了不同程度的影响。应该说，泰国成功控制核心通胀很大程度上是由于BOT在货币政策运用方面的成功。相比之下，泰国对未加工食品价格进行控制的农业政策则不够成功，因为多头监管导致政策之间的协调性较差。这里要补充的一个背景是：能源价格主要由两家机构管理，国家能源政策委员会控制国内能源价格，BOT 负责汇率。两家机构均运用价格稳定政策（price-smoothing policies）进行通胀管理。

据此，本文提出两个政策建议。第一，当前泰国的农业政策亟须改革。政府必须认识到不能期望农业政策同时实现控制农产品价格和降低收入不均这两大目标。政府在缩小收入差距方面应当更多地关注土地所有制、教育等更为基础的问题，而非运用农产品价格进行支持。第二，政府对市场的干预弊大于利。泰国应当寻求其他渠道来调整汇率和能源价格。当前的价格稳定政策只能起到缓解作用，不能实际解决根源上的问题。

执笔：Nonarit Bisonyabut①

泰国发展研究院

参考文献

[1] Ball L. and Mankiw G.. Relative Price Changes as Aggregate Supply Shocks. Quarterly Journal of Economics, 1995.

[2] Bank of Thailand. Internet Source. www.bot.or.th.

[3] Bulkley G.. Personal Savings and Anticipated Inflation, The Economic Journal, 91, 1981.

[4] Chopra A.. The Speed of Adjustment of the Inflation Rate in Developing Countries: A Study of Inertia. IMF Staff Papers, Vol. 32, No. 4, December, 1985.

[5] Chuenchoksan S., Nakornthab D. and Tanboon S.. Uncertainty in the Estimation of Potential Output and Implications for the Conduct of Monetary Policy. BOT Symposium 2008, 2008.

[6] Coe D. and McDermott J.. Does the Gap Model Work in Asia?. IMF Staff Papers, Vol. 44 No. 1, March, 1997.

[7] IMF. World Economic Outlook 2010: Recovery. Risk and Rebalancing, 2010.

[8] Liviatan N. and Piterman S.. Accelerating Inflation and Balance of Payments Crises, 1973-1984. In: Yoram Ben-Porath. The Israeli Economy. Cambridge: Harvard University Press, 1986.

[9] Loungani P. and Swagel P.. Sources of Inflation in Developing Coun Tries. IMF Working Paper, 2001.

[10] Luksanasut et.al.. Toward Fiscal Sustainability and Long-term Economic Growth: What are the Challenges Ahead?. BOT Symposium, 2010.

[11] Poapongsakorn N. and Charupong J.. Rent Seeking Activities and the Political Economy of

① 本文观点仅代表作者本人，不代表泰国发展研究院。

the Paddy Pledging Market Intervention Measures. Office of the National Anti -Corruption Commission，2010.

［12］Sargent T. and Wallace N.. Some Unplesant Monetarist Arithmetic. Federal Reserve Bank of Minneapolis Quarterly Review，Vol. 5，1981.

越南维持宏观经济稳定之路：前进中的一小步

一、概述

自 1986 年“革新”（Doi Moi）以来，越南经历了深刻的经济改革。尽管在不同时期经历了不同的挫折，改革的主题始终都是提升越南经济的市场基础，从而促进越南经济与国际经济的一体化并且保持越南整体经济的稳定性。这些改革的目的都是提升越南人民的经济生活质量。同时，整体经济的稳定能为更明朗的价格信号和更有效率的资源配置奠定基础。总之，这种一脉相承的改进对于越南社会及经济的发展进程大有裨益。

2001~2010 年这 10 年间，越南在经济一体化方面进行了更广泛和更深入的尝试。基于这些尝试，越南国内的改革得以在更多的领域深入开展，包括国有企业、银行、物价以及法律构架等。与此同时，受 2007~2008 年以及 2010 年末以来的全球经济震荡影响，越南整体经济形势发生了重大的改变。具体而言，这些改变在一定程度上归因于外部因素，即融入区域经济和全球经济一体化（包括越南与美国的双边贸易协定、加入世界贸易组织、其他自由贸易协定等）以及外部环境震荡的冲击（“非典”事件、2008~2009 年全球金融危机与世界经济衰退潮，2007 年到 2008 年初的油价高涨以及 2008 年食品价格急速上涨等情况）。这些外部因素并非各不相关，而是相互联系、相互作用地一同对越南的经济发展产生影响，包括其国家经济政策的调整。

得益于一脉相承的改革和发展，越南在过去的数十年间在社会经济的各方面取得了不错的成果。1990~2010 年，越南的国内生产总值（GDP）连续每年平均增长 7.4%。从支出法来看，这十年越南 GDP 的增长在很大程度上来源于投资和出口。同时 GDP 结构也由主要依赖农林牧副渔这些基础产业转向以工业与建筑业为主——这主要由于后者近年来保持了迅猛的增长。随着国民更好地参与到国民经济活动中，居民收入得到显著提高，贫困率从 1998 年的 37.4%下降到 2010

年的 12%左右。

但是除了这些有利的影响之外，越南在参与区域和世界经济一体化程度加深的同时，也暴露出国内经济在面对外部经济环境不利时的脆弱性，以及过去被掩盖了的经济内部深层次的弊端。这种影响从 2007 年越南正式加入 WTO 之后体现得愈加明显，尤以通胀高企和宏观经济不稳定现象最为显著。显而易见的是，从 2008 年 10 月到 2010 年末通货膨胀的减弱完全是因为受到了全球金融危机和经济衰退的冲击。[①] 同时，资源配置效率降低、居民收入减少、通货膨胀高居不下以及宏观经济不稳定等因素都阻碍了越南长期的经济改革和发展。现阶段这一问题十分紧迫，因为越南已经为当前至 2020 年的社会经济体制改革的政策方向定下基调，但目前不得不分散精力挣脱现阶段宏观经济不稳定的泥淖。

本文试图对 2007 加入 WTO 以来越南高居不下的通货膨胀率以及相应的政策应对进行研究。鉴于此，本文不对 2008 年 10 月至 2010 年末这一时期进行探讨，因为当时政府的主要精力放在阻止经济下滑方面。因此，本文的讨论只集中在两个时段：一是从 2007 年末到 2008 年，二是从 2010 年末到 2011 年。对于每个时段，本文分别简述了越南宏观经济发展的主要模式，宏观经济不稳定的内在根源以及控制通胀的政策措施。在此基础上，本文还对未来越南保持宏观经济稳定提出了相关政策建议。

本文余下部分结构如下：第二部分综述了 2007~2010 年越南宏观经济发展状况。第三部分对上述两个时期通货膨胀的推动因素和相应的政策应对进行分析。第四部分则对控制通货膨胀的措施进行总结并提出相关建议。

二、2007 年以来越南经济发展情况概述

随着 2007 年越南正式加入 WTO，该国的社会经济发展步入了一个新时期。众多文献对越南加入 WTO 前后发展模式的差异进行探讨。[②] 本部分对越南近年来的经济形势（经济增长、投资、商品贸易和国际收支四个方面）进行阐述，从而为后文对通货膨胀的分析提供背景。

① For a more detailed discussion of these impacts，Vo Tri Thanh and Nguyen Anh Duong，2011.

② Vo Tri Thanh and Nguyen Anh Duong，2009；CIEM，2010.

(一) 经济增长

加入 WTO 之后不久，越南经济就实现了高速增长，2007 年增长率达到 8.5%。然而在随后的几年里，由于各种原因，经济增长逐步减速。2007~2008 年间爆发的宏观经济震荡迫使越南不得不收紧宏观经济政策，牺牲了经济增长速度。如前所述，自 2008 年底开始的全球经济衰退给越南造成了沉重打击，使该国经济甚至连温和增长都难以实现。尽管 2009 年越南为应对国内经济下滑而实施了一揽子财政刺激政策，但国内经济依然困境重重，不论是受困于世界经济整体疲软、难以恢复的大环境，或是为了规避经济摇摆带来的内在风险而采取的审慎宏观经济政策。在此背景下，2008 年越南的经济增长率只达到了 6.3%，2009 年经济增长率为 5.3%，2010 年为 6.8%（如图 1 所示）。在 2011 年的前 9 个月，经济同比增速仅达到 5.8%，比 2007 年的 8.5%显著下降，更远远不及之前对加入 WTO 之后经济增长速度的预期（Vo Tri Thanh and Nguyen Anh Duong，2009）。

从供给角度看，越南经济增长很大部分依靠工业和建筑业驱动，该产业在 GDP① 中所占比例从 2006 年的 41.5%下降到 2008 年的 39.8%，到 2009 年重又恢复到 40.2%，2010 年达到了 41.1%。2009 年和 2010 年贡献份额回升的原因在于，这期间工业建筑业的增速高于整体经济的平均水平（如图 1 所示）。与此相反，农林

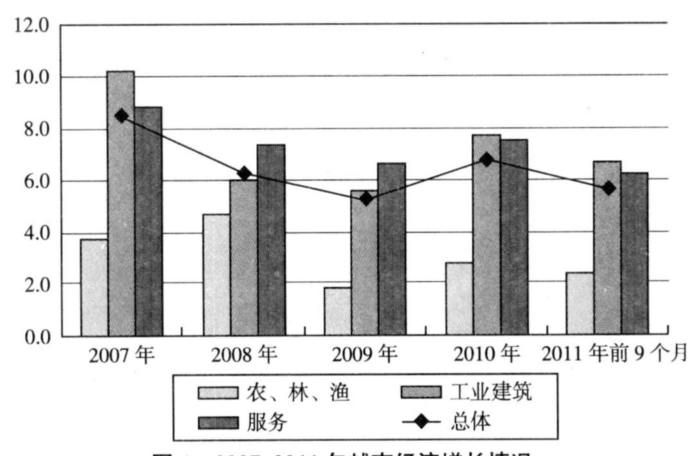

图 1 2007~2011 年越南经济增长情况

资料来源：GSO.

① 按现价计算。

渔业在GDP中所占比重在2006年为20.3%，2008年是22.2%，在2009年和2010年有所收缩，分别为20.9%和20.6%。服务业在GDP中所占比重相对保持稳定，2007~2010年一直在37.9%~38.8%略微浮动。

越南经济增长严重依赖于外资储蓄。究其原因，主要是越南进口产品价格降低以及近几年来房价攀升所带来的财富效应导致国内消费水平高速增长（Vo Tri Thanh and Nguyen Anh Duong，2009），国内储蓄与GDP的比例则持续收缩。国内储蓄相对于GDP的比率从2006年的30.6%下降到2010年的28%左右。国内储蓄和投资之间的缺口不断扩大（超过10%），在海外资本看来这样的发展是不可持续的。①

（二）投资

加入WTO之后，越南总体投资的绝对值持续上升，但是相对于GDP的增幅而言还是处于收缩状态。按可比价格计算，投资额从2006年的243.3万亿越南盾增加到了2009年的400.2万亿越南盾，年均增幅达13.2%。尽管如此，投资占GDP的比重仍是下降的，2007年为46.5%，2008年为41.5%，2009年为42.7%，2010年为41.9%。受宏观经济政策紧缩的影响，这一比重在2011年的前9个月还在继续减少，仅为39.8%。

越南投资的显著特点表现为国有投资占主导地位。然而，投资结构也逐渐呈现出一个重大的转变，即国有投资和其他资金来源的投资之间差距收窄。国有投资在社会总投资中所占比重由2006年的45.7%降低至2008年的33.9%。这一趋势主要归因于国内经济的结构性改革，包括国有企业改革和商业环境改善。前者造成国有经济比重不断降低，后者鼓励了私人和外资部门投资的增长。国有投资比重只在2009年才再次提高到了40.6%，这主要由于越南为应对国内经济下滑而实施了一揽子财政刺激政策。但政策逐步退出之后，这一比重于2010年再次下降到了38.1%（如表1所示），2011年前9个月则降到35.9%。

表1　2006~2010年投资的资金来源结构

单位：%

年份	2006	2007	2008	2009	2010
国有部门	45.7	37.2	33.9	40.6	38.1
非公有部门	38.1	38.5	35.2	33.9	36.1
国外部门	16.2	24.3	30.9	25.5	25.8
总计	100.0	100.0	100.0	100.0	100.0

资料来源：CIEM，2011.

① 进一步的分析参见Vo Tri Thanh，2011a，2011b；CIEM，2010.

同时，加入 WTO 对越南自身的经济改革进程也产生了积极的影响，改善了越南的投资环境和吸引力。国外直接投资（FDI）占总投资的比重从 2006 年的 16.2%上升至 2008 年的 30.9%，2010 年缩减至 25.8%，2011 年前 9 个月为 25.3%。国内非国有部门投资从 2006 年的 38.1%下降至 2009 年的 33.9%，2010 年反弹至 36.1%。2011 年前 9 个月国有部门和 FDI 的投资占比均有减少，而非国有部门占比提升至 38.8%。

越南加入 WTO 之后，流入该国的 FDI 高速增长，无论是注册资本（Registered Capital）、实施资本（Implemented Capital）还是项目数量。FDI 项目的总注册资本从 2006 年的 120 亿美元先后提高到 2007 年的 213 亿美元和 2008 年的 640 亿美元。实施资本从 2006 年的 41 亿美元提升至 2008 年的 115 亿美元，几乎翻了两倍。FDI 新项目数量 2006 年为 987 个，2007 年为 1544 个，2008 年为 1171 个。2009 年受外部环境恶化的影响，越南的 FDI 注册资本减少至 163 亿美元，实施资本减少至 100 亿美元。令人担忧的是，FDI 倾向投资于服务业和房地产行业等，而非生产性部门。而且这些资金往往与货物和服务进口相伴随，没能提升越南的生产能力。2011 年该情况才略微得以扭转，FDI 项目的注册资本达 172 亿美元，一半左右投资于制造业，如图 2 所示。

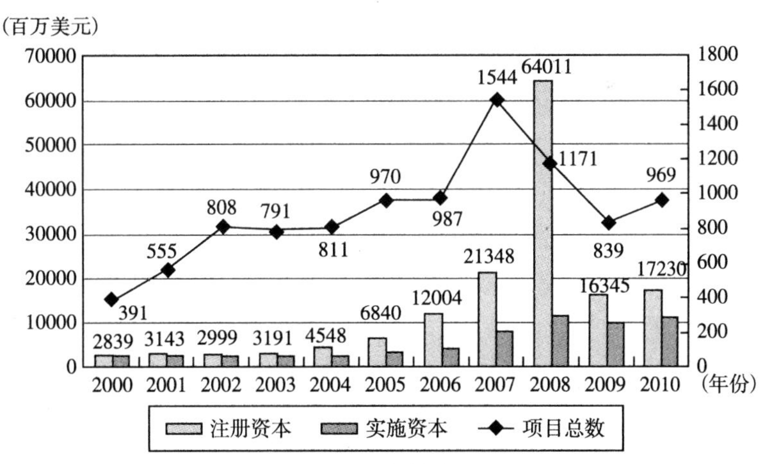

图 2　2000~2010 年越南 FDI 情况

资料来源：Ministry of Planning and Investment（MPI）.

（三）商品贸易

如同 2007 年之前设想的那样，加入 WTO 增大了越南扩大出口的机会。货物出口从 2006 年的 400 亿美元左右分别上涨到 2007 年的 486 亿美元和 2008 年的 627

亿美元。受2008~2009年全球金融危机影响，越南的贸易伙伴国需求受挫，越南货物出口在2008年第四季度首度降低，出口价格也出现下调。2009年全年的货物出口额为571亿美元，比2008年降低9.7%，但其很快走上正轨，2010年和2011年前10个月出口额分别为722亿美元和780亿美元，同比增速分别达26.3%和34.6%（见图3）。

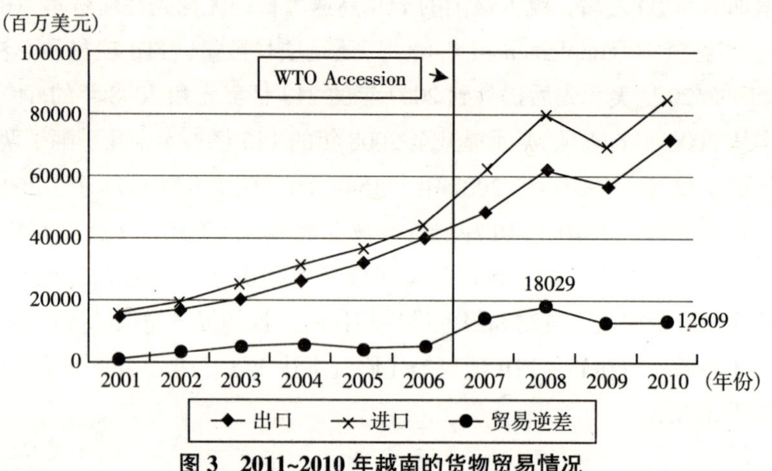

图3 2011~2010年越南的货物贸易情况

资料来源：General Statistics Office（GSO）.

2007年以来越南的货物进口呈现出与出口类似的增长情况，但波动更剧烈。货物进口[①]从2006年的449亿美元先后上升至2007年的628亿美元和2008年的804亿美元。由于越南经济减速以及2007年以来限制贸易赤字的措施，进口增速从2007年的39.8%降低至2008年的28.6%。在全球金融危机的冲击下，2009年越南货物进口额下降至699亿美元，降幅达13.3%。2010年起进口再次复苏，2010年达到848亿美元，2011年前10个月达864亿美元。尽管如此，贸易赤字仍然较大，2008年达到峰值180亿美元，2010年降低至126亿美元。需要指出的是，贸易赤字主要为对中国、东盟和韩国的赤字，并且主要为半成品赤字。

（四）国际收支

2007~2010年，越南的经常账户延续了加入WTO之前的赤字状况（如图4所示），赤字规模从2007年的70亿美元（占GDP的9.9%）上升至107亿美元（占GDP的12.9%），但2010年减少至43亿美元（占GDP的4.0%）。而2006年越南经

① 除特殊指明，均按CIF价格计算。

常账户赤字额仅为2亿美元（占GDP的0.3%）。经常账户的赤字情况值得注意，远远超出了加入WTO之前的预期。经常账户赤字主要是由贸易赤字造成的。最初，贸易赤字由2007年的103亿美元（占GDP的15.9%）上升至2008年的128亿美元（占GDP的18.3%）。受限制贸易赤字政策和内需不振的共同影响，2009年的贸易赤字降低至101亿美元（占GDP的10.9%），并于2010年进一步降低至71亿美元（占GDP的6.7%）。

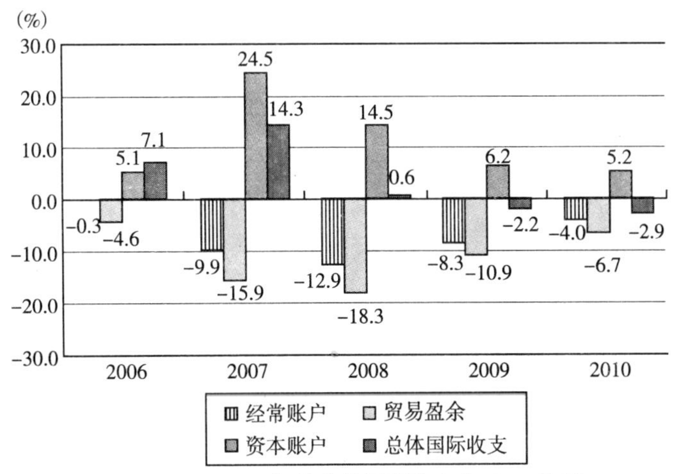

图4 2006~2010年越南的国际收支占GDP比重

资料来源：Vo Tri Thanh（2011a）.

与此相反，根据对越南加入WTO之后的增长潜力预期，大量资本流入该国，进一步改善了资本账户的盈余状况。2007年、2008年越南资本账户盈余分别达188亿美元和112亿美元。受经常账户赤字影响，2008年国际收支盈余高达103亿美元，但2008年仅为0.5亿美元。此后，资本账户盈余不断降低，2009年仅为57亿美元，2010年仅为55亿美元。由于资本账户盈余下降速度高于经常账户赤字改善的速度，国际收支总体情况恶化，2009年、2010年国际收支赤字占GDP的比例分别为2.2%和2.9%，这严重影响了越南外汇储备情况，进而对外汇市场形成重要压力。尤其是越南国际收支中错误和遗漏项规模相对较大，2009年达120亿美元，2010年达40亿美元。该项目反映了走私和非记录贸易活动情况，以及居民资产转为黄金等（Vo Tri Thanh，2011）。

三、2007年以来的经济形势：通胀抬头与政策应对

由于加入WTO限制了行政干预的空间，越南在宏观经济管理方面积累了许多新的经验。2007年同比通胀水平逐月攀升，甚至在2008年呈现飞涨态势（如图5所示），于8月份达到28.3%的顶峰。尽管在CPI篮子中占比43%的食品价格已经除外，其他产品的同比通胀水平仍旧高达16.5%。

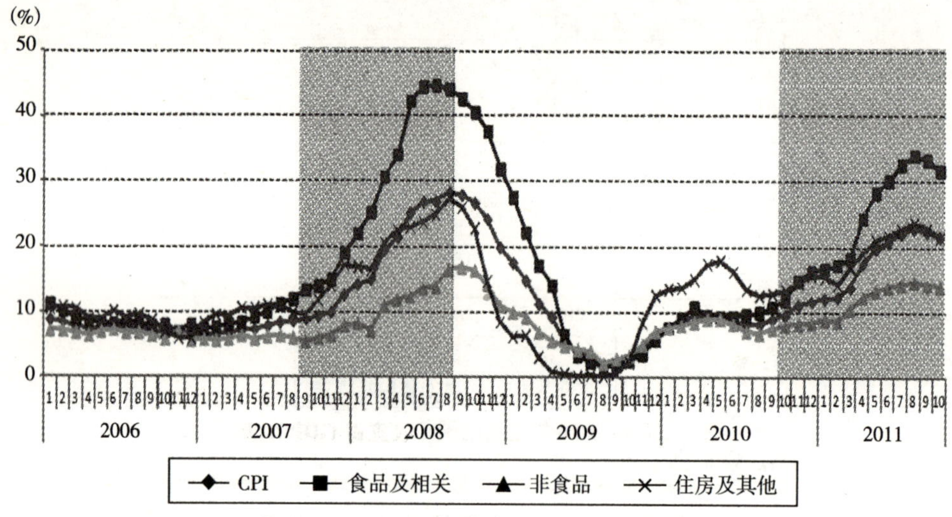

图5 2006~2011年10月CPI同比上涨情况

资料来源：GSO.

2008年9月以来受到全球金融危机和经济衰退的影响，越南月度环比通胀水平骤降：10月份增速为-0.19%，11月为-0.76%，12月为-0.68%。因此，2008年全年通胀同比增长19.9%。直到2009年第三季度，通胀水平持续呈现下降态势。2009年9月份，通胀同比增长仅2.4%。2009年全年，基于CPI的通胀率低于6.9%。

2009年9月开始通胀再次抬头，通胀同比增速从10月份的3%跃升至12月份的6.5%。这一上升趋势在2010年得以延续，尽管2010年10月份通胀才真正地得到重视。对2010年早期没有对价格上涨作出及时处理的一个解释是，通胀水平远低于2008年的高点，因此发展趋势还有待确认（Vo Tri Thanh，2011）。2010年全年通胀同比增长约11.8%，2011年8月甚至进一步升至23.0%，直到2011年10月略降至21.6%。

因此，2007 年以来越南经历了两轮高通胀。第一轮从 2007 年 1 月持续到次年 8 月；第二轮从 2010 年 10 月至今。以下几个小节将对通胀成因和不同时期通胀应对措施进行详细的讨论。

（一）2007~2008 年通胀高企与一揽子政策

图 5 显示直到 2007 年第三季度，通胀同比增速一直较为平稳。2007 年 9 月开始，通胀水平开始加速。2007 年通胀同比增长 12.6%。2008 年，通胀水平大幅上升并于 8 月份达到 28.3%的顶峰。

Vo Tri Thanh 和 Nguyen Anh Duong（2009）指出此次通胀的几个成因：第一，过去几年为推动经济高增长的扩张性政策累积了通胀压力。革新开放（Doi Moi）以来，特别是 2000 年以来，越南将经济增长放在首位，对维持宏观经济稳定的重视程度不够。直到 2007 年，在投资和信贷迅速扩张的推动下，经济维持了高增长态势。2000~2007 年，总投资年平均增速为 15.3%，仅 2007 年的实际增速就达到 27.0%。相应地，同年信贷增长接近 53.9%。更重要的是，宏观经济管理思路在经济增长和通胀之间取舍的认识上存在错误。越南每年制定维持经济高增长同时保证宏观经济稳定的双重目标，导致宏观经济政策工具的协调合作不足。由于这一问题被经济增长和融入全球经济一体化的努力所掩盖，通胀问题的严重性没有显现出来，因此没有获得足够的重视。实际上，直到 2008 年 2 月，越南政府维持经济稳定、化解金融风险以及降低政策间不协调性的宏观经济政策框架都不够有效，结果导致了 2007 年早期以来长时间的通胀高企。

第二，国际商品价格上涨通过爬行盯住汇率制度向越南国内传导，即输入性通胀效应。例如，2007 年全球初级商品价格上涨了 29.4%，2008 年前 8 个月上涨了 24.6%；同时期能源价格分别上涨了 44.0%和 32.1%。尤其是大米价格在 2008 年前 8 个月激增了 95.0%。[①] 由于进口与 GDP 高度相关，2008 年越南进口价格指数增长了 18.2%，食品进口价格上涨了 21.6%。与此同时，为了促进出口增长，越南逐步将越南盾对美元贬值。2008 年前 8 个月，银行间市场越南盾/美元汇率略微贬值 0.61%，但是商业银行和平行市场（Parallel Market）汇率分别贬值 3.66%和 3.77%。尽管如此，2008 年实际有效汇率的快速升值反映了名义汇率贬值不仅未能有效促进出口，反而导致国内物价进一步上涨（Truong Dinh Tuyen et al.，2011）。从这个层面上说，越南仅仅从国外市场将通胀输入国内，如图 6 所示。

① 基于泰国大米价格计算，数据来自 International Financial Statistics。

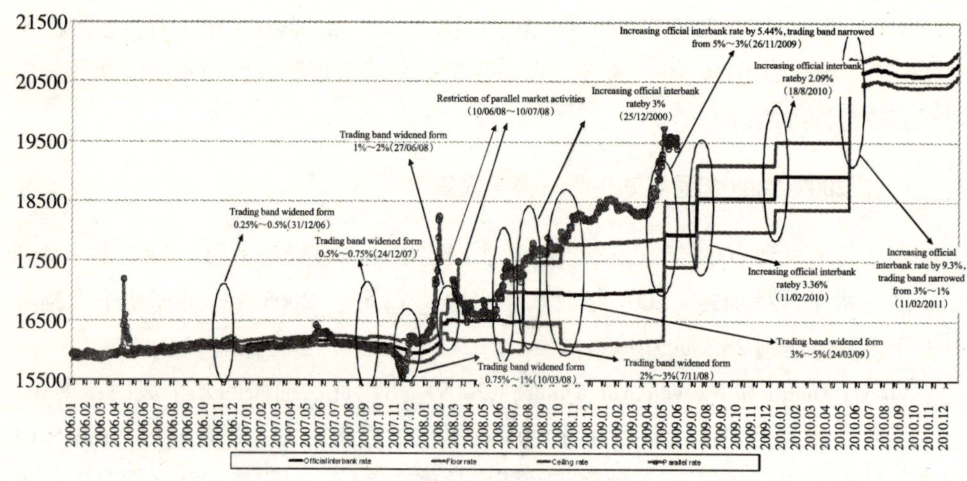

图 6　越南盾/美元汇率变动

资料来源：Author's calculations from SBV data.

第三，2007~2008 年国外资本的大幅涌入超出了越南国内市场的承受能力，这导致政策制定者难以进行及时而妥善的应对。为了实施爬行盯住汇率制以鼓励出口，越南必须增加本国货币供给以购买外汇，同时却没有进行适当的对冲，导致货币供应量大幅增长。例如 2007 年 M2 增长了 49.1%，远高于 2006 年 29.7%的增速。2008 年早期越南通过行政手段回收货币，例如强制信贷机构购买债券等。这些政策的效果并不尽如人意，同时造成大量银行特别是小银行的流动性短缺，如图 7 所示。

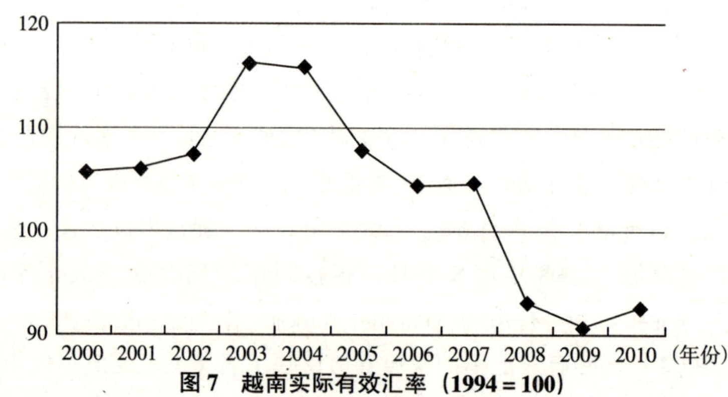

图 7　越南实际有效汇率（1994＝100）

资料来源：Author's calculations.

需要指出的是，2007 年后期越南对通胀压力给予了关注，但采取的控制措施仅仅是口头的或者不全面的。转折点出现在 2008 年 4 月 17 日政治局的《22-KL/

BCT 号议定》(Conclusion No. 22-KL/BCT) 与《10/2008/NQ-CP 号政府决议》(Government Resolution No. 10/2008/NQ-CP),两个文件提出控制通胀目标及一揽子政策。这是政府首次将控通胀和稳经济作为首要目标,而将增长目标放在次要地位。此外,政府决议明确提出要加强货币政策、汇率政策、财政政策、公共投资、贸易政策、价格政策、资本流动管理、社会安全网建设、信息与通信政策等九大政策之间的协调性。

第一,越南 2008 年决定实行从紧的货币政策,全年信贷增速目标低于 30%。为此,存款准备金率全面上调 1 个百分点。政策利率在 2008 年 2 月份小幅上扬,并于 2008 年 5 月 17 日大幅上升,如图 8 所示。2008 年 6 月,短期年化存款利率攀升至 17%~18%,年化借款利率则高达 23%~25%。此外,越南政府还加强对商业银行等信贷机构的监管,并设立严格的报告制度,特别对房地产和证券行业贷款进行严格控制。

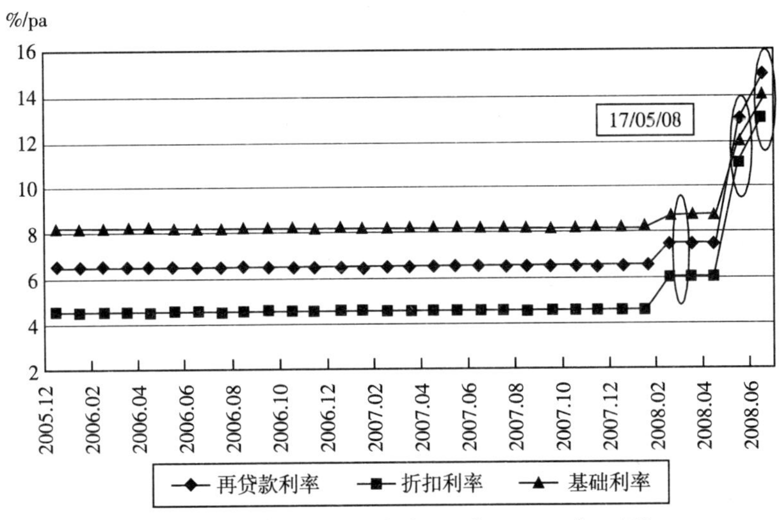

图 8 关键政策利率的变动(2005 年至 2008 年 6 月)

资料来源:Vo Tri Thanh,2011a.

第二,谨慎使用汇率政策工具。越南有步骤地放宽银行间市场汇率的交易区间,2007 年 12 月 24 日从 0.5%调至 0.75%,2008 年 3 月 10 日上调至 1%,2008 年 6 月 27 日进一步上调至 2%。2008 年 6 月,官方越南盾/美元汇率从 16139 上升至 16461。为了实施官方汇率交易,越南暂时性地对换汇代理进行监管,并于 2008 年 5 月禁止向个人出售外汇,以缓解当时的美元热。2008 年 6 月下半月,越南国家银行(SBV)禁止商业银行用第三国货币交易美元,并对外汇市场多次出手干预,最终于2008年7月底将汇率控制在允许的范围内。

第三，财政政策同样从紧，目标将预算支出削减10%。越南政府要求各部门和地方、大型国有企业特别是国家级企业集团减少对非核心业务的投资（尤其是金融和房地产领域），并对不必要的或者抵消的项目投资进行削减。据报道，到2008年7月25日之前，共计36万亿越南盾（超过21亿美元）的各类公共投资项目被削减或重新安排。但是实际的削减进程并不如报道的那样顺利，并且在越南为阻止经济下滑而政策转向提振需求后，被忽略了。财政政策进展缓慢可以归因于削减公共投资冗长而刚性的政治过程，这反映出背后投资导向的增长范式。

第四，越南致力于促进出口增长，甚至通过贸易政策的调整。同时在WTO及其他自由贸易协定承诺的允许范围内，提高对多种产品的进口关税以降低贸易赤字。大米出口实行配额制从而保证国内的粮食供应。这些举措使2008年上半年的贸易赤字有所缩减，缓解了外汇市场的压力。尽管进口控制和关税提高带来了短期的贸易平衡，但这样的政策并不具有可持续性，因为其可能引发贸易保护主义并扭曲资源配置。

第五，越南继续实施价格控制政策。2008年2月上调汽油价格12%，同时调整的还包括水泥、钢铁、煤炭、药品、飞机票和火车票。在巨大的压力下，2008年7月汽油价格无法维持，快速上涨31%。直到2008年底，越南政府尽力保持电价、水价和公车费不上涨。这些政策阻止了部分领域的价格上涨，但是却以大量补贴成本和资源配置扭曲为代价。同时，这些措施过于行政化，其持续性和透明度饱受质疑。

第六，越南致力于加强资本流动的透明度。实际上，关于资本流动的信息和数据相对有限且可信度较低，例如不同的机构对国外直接投资的测算相去甚远。[①] 同时在经常账户赤字严重以及国外投资者信心分歧较大的背景下，需要采用适当的政策对资本流动进行管理。

第七，需要完善各类社会管理政策，加强对穷人和其他弱势群体的支持。例如资助贫穷、饥饿人口，向受自然灾害和疾病困扰的家庭提供帮助，支持渔民建造渔船等。由于这类措施之前已经被常规化实施，因此《10/2008/NQ-CP号政府决议》提出的措施难以更有新意。此外，越南对经济增速放缓、食品能源价格上涨的社会现象并无深入研究。因此，这些支持措施仅仅确定了想要为弱势群体提供帮助，但对具体如何行之有效地提供支持却没有提供依据。

---

① Vo Tri Thanh，2008；Vo Tri Thanh and Pham Chi Quang，2008.

第八，越南政府十分重视向市场发布社会经济状况和经济政策的信息，确保政府维持宏观经济稳定的信号准确无误地被市场接受。这对于政府与市场达成一致至关重要，因为应对宏观经济动荡意味着离开原来的增长路径，这一过程必须由部分群体承担成本。尽管这些政策经过精心设计，但在实际中运行的效果却不理想。不仅如此，政府各部门及所属机构与地方政府之间的协调不力也损害了公众和市场的信心。与之相关的是，越南经济形势的信息实际上大多由私人或外资金融机构发布。由于这些机构具有市场敏感性并且在获取和处理信息方面拥有规模经济优势，因此它们发布的信息具有一定的参考价值，但并不能完全避免利益冲突。

受政策时滞的影响，市场原先预计上述政策在 2008 年下半年对通胀产生影响。然而，2008 年 8 月份通胀增速高达同比 28.3%，次月开始才有所回落。2008 年末通胀的下降除了受这些政策影响外，全球经济危机和经济衰退的负面影响实际上也起到关键作用。此时，政策立场由年初的控通胀向保持经济增长迅速转变，导致《10/2008/NQ-CP 号政府决议》对通胀的实际影响无法评估。这一揽子政策的最大价值似乎体现在政府首次将政策制定过程考虑得较为全面，并对若干有冲突的政策目标（如高增长和低通胀）的重要性进行了权衡。

（二）2010 年末通胀再次抬头与政策应对

2010 年末以来，越南政府在应对重新高企的通胀时更加审慎。原因不仅仅是 2007~2008 年的高通胀首次给该国带来了重大教训，更在于政府意识到当时通胀压力的缓解并非应对政策所起的作用，而是由全球金融危机与经济衰退造成。即越南上次没能完全治理通胀的根源，这次必须重新应对。2011 年 2 月末，政府发布《11/NQ-CP 号政府决议》，统筹全面应对通胀的各项措施。

第一，越南强调了货币政策从紧的立场。2011 年 M2 增长目标降低到 15%~16%，而 2010 年的实际增速为 20%。同时，2011 年信贷增速限制在 20%以下，2010 年则为 30%。与 2008 年类似，SBV 数次提高关键政策利率，再贷款利率从 2011 年早期的 9%上升至 2011 年 4 月的 14%，再贴现利率从 7%上升至 13%（如图 9 所示）。SBV 还向商业银行下达行政性指标，已保证 M2 和信贷减速的目标。在这些政策的作用下，与 2010 年末相比，2011 年 10 月 20 日 M2 仅增长 7.5%，信贷增速为 8.61%。需要指出的是，直到 2011 年 7 月，信贷减速的原因是商业银行担心不能完成全年目标而不愿放贷，8 月起银行放贷意愿虽有所增强，但企业由于借款成本过高因而降低融资意愿。

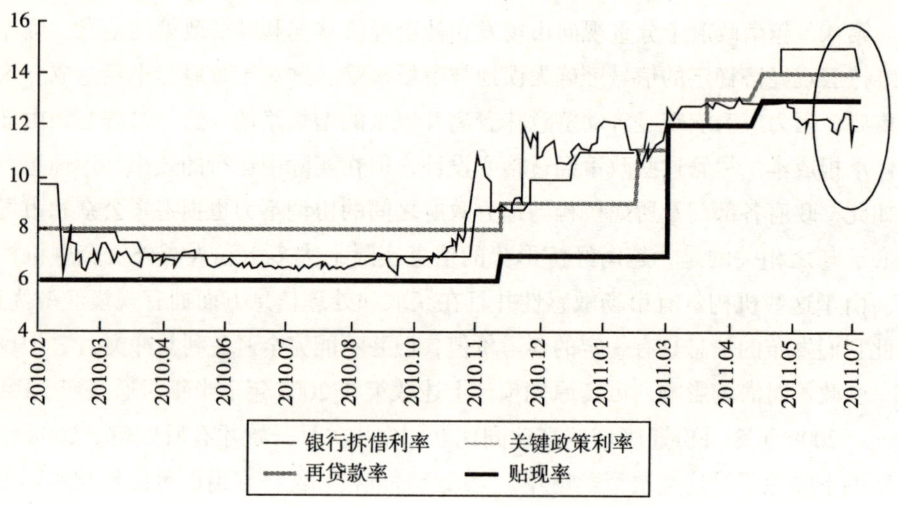

图 9　2010 年 2 月至 2011 年 7 月关键政策利率变动情况

资料来源：Bloomberg。

第二，财政政策也适当收紧，核心在于缩减公共投资。财政赤字与 GDP 的比例要控制在 5%以内。同时，公共投资的各种资金来源（预算资金、债券融资、国家信贷和国有企业盈利）。2011 年前 10 个月，财政预算收入为 558.5 万亿越南盾（计划数值的 93.9%），财政支出 606.9 万亿越南盾（计划数值的 96.3%），其中投资支出为 124.6 万亿越南盾（计划数值的 82.0%）。据报道，2011 年 7 月底之前，公共投资项目共计减少 81.5 万亿越南盾。①

第三，越南运用综合手段缓解外汇市场压力，并提升越南盾的吸引力。SBV 设定越南盾存款利率上限为 14%，美元存款利率上限为 3%（后来降为 2%），同时美元存款准备金率从 4%提高至 8%。此外，越南在 WTO 承诺范围内对进口实施新的管制措施，并对美元借贷进行更严格的限制。对国企（特别是企业集团和大型企业）实行退出政策，对平行市场的监管与干预再次加强。与 2008 年的经验相似，这些政策并不都能达到设想的效果。例如由于流动性紧张和银行之间的竞争，最初规定的越南盾贷款的利率上限并不具约束力，据报道平均利率为 15.5%。近期 SBV 加强了对利率上限的要求，尽管如此，该项政策的依据和可持续性依然受到质疑。

第四，政府加强对特殊领域的支持政策以维护社会稳定，包括中小企业、农业等。2011 年 4 月，越南总理批准对部分中小企业的所得税进行一年的调整。政府针对消费品提供了数亿越南盾的补贴以抵御通胀对居民生活的不利影响。然而，市场

① 尚不确定该数值是否包含项目之间资金转移和国有企业获取资金。

担忧这项政策的透明度，因为并非所有企业都有资格购买补贴商品。

《11 号决议》的经济效应较为复杂，但这一阶段通胀明显放缓。[①] 第一季度 GDP 增速达到 5.4%，上半年为 5.6%，前三季度接近 5.8%。工业生产指数增幅更大，但相比之前有所放缓。2011 年前 10 个月，工业产出增长 7%；存货加速积累，8 月初增长 21.1%；8 月就业率同比下降 3.8%，9 月份增速为 0。2011 年投资总额占 GDP 的比重约为 34.5%（按当前价格），低于过去几年。预算资金中用于公共投资的部分也有所减少，8 月份增速仅为 8.6%。商业贸易持续扩张，出口增速高于进口增速。尽管如此，人们对房地产企业破产与商业银行不良贷款的担忧日益加剧。受信贷紧缩影响，房地产行业和证券行业面临严峻的资金困境。

尽管过去的经历使市场参与者对政策有效性抱有怀疑，但《11 号决议》等相关措施依然获得了市场的正面回应。同时，信贷利率与该决议发布之前相比变化不大。2011 年 4 月起，名义汇率保持相对稳定，官方和平行市场汇率差异收窄。更明显的是，投资者由持有美元向持有越南盾转变，但都是短期。久而久之，越南盾和美元的利差对美元借贷形成的压力与日俱增，特别是快到期的债务。正因如此，市场参与者并不认为暂时的汇率稳定是宏观经济状况改善的结果。Bingham et al.（2011）认为，汇率管理实际上使政府所面临的其他宏观经济挑战更复杂了。基于 5 年期政府债券的 CDS 溢价在经历短暂回落之后再次上涨。

更为重要的是，通胀控制政策的有效性仍然值得怀疑。在经历了长期而痛苦的滞后期之后，只有近几个月通胀环比增速有所放缓。实际上，《11 号决议》发布后通胀环比增速依然很高，6 月份略微减速，但之后再次上升。目前缩减供给推动型通胀的空间已经很小，因为关税已经接近零、利率相对较高、战略储备和补贴都将告罄，因此通胀的减速难以维持。而且，目前通胀缓解在一定程度上是全球经济疲弱的结果。

《11 号决议》的实际影响可能还需数月才能显现，对其进行准确的评估可能需要更久。尽管如此，政策的实施进程还在继续，未来几月可能会进一步增加内容。在这一阶段，还有几个问题需要解决。

第一，政府换届是否会阻碍政策的平稳实施。如 Vo Tri Thanh（2011b）所指出的，2011 年 5~6 月议会成员和新政府选举时，控通胀的严厉措施较少，导致通胀环比高速增长。与之相关的是，2011 年早期严控通胀的政策已制定，但不少政府部门还要求对各自领域提供扩张性的支持，这导致通胀预期难以显著改善，影响了

① 本段所有数据均为同比计算。

政策的实施进程。

第二，政策制定机构自身都对迄今为止实施政策的力度持有怀疑态度。如果进一步采取措施可能导致政策实施力度过重，但若保持现状，低通胀目标要经过一段时滞之后才可能达成。而且，如果政府保持耐心等待则可能被指责为应对通胀不力。工商业界等利益集团的诉求与当前宏观经济的稳定存在一定冲突，由此形成的社会政治压力也不利于政策稳步推进。面对两难困境，政府似乎将政策着力点从最终目标（例如抑制通胀）转移到一些中间目标（例如《11 号决议》中所提出的若干目标）。

第三，尽管《11 号决议》的出台经过经济专家的多次研究探讨，但仍然缺乏对不同政策路径及其影响的全面深入的分析。因此，即使制定的政策方向是合理的，政策实施力度是否恰当仍另当别论。

第四，宏观经济政策的协调合作存在不足。政策协调是一门艺术而非教条主义，各项政策之间应当为一个共同的最终目标服务，这个目标取决于通胀和增长之间权衡之后得出的可接受结果。与 2008 年类似，最近的政策实施经验也表明，尽管货币政策和财政政策都基于《11 号决议》，但二者之间的相互影响并未得到考虑。这也是相关机构在制定政策时倾向于强调中间目标的又一原因。

目前，世界经济复苏步伐比预期中要慢，经济前景的不确定性依然较大。欧盟和美国公共债务状况恶化、大宗商品价格上涨、金融创新等因素导致长期存在的全球失衡状况更加复杂。与 2008 年末的情况类似，全球经济疲弱可能有助于通胀增速放缓，至少在未来的几个月是如此。这可能导致越南政府的政策重心再次从维持经济稳定方面转移。同时由于引起通胀的根源问题尚未得到完全解决，越南 2011~2020 年的经济改革进程可能受到更大的阻碍。从这个层面上看，越南维护宏观经济稳定的工作仍然任重道远。

四、结论与建议

过去的 5 年中，越南在经济运行管理和宏观经济政策制定方面积累了丰富的经验，其中许多经历是前所未有的。这些经验有助于越南在实现自身的工业化以及融入全球经济一体化进程中拥有更加良好的发展态势。在这样的背景下，应对通胀应当采取更加基于市场的政策措施，这意味着当前通胀管理政策不能仅仅是复制 20 世纪 80 年代中期的经验。本文第二和第三部分清晰地描述了后 WTO 时期应对通胀的复杂性。正如 Nguyen Anh Duong 和 CIEM（2010）所认为的，这一过程中成绩和问题并存。最重要的是，这让越南意识到为了保持宏观经济稳定必须形成审慎而全面的政策路径。

为了进一步增强宏观经济的稳定性，越南需要致力于以下几个方面：

第一，政府应当向市场发出正式而明确的信号，即稳定宏观经济是其首要目标，这有助于巩固市场信心。这些信号必须包含在经济增长与通货膨胀之间进行明确的取舍，而非对二者给予同等的重要地位。

第二，政策目标定位必须与上述政策信号保持一致。一方面，经济稳定不应被视为货币政策或者财政政策各自的目标。应当设立适当的机构对各类宏观政策进行协调，确保各政策为共同的正确目标服务。另一方面，政策目标的制定需要有充分的理由，最好进行严格的政策效应评估。这将为政策的可信性奠定基础，并向市场预期进行传递。对越南而言，政策目标的正确制定更具重要性，应对通胀应当与长期改革的进程相适应。

第三，越南需要对汇率制度体系进行深入研究。目前该国实行爬行盯住汇率制，并通过微调支持出口增长和减少贸易赤字。然而，过去越南盾对美元的贬值更多地被国内高企的通胀抵消了，因而无法如设想的那样支持出口。[①] 尽管改革汇率制度知易行难，但关键在于保证汇率的竞争力和灵活性，从而在高资本流动和美元化的背景下保持货币政策的有效性。

第四，越南的金融监管体系亟待完善，从而加强金融风险的预警和防范。例如在信贷紧缩时期，金融监管有助于识别和防范其他市场（例如房地产和股票市场）的风险累积。需要做的工作包括提高市场信息搜集和处理能力，从制度上加强市场监管与政策实施的联系。此外，还应加强对宏观经济政策之间关联性的监管。

第五，在宏观经济政策紧缩和经济发展前景疲弱的背景下，越南应致力于为弱势群体提供适当支持，例如贫困人口、农村劳动力和女性劳动者等。高通胀会降低贫困人口的生活水平，阻碍脱贫步伐。政府必须放开关键产品的价格控制，补贴政策不可持续，避免富人搭便车。向弱势群体进行直接的支持措施可能有用，但这取决于政府预算和企业的支持能力。

第六，行政措施应当逐步淡化。尽管此类政策能够在短期内立竿见影，例如《11号决议》降低了信贷增长目标，显著地收缩了信贷投放并缓解了通胀压力，但这些政策由于缺乏市场基础而不具备可持续性。此外，行政手段只有在经济不利变化被正确识别且政策即时实施的条件下才能发挥作用。将政策重心从行政干预向基于市场的政策工具转变有利于提高政策的可信度和可预测性，能够在长期内增强政

① 参见 Truong Dinh Tuyen et al.，2011。

府与市场参与者的良性互动关系。

随着越南经济更广泛地融入经济一体化进程，宏观经济和社会事务管理越来越复杂，国内经济对外部冲击的暴露程度也日益加深。因此，促进经济持续高增长并保持经济社会稳定发展需要从经济、金融、社会、政治等多维度全盘考虑。

为了在上述几个方面取得进展，政府必须保证有足够的决心和耐心，至少能够达到市场参与主体的预期。宏观经济稳定作为一个关键信号，是保证资源配置效率和经济高速增长的基础。从这个角度看，之前提出的政策努力仅仅是必要的起步，离完善还远远不够。最近的一些文献（如 Ministry of Planning and Investment，2010；Vo Tri Thanh and Nguyen Anh Duong，2011）认为，大量的增长模式的创新在目前阶段只是起到补充作用，但在未来将扮演决定性的角色。尽管如此，真正的创新只有在宏观经济成功恢复稳定之后才能够得到发展。相应地，越南必须加速经济恢复稳定的步伐，同时为《2011~2020 年社会经济发展战略》中所设想的长期改革做好准备。

执笔：Nguyen Anh Duong①

国际会议筹备论文之“应对通胀：亚洲新兴市场国家共同面临的挑战”

北京，2011 年 12 月 25 日

参考文献

[1] Bingham B.，Leung S. and Pham Thi Lan Huong. Vietnam's Macroeco nomic Challenge. Draft paper. As of 28 September，2011.

[2] Central Institute for Economic Management. Impacts of International Economic Integration on Vietnam's Economy After Three Years of WTO Membership，Hanoi，2010.

[3] General Statistics Office. Available：www.gso.gov.vn.

[4] Nguyen Anh Duong. Impact of International Economic Integration on Vietnam's Macroeconomic Stability. Paper for BWTO Project on "Impacts of International Economic Integration on Vietnam's Economy After Three Years of WTO Membership", in Vietnamese，2010.

[5] Ministry of Planning and Investment. Project Report on Restructuring Vietnam's Economy. Report to the Government. In Vietnamese，2010.

[6] Ministry of Planning and Investment. Available：www.mpi.gov.vn.

① Researcher of the Central Institute for Economic Management（CIEM）. The views and opinions expressed in this paper are solely of the author and may not necessarily reflect those of the CIEM.

[7] State Bank of Vietnam. Available: www.sbv.gov.vn.

[8] Truong Dinh Tuyen, Vo Tri Thanh, Bui Truong Giang, Phan Van Chinh, Le Trieu Dung, Nguyen Anh Duong, Pham Sy An, and Nguyen Duc Thanh. Impact of WTO and FTAs on Merchandise Trade and Proposals for Trade Policy till 2015. MUTRAP Activity. In Vietnamese, 2011.

[9] Vo Tri Thanh. Viet Nam's Current Macroeconomic Situation: Issues and Government Policy Responses. Unpublished paper, 2008.

[10] Vo Tri Thanh. Managing Capital Inflows and Attracting FDI: Vietnam Experiences and Lessons. Paper prepared at the Workshop "Strengthening the Response to the Global Financial Crisis in Asia-Pacific: The Role of Macroeconomic Policies", Phnom Penh, 22-24 June, 2010.

[11] Vo Tri Thanh. Vietnam Economy: Macroeconomic Stability vs. Growth, Paper prepared for the Business Seminar in Hochiminh City, Vietnam. July 2011a.

[12] Vo Tri Thanh. Macroeconomic Stabilization in Vietnam: Recent Experiences and Lessons. Paper prepared for the UNESCAP Workshop in Manila. Philippines. September 6-8, 2011b.

[13] Vo Tri Thanh and Nguyen Anh Duong. Vietnam after Two Years of WTO Accession: What Lessons Can Be Learnt. ASEAN Economic Bulletin, Vol. 26, No. 1, 2009.

[14] Vo Tri Thanh and Nguyen Anh Duong. Tackling the Global Financial Crisis in Vietnam. in Saw Swee-Hock (ed.). Managing Economic Crisis in Southeast Asia, 2010.

[15] Vo Tri Thanh, and Pham Chi Quang. Managing Capital Flows: The Case of Viet Nam. ADBI Discussion Paper. Tokyo: Asian Development Bank Institute. Available: http: //www.adbi.org/discussion-paper, 2008.

通胀的决定因素及其动态*

一、简介

试图弄清通胀的动态及其决定因素的本质是宏观经济学中最为重大的议题之一，其中最早的文献可以追溯到 Phillips（1958）的工作。通胀的推动力随着经济结构的演化、经济主体的行为和经济周期而因时而异，因此理解通胀过程，也就是传导机制（如直接的和间接的）和通胀动态的阶段（第一轮效应、冲击效应[①] 和工资螺旋通胀或者通常意义上的第二轮通胀效应）十分重要。和其他因素相比较而言，至关重要的是经济周期的本质和货币政策响应的恰当操作。

在此背景下，本文的写作意图有两方面：首先，我们将回顾历史观点并以马来西亚为例评估国内通胀的主要根源。从历史上看，马来西亚的通胀是供给和需求两方面因素共同驱动的，而这两个主要通胀驱动力的相对重要性又是因时而异的。本文将主要着力于研究这些通胀决定因素的演化，以及阶段性高通胀的供给和需求力量。另外，我们也将讨论对国内价格水平展望有重要意义的近期发展。其次，我们试图确立货币政策在处理不同通胀压力根源方面的作用。我们也将在给定通胀动态本质的前提下对通胀管理的未来挑战进行识别如图 1 所示。

---

* 本文的观点仅代表作者个人，和其所在工作机构马来西亚中央银行（Bank Negara Malaysia）无关，作者对 Shereen Hazirah Hishamudin 的优秀助研工作表示感谢。

① 冲击效应衡量 CPI 篮子里管制价格调整或某一物品价格上涨向其他物品的传导。

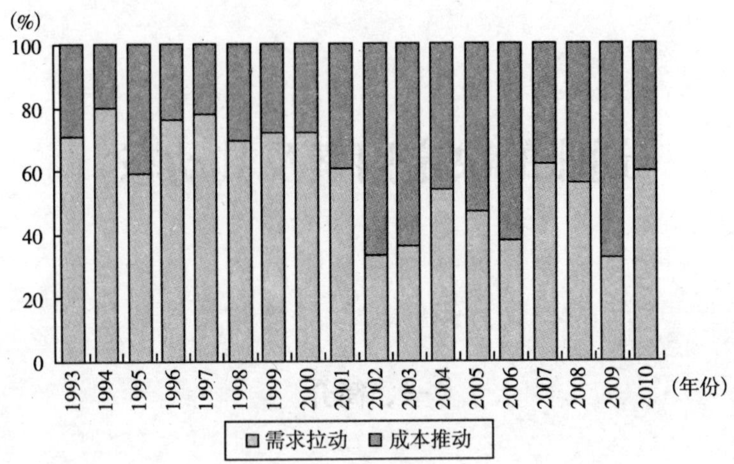

图 1 需求拉动和成本推进通胀：一般通胀的贡献

资料来源：马来西亚央行。

二、通胀的结构性决定因素

在深入讨论通胀决定因素的动态前，了解价格形成的结构性决定因素十分重要。基于凯恩斯经济理论，通胀的决定因素有两个主要层面，[①] 分别就是需求（需求拉动通胀）和供给（成本推进通胀）因素。按照需求拉动通胀理论说价格上升的原因可以归结为存在产品市场的“过度总需求”（见 Burton，1972），这意味着工资所得者的购买力超过了给定价格下当期产品的供给。按照 Hansen（1961）说需求拉动通胀模型包括两个内在相关的部分，即产品市场和劳动力市场。另一方面，成本推进型通胀假定非竞争经济中存在几组不同类别的经济主体，每组都争相维持一定程度的来自实体经济的收入（工资）。然而，给定一个外生价格冲击（例如世界大宗商品价格上涨），某些主体会以其他主体为代价幸运地保有较高的货币收入。相应地，这些处于劣势的主体会以自己的价格加成回应（例如企业提高他们的产品价格，工会要求较高的工资），如图 2 所示。

对马来西亚而言，国内通胀不可避免地受外部供给因素影响，诸如全球大宗商品价格和借由国内因素的输入型通胀。全球大宗商品供给的波动经常导致较高的国内食品和能源价格，这种情形更会因为输入型通胀（受贸易伙伴的通胀和汇率表现

① 通胀理论的讨论参见以下文献：Bronfenbrenner 和 Holzman，1963；Laidler 和 Parkin，1975；Frisch，1977，1983；Holzman，1960；Machlup，1960.

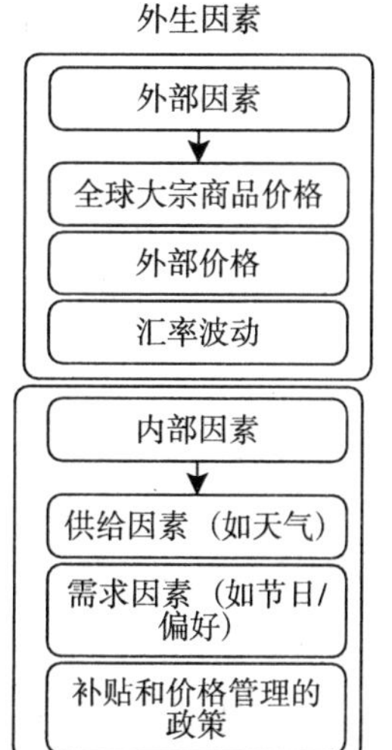

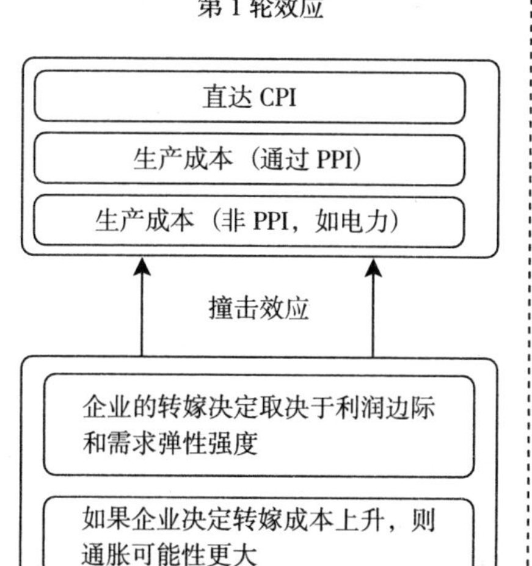

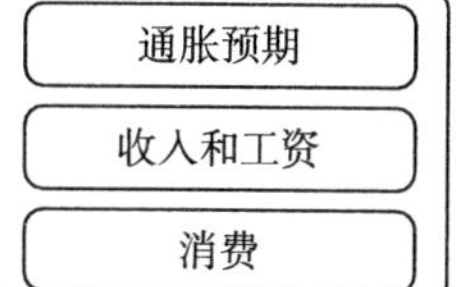

图2 马来西亚通胀的决定因素

表1 价格管制项目

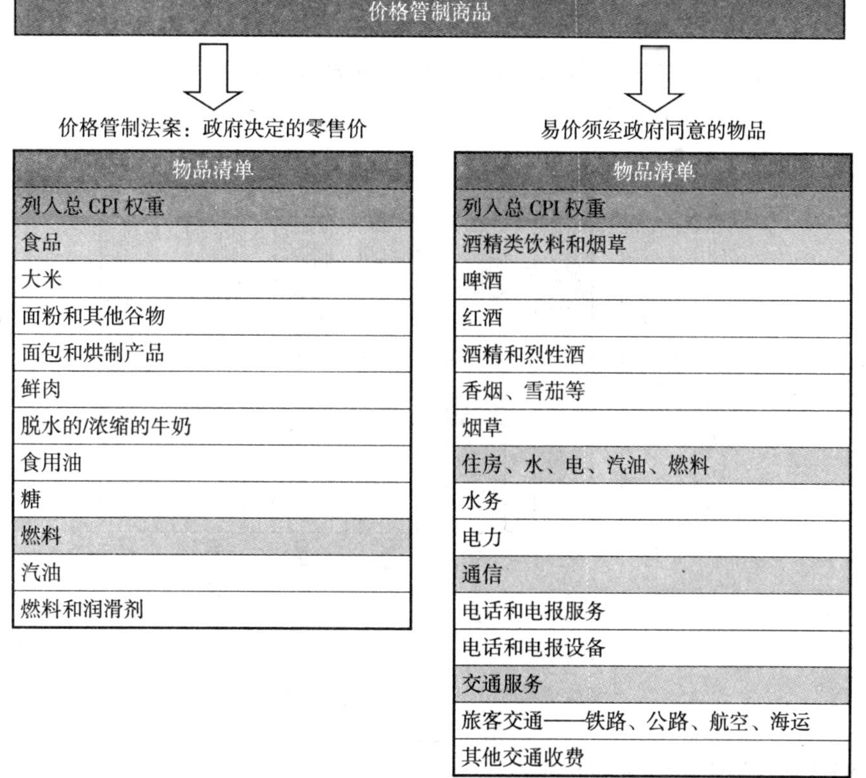

价格管制商品

价格管制法案：政府决定的零售价

物品清单
列入总CPI权重
食品
大米
面粉和其他谷物
面包和烘制产品
鲜肉
脱水的/浓缩的牛奶
食用油
糖
燃料
汽油
燃料和润滑剂

易价须经政府同意的物品

物品清单
列入总CPI权重
酒精类饮料和烟草
啤酒
红酒
酒精和烈性酒
香烟、雪茄等
烟草
住房、水、电、汽油、燃料
水务
电力
通信
电话和电报服务
电话和电报设备
交通服务
旅客交通——铁路、公路、航空、海运
其他交通收费

影响）而恶化。然而，由全球价格到国内价格的传导机制并非总是直接的，也有通过生产成本的间接路径，比如企业需要决策是否将较高的成本转嫁给消费者，而这受制于国内需求条件。

在通胀决定因素中也存在某些国内供给因素的作用，这类通胀主要是因为某种特定商品的供给短缺，同时又缺乏替代物导致的。典型例子是季节性因素（如季风和自然灾难）导致的基本食品短缺。

马来西亚通胀过程中另一个特有的国内供给因素是政府管制的价格。一些生活基本品的价格由政府管理，因为这些商品的价格变动对中低收入群体的生活成本有着显著影响。通常有两类限价项目：第一类是1946年《价格管制法》罗列的物品，其中政府决定这些商品的市场价格，比如燃料和糖；第二类是价格变更须经政府同意的物品，例如电力价目和烟草产品。到位的管制价格机制，可以使外部价格对国内价格的传导不那么直接和迅速，如表1所示。

自独立以来，马来西亚经济已经从以农业为基础的经济转向了以加工业为基础的经济，并最终向以服务业为基础的经济演化。随着经济发展和收入提高，构成CPI基础的家庭消费模式也在演化。20世纪60年代，家庭开销的大部用于食物，这使得CPI篮子中食物比重较高。随着经济的发展和平均收入的提高，家庭开销的食物比重下降了，同时房租、交通和通信费用增加了。

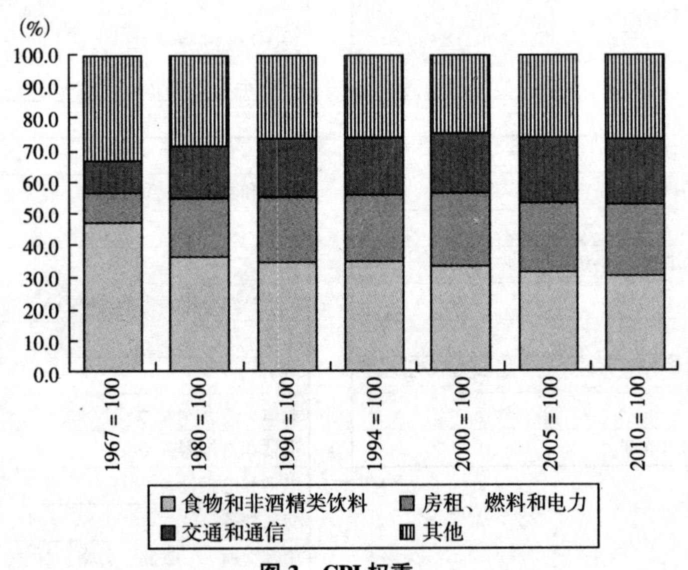

图3　CPI权重

资料来源：马来西亚统计局（DOSM）。

作为一个小型、高度开放的经济体，国内通胀受国外形势的影响很大。“大稳健”时期，全球通胀控制到了历史性的低位，期间全球范围的平均通胀从1990~1999年的15.3%降到了2000~2008年的3.9%。经济制度、技术和商业运作的变化提高了经济体吸收产出和通胀冲击的能力。比如，计算机技术和通信优势提高了商业存货的管理水平，也降低了成本。生产向新兴市场经济体（EMEs）的低成本中心转移也有助于全球通胀的降低。结果，全球通胀的降低使得马来西亚的输入型通胀随之走低，成就了低于国内平均通胀水平的一段低通胀区间。2000~2004年的国内通胀平均为1.5%，显著低于1960~2010年2.9%的长期平均水平。

三、高通胀期间的通胀决定因素

20世纪的货币经济学经历了重大发展，六七十年代爆发的通胀水平畸高且波动率很大，2008年的表现与之十分类似。2008年的世界通胀水平，主要受诸如原油和食品等主要全球大宗商品价格上涨的影响，升至5.9%，而2007年仅是3.9%。作为高度开放的小型经济体，马来西亚经常遭受全球大宗商品价格影响，对此并不陌生。历史上，马来西亚是全球通胀水平最低的地区之一，长期平均水平为2.9%。然而50多年的低通胀局面被以下三个高通胀时期所打破，即20世纪70~80年代、90年代和2000年至今。

1. 20世纪70~80年代：全球油价冲击，食品价格涨势凶猛

第一轮高通胀发生在20世纪70~80年代，期间国内总需求快速增加、供给瓶颈、世界通胀上扬伴随着进口价格快速上涨，原因是全球能源和食品的供给中断导致的显著涨价（参见马来西亚央行，1979）。全球石油价格分别尾随1973年的埃及—以色列战争和1979年的伊朗革命而快速上涨，原因是原油产量下降。全球原油价格以年均133%的速度快速上涨，从12.78美元每桶涨到29.83美元每桶。全球石油冲击造成国内燃料①零售价格分别在1974年上涨了9.3%，1981年7.9%。全球食品价格的剧烈上涨是全球范围内的食品供给短缺造成的，这是一系列脆弱的配置环节的反映，比如城市化发展和工业化进程中耕地减少以及恶劣天气。这一效应被CPI篮子中的高食物权重放大，20世纪60年代末该权重高达47%。主要因为大米、面包和其他谷物、水果和蔬菜类价格显著上升，食品价格通胀喷涌至两位数，连续两年分别达到26.2%和11.4%。结果，国内通胀大范围上涨，1974年达17.3%，

① 燃料反映在CPI的“交通和通信”类别下。

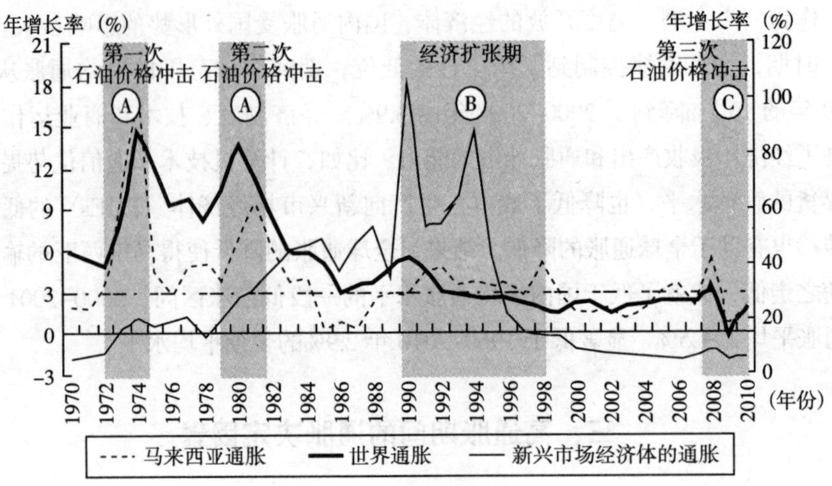

图 4　高通胀时期片段

资料来源：马来西亚统计局（DOSM）和 IMF《国际金融统计》。

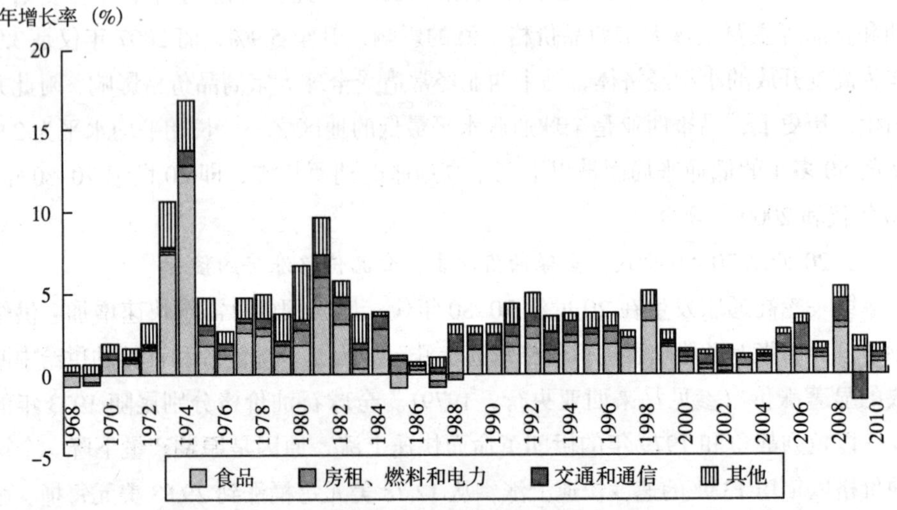

图 5　CPI 类别

资料来源：马来西亚央行（Bank Negara Malaysia）。

1981 年达 9.7%。1979 年的后半年及随后的几年，通胀预期较高，政府于 1979 年 4 月成立反通胀常务行政委员会，评估价格形势、推荐措施抑制通胀，特别着力于食品生产和农业生产力方面（财政部，1979，第 143 页）。

2. 20 世纪 90 年代：稳健的国内需求时期

20 世纪 90 年代的通胀水平维持在 3%以上，除了 1997 年和 1999 年，这是由 1988~1992 年连续 5 年超过 8%的强劲经济增长积累的通胀压力所致（马来西亚央行，1994，第23页）。从外部环境看，1990年8月因伊拉克入侵科威特爆发的海湾战争以年均增长28.4%的速度急剧推高了全球原油价格，这在发达国家和发展中国家都积聚了通胀压力。

国内价格上升是有着广泛基础的，既有需求的因素也有供给的原因。在这期间，国内需求受稳健的收入和就业增加影响显得尤其有弹性。有大额资本流入引发的国内流动性和信贷的强劲增长支持，房地产和股票价格上涨可观，导致净财富增加，因而支撑了国内经济活动。吉隆坡证券交易（KLSE）主要指数于1994年早期暴涨至1314点的历史高位，同时10年间马来西亚房价指数（MHPI）以平均每年7.6%的速度上涨，1991年更是曾一度创纪录地上涨了25.5%。房地产市场上涨的结果就是，平均房租持续上扬，导致CPI构成的“房租、燃料和电力”类别在1998年创下4.4%的13年来最高的通胀纪录，如图6所示。

国内供给因素也助长了通胀，尤其是食品类的供给。食物供给受天气条件恶劣、耕地持续减少、政府管制价格的调整、劳动力短缺和高设备使用率限制，整个20世纪90年代水果、蔬菜，鱼和肉子类都在涨价。交通和通信类的通胀也维持在高位，因为公交和出租车费用连同邮递费用都上涨了。

1998年通胀达到5.3%的高位，反映的是来自较高的进口价格导致的成本上升压力，原因是1997年末林吉特（马来西亚货币）对美元的汇价下跌了28.3%以及基本食品的周期性短缺。由于进口成本较高，政府提高了5种价格管制物品的价格

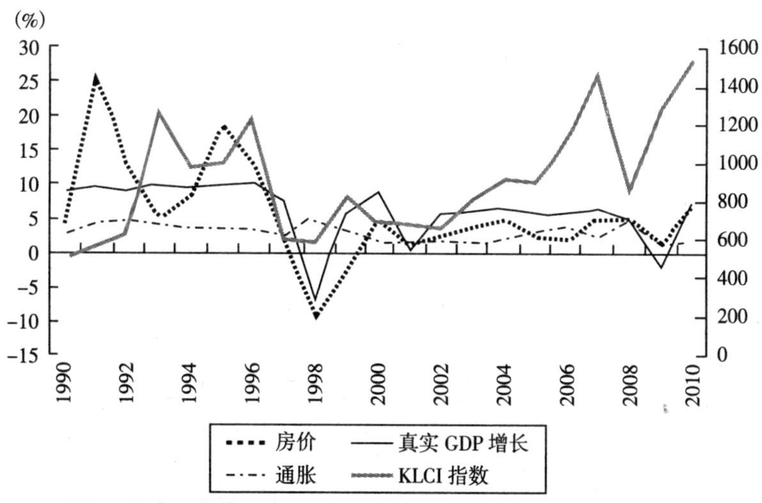

图6 通胀、房价、真实GDP增长和KLCI（吉隆坡综合指数）

资料来源：马来西亚统计局（DOSM）、马来西亚证券交易所、国家房地产信息中心（NAPIC）和马来西亚央行。

上限，具体为烹饪用油（上涨 5%）、鸡肉（上涨 5%）、面粉（上涨 20%）、糖（上涨 21%）和牛奶（上涨 6%）。

3. 2000 年至今：全球大宗商品价格较为持续的上涨

随着在 1990 年代的需求肆虐和供给压力的逐渐削弱，通胀率在 21 世纪的前十年早期缓和至非常低的水平。然而，从 2005 年开始，受外部因素尤其是较高的全球大宗商品和食品价格上升驱动，马来西亚的通胀再度上升，在 2008 年 7 月达到了 8.5%的峰值。不同于 20 世纪 70~80 年代的供给冲击，本轮供给和需求因素都造成了全球大宗商品价格上涨。新兴市场经济体，比如“金砖四国”（巴西、俄罗斯、印度和中国）的工业化增加了他们对大宗商品的需求，以及发达国家生物燃料使用的增加，亚洲日益增多的中产阶级人口的多样化饮食需求增加都推动了食品价格上涨。除了真实需求造成的全球大宗商品价格上涨，大宗商品市场日渐增多的投机需求也增加了上涨压力，因为大宗商品在全球流动性过剩环境中越来越金融化。与此同时，大宗商品的全球供给也很紧张，因为食物生产国家的工业化导向限制了农业用地的配置数量。全球变暖引发的恶劣天气造成的食品短缺以及对石油供给中断的担心，都引发了全球大宗商品价格大范围的上涨。

全球大宗商品价格急剧上涨，以及随之而来的政府面对可观的补贴成本而出现的财政压力，都导致了燃料产品价格的上调。这一切使得 2008 年燃料价格平均上涨了 14.5%，食品价格通胀达到 8.8%的 10 年来的最高水平。除了燃料和受补贴的食品项目，电力价目也涨势凶猛，如图 7 所示。

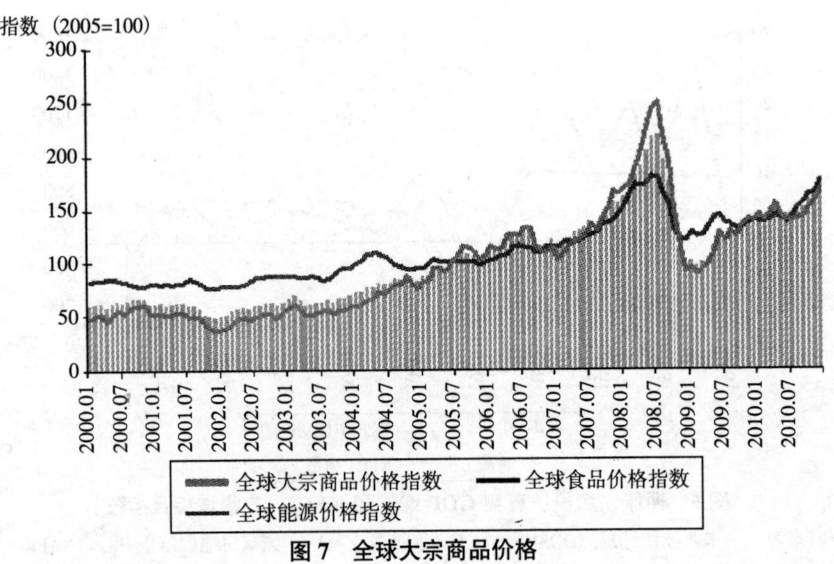

图 7 全球大宗商品价格

资料来源：IMF 基本大宗商品价格。

近期，政府制定大量经济改革预案，旨在使马来西亚到2020年能转变成为发达高收入国家。该计划的部分内容是改革当前的补贴制度，包括逐步取消能源补贴（比如，石油产品和电力）和基本食品项目补贴（比如，糖）以期在价格高企时有更好的调整余地和更优的资源配置。尽管这一举措有助于刺激经济较快增长，然而补贴理性化项目也会增加通胀的增幅和波动性，因为某些物品的价格一旦允许随市价增长后，就会后续地转化为较大的撞击效应。意识到这可能对食品价格造成显著影响，政府引入了很多预案，诸如“一个马来西亚”（1Malaysia）商店项目的启动，该类商店在“一个马来西亚”的商标下零售250种杂货，价格低于市场30%~40%以刺激零售商间的公平定价。政府的其他努力包括引入马来西亚人民菜单（Menu Rakyat Malaysia），启动一个叫做一个蓬古纳（1Pengguna）的在线价格观察窗口，试图提高消费者的关心程度。从中长期上来看，“一个马来西亚”商店和马来西亚人民菜单项目的推广将有助于通胀的逐步下降，只要这些努力涵盖了价格收集中心的CPI部分。

四、政策含义和未来挑战

通胀的驱动因素不同就要求相应的政策来有针对性地应对通胀问题。例如，货币政策是一需求管理工具，并不适宜非需求因素促成的通胀或者无锚的通胀预期情形。紧缩性的货币政策应对供给驱动的通胀可能无法起到理想的价格抑制效果，甚至不必要地引发经济活动的收缩。另外，供给驱动的通胀一般都很短暂，没有工资和需求的相应上涨就无法持续。马来西亚央行过去杜绝了用紧缩货币政策作为应对供给驱动通胀的第一道防线的做法，这样的例子就出现在2008年，尽管到2008年7月时通胀已经高达8.5%，央行还是维持3.5%的隔夜政策利率。因为当时认定通胀不可持续，经济活动将最终受到全球金融危机的负面冲击。然后，启用其他政策措施应对供给驱动型通胀，比如激励国内食品生产、改善分销渠道以保证国内市场物品的充足供应。

时至今日，多数央行关注维持价格稳定，一些甚至把它纳入政策目标中。价格波动确实会产生一些政府和社会力图避免的经济成本，其形式包括侵蚀消费者购买力、税收收入降低、工人真实收益和工资的下降等。所以，连续监视重要的价格统计以预防价格的变动幅度过大和变化频率过高十分必要。

经济结构转型期间主要的通胀驱动因素会有所变化。首先，外部力量，尤其是全球食品和能源价格仍将是马来西亚通胀的重要决定因素。当前国内外持续的供给冲击导致较持久的通胀，而冲击可能不再是短暂的。在补贴理性化项目下价格管制会逐渐退出，通胀和通胀预期的形成在国内外的同时冲击下也会有所变化。其次，政府新政策的执行，如引入商品和服务税收（GST）、实行最低工资法案，也是会改变通胀过程的另一因素。给定这类和其他因素，管理通胀的任务会更具挑战性，相应的政策含义也在变化。比如，在一个比较持久的供给冲击环境下，即使通胀是成本因素驱动的，货币政策行动也变得十分必要。

执笔：Norhana Endut and Mohd Helmi Ramlee

2011 年 11 月

参考文献

[1] Bank Negara Malaysia. Annual Report, Various Years.

[2] Bronfenbrenner M. and Holzman F.D.. Survey of Inflation Theory, The American Economic Review, Vol. 53, No. 4, 1963.

[3] Burton John. Wage Inflation, London: Macmillan, 1972.

[4] Frisch H.. Inflation Theory 1963 -1975: A "Second Generation" Survey, Journal of Economic Literature. Vol. 15, No. 4, pp.1289-1317, 1977.

[5] Frisch H.. Theories of Inflation, Cambridge University Press, Cambridge, 1983.

[6] Holzman F.D.. Inflation: Cost-Push and Demand-Pull. The American Economic Review, Vol. 50, No.1, pp. 20-42, 1960.

[7] Laidler D. and Parkin M.. Inflation: A Survey, The Economic Journal. Vol. 85, No. 340, pp. 741-809, 1975.

[8] Machlup F.. Another View of Cost -Push and Demand -Pull Inflation, The Review of Economics and Statistics. Vol. 42, No. 2, pp.125-139, 1960.

[9] Ministry of Finance. Economic Report, Various Years.

[10] Phillips, W.. The Relationship between Unemployment and the Rate of Change if Money Wage Rates in United Kingdom. 1861-1957. Economica, 1958.

商品与资产泡沫：它们会影响通胀管理吗?

一、引言

通货膨胀目标框架（ITF）当前在央行中愈来愈流行。与其他新兴经济体一样，印度尼西亚也赋予其中央银行以稳定通胀为唯一目标。因此，所有中央银行的努力、资源和活动都被用来达成预先设定的通胀目标。从技术上讲，这将使得中央银行的任务更简单，也更易实现。

然而，从印度尼西亚的经历来看，这一单一目标也很难轻松实现。由于小型开放经济体容易受到国际冲击的影响，因而政策当局仅有有限能力使得均衡价格恢复某个预定水平。对印度尼西亚通胀水平当前趋势的描述会印证这种感觉。

在 2008 年 1 月，通胀率仅为 6%，这在印度尼西亚可视为“正常”。其后通胀率加速上升，并在 6 月接近 12%。在短短几个月的时间里，通胀率就已翻番。从 2009 年 1 月起，通胀率迅速下降，在 8 月份仅有不足 3%。而后，通胀率又获得新的动力而重新上升，到 2010 年末，通胀率又已重返 7%的水平。2011 年初，通胀率又一次出现下降。图 1 清楚地表现了通胀率过山车式的波动轨迹。

这段时间，政府保持了稳定的政策目标，有人会认为政策当局没有采取措施应对通胀，其他人则会认为政策当局很难管理通胀。但清楚的是，通胀率并没有朝着预定水平运行。

本文阐明了对小型开放经济国家来说，通货膨胀目标框架可能并不是一个容易达成的任务。商品和资产价格的繁荣与萧条将降低每个小型国家稳定通胀的效力。国际商品和资产价格的起伏并不是新情况。但其在过去十年的波动性却达到了前所未有的高度。事实上，是波动性的大小造成了这一挑战。

具体来说，本文分析了在小型开放经济体中，两个国际冲击（商品和资产价格）对通胀管理的影响。国际价格与国内价格的联系已经早被大家所熟知。可贸易品的价格是 CPI 的一部分。然而，资产价格对通胀的影响则不是那么清楚。因此，本文的贡献之一就是在理性预期的框架下简单分析了这种影响。

本文剩余部分结构如下：在第二部分，我们将简要讨论通货膨胀目标框架的挑战和局限性。印度尼西亚将会被作为一个例子。通常所面临的问题是，对于发展中国家来说，在商品和资产价格高波动的情况下，如何采取合适的货币政策手段来达成通货膨胀目标框架的目标。在第三部分，我们将给出一个包含了国际商品和资产价格的线性理性预期模型（LREM）。第四部分将讨论在模型基础上生成的模拟结果。第五部分为总结。

二、通胀目标制的挑战与局限

有两个重要因素会影响到当前通胀情况下国际商品价格以及资产泡沫与萧条的浪潮。国际商品价格对国内价格形成有直接影响，而政策制定者对于资产价格对通胀管理的影响则没有给予充分的认识。本文认为这两个因素具有同样重要的含义。

国际商品价格对国内通胀的影响已经受到越来越多的关注，尤其是对于新兴市场来说。从 2000 年开始，国际通胀的上升与商品价格的上涨相伴而行。国际商品价格在 2006 年和 2008 年尤其高。例如，油价在 2008 年第三季度达到了历史最高点的 145 美元每桶。跟随恶化的国际金融价格，商品价格与股指均在 2008 年底出现了全球性的崩溃。从 2009 年中期起，在全球复苏信号并不明晰的情况下，商品价格仍重获上升动力。然而，在 2011 年欧债危机后，它也重新下滑。

商品价格对印度尼西亚通胀的影响在图 1 中得到表现。CPI 通胀率与可贸易品通胀率似乎存在很强的协同性。管理可贸易品通胀并不是个简单活。由于这类价格取决于国际市场，货币政策当局可以采用的唯一手段是启用所谓的汇率目标制。如果要保证国内可贸易品的价格稳定，政策当局需要动态地调整汇率以便与国际价格波动相协调。但这样做也问题重重，尤其是汇率政策还需要被用来实现如提高出口竞争力等其他目标，在某些时候，稳定价格可能需要汇率升值，但保持出口竞争力却可能需要相对贬值的汇率。在这种可能的权衡下，政策当局可能只能牺牲一个目标而实现另一个目标，而这种选择并不容易。

在此背景下，由于稳定的通胀要以更大的汇率波动为代价，通胀管理可能成本巨大。对于如印度尼西亚这种小型开放经济体来说，由于汇率具有自身的动态（如 Sugema 和 Bakhtiar，2009），这种尝试可能不是有效的。如果汇率政策需要服务于通胀目标，那汇率市场的干预可能更为复杂。这主要是由于汇率形成与资本流动息息相关。对于很多资本流动波动性很大的新兴经济体来说，汇率管理可能更为复杂。

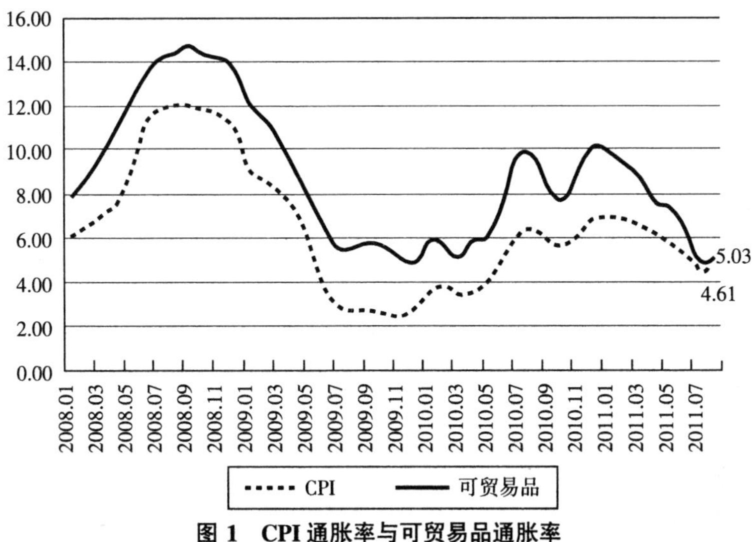

图 1　CPI 通胀率与可贸易品通胀率

因而，通胀管理在当前更为复杂。通胀再也不能被看成一个单一的变量。CPI 的不同构成在不同时候可能存在不同的动态特征。眼下，可贸易品价格波动似乎已经成为通胀的“原动力”。而其他时候，可能又不是这种情况。因此，不同情况需要不同的应对策略。通胀管理并不再如以前一样仅是制定宽松或趋紧的货币政策，而是更为精细地考虑如何影响每个 CPI 构成要素的操作。

一个重要的问题是资产价格对通胀的影响。至少存在两个影响资产价格机制的货币政策，以及三个影响通胀机制的资产价格。我们可以简化分析如下：第一，货币政策如何影响资产价格；第二，资产价格对通胀形成的影响程度。如果两个影响途径均存在，那么我们可以认为货币政策制定者通过影响资产价格来管理通胀的途径存在。

假定货币政策当局通过提高短期名义利率而实施偏紧的货币政策，两个传导机制决定了利率与资产价格可能存在负向关系。

第一个机制是所谓的用户成本理论。短期利率的提高将会增加资本使用成本，这将会导致资产需求下降，并造成使资产价格向下的压力。

第二个机制遵照第一个机制。如果预期到货币政策趋紧，个体可能会预期到即将到来的资产价格压力，因此资本成本将会提高，资产价格将会下降。

另一个问题是资产价格如何影响 CPI。两个机制显示资产价格与 CPI 存在正向联系。

第一个机制是著名的消费财富效应，这个理论可追溯至 Modigliani 和 Brumberg

(1954)。股票、住房和其他资产都是财富积累的要素。资产价格的增加意味着财富的增加，这将刺激消费。也就是说，除了当前收入的边际消费以外，还存在财富的边际消费。财富增加、消费增加会给消费者价格指数造成上涨的压力，因而存在资产价格与消费者价格的正向关系。

第二个机制是信贷机制。资产可以被用作抵押品而从银行获取贷款。随着资产价值的提高，潜在借贷者可能会要求更高的信用额度并以之来扩大支出（Mishkin，2007）。因而，消费金融也将导致消费者价格存在向上的压力。

总之，存在两个可能的机制来解释资产价格对消费价格的影响。这两个机制都表明资产价格与消费者价格存在正向联系。也存在两个货币政策当局影响资产价格的可能途径，这两个都表明货币政策趋紧会造成资产价格存在向下的压力。

关于商品与资产价格对国内通胀的讨论也引发了另外两个问题。第一个问题是货币政策当局如何应对商品与资产价格的波动性。第二个问题是货币政策当局如何衡量商品和资产价格繁荣与萧条对国内通胀以及整体宏观经济表现的影响。下一部分将解决这些问题。

三、模型

这一部分将给出一个介绍了大部分新兴经济体情况的小型开放经济模型。这个模型本质上是来源于 McCallum and Nelson（2001）的线性理性预期模型（LREM）。与其他模型相比，该模型具有两个特点：

（一）国际价格与消费价格指数具有直接联系

CPI 波动有两个要素，可贸易品和不可贸易品价格。可贸易品价格包括出口品和进口品，并且其价格完全由国际市场决定。该商品的国内价格决定于国际价格乘以名义汇率。因此通胀取决于三个因素，可贸易品价格、不可贸易品价格以及汇率。

（二）资产价格被设定为影响均衡的重要因素

前面的分析表明了两点：第一，货币政策可以影响资产价格；第二，资产价格可能会对支出以及消费者价格造成正向影响。

模型由 15 个方程组成。

(1) 产出缺口。

$$\tilde{y}_t = y_t - \bar{y}_t \quad (1)$$

产出缺口$\tilde{y}_t$是实际产出 y_t 与潜在产出 $\bar{y}_t$ 之差。

（2）潜在产出。

$$\bar{y}_t = \gamma q_t + e_t^{\bar{y}} \tag{2}$$

潜在产出受竞争力（由实际汇率 q_t 表示）和技术冲击 $e_t^{\bar{y}}$影响。

（3）价格。

$$p_t = \Delta p_t + p_{t-1} \tag{3}$$

参照标准定义，通胀率 Δp_t 为当前价格与上期价格之差。

（4）实际汇率。

$$q_t = s_t - p_t + e_t^q \tag{4}$$

其中，s_t 是名义汇率，冲击 e_t^q构成了标准化国际价格下的一价定律。

（5）利息平价（UIP）。

$$R_t = E_t s_{t+1} - s_t + e_t^s \tag{5}$$

其中，R_t 是名义利率，冲击 e_t^s反映了利率升水，利率升水为非恒定方差并可能交互相关。

（6）实际利率。

$$\lambda_t = R_t + E_t \lambda_{t+1} - E_t \Delta p_{t+1} \tag{6}$$

（7）私人支出。

$$\beta B_1 E_t c_{t+1} = B_2 c_t - (1 - h\beta)\lambda_t - k_1 p_t^A + e_t^c \tag{7}$$

方程的系数为贴现因子。冲击 e_t^c表示了消费者对于当前消费 c_t 与下期消费 c_{t+1} 之间的偏好差别。下期消费取决于实际利率。换句话说，跨期替代因素可被看成一个影响消费水平的因素。

（8）出口。

$$x_t = b_2 q_t + b_1 y_t^* + e_t^x \tag{8}$$

出口水平为 x_t。系数 b_1 和 b_2 分别为出口与实际利率 q_t 和外生给定的国际产出y_t^*的产出弹性。

（9）净出口。

$$\tilde{x}_t = x_t - b_3 y_t + (b_4 - 1) q_t \tag{9}$$

净出口表示为$\tilde{x}_t$。其中，b_4-1 可被视为产品与劳动在生产过程中的替代弹性。

（10）总供给（AS）。

$$\Delta p_t = \alpha \tilde{y}_t + \alpha_1(\Delta p_{t-1} + E_t \Delta p_{t+1}) + e_t^p \tag{10}$$

总供给方程参照 Fuhrer-Moore，其中，当前通胀水平决定于上期通胀以及下期通胀的预期水平的平均值。冲击 e_t^p 假定为零均值和固定方差。

(11) 总支出。

$$y_t = \eta_1 c_t + \eta_2 x_t + \eta_3 g_t \tag{11}$$

总支出是模型 $y_t = \eta_1 c_t + \eta_2 x_t + \eta_3 g_t + \eta_4 I_t$ 的简化版，其中，I_t 表示投资水平。这个方程并不意味着投资和进口被排除在模型以外。投资已经被方程 (7) 考虑，其中的 h 表示投资水平和实际利率的弹性。另外，进口仅被看成是东道国生产投入的一部分，因为进口总是由资本和物质产品组成。

(12) 货币政策规则 (MP)。

$$R_t = (1-\mu_3)(1-\mu_1)E_{t-1}\Delta p_t + \frac{1}{2}\mu_2(1-\mu_3)E_{t-1}\tilde{y}_t + \mu_3 R_{t-1} + \mu_4(1-\mu_3)E_{t-1}\Psi_t + e_t^R \tag{12}$$

货币政策当局被假定为遵循上面的方程设定利率，名义利率受到后视性通胀预期和产出缺口影响。

(13) 通胀与产出缺口权重。

$$\Psi_t = \Delta p_t + y_t - y_{t-1} \tag{13}$$

(14) 通胀被分解为可贸易品和不可贸易品两部分。

$$\Delta p_t = \varpi_N \Delta p_t^N + (1-\varpi_N)(\Delta s_t + \Delta p_t^T) \tag{14}$$

(15) 如前所述的原因，货币政策被假定为能直接影响资产价格。

$$p_t^A = p_{t-1}^A + (1-\kappa_2 R_t)\Delta p_t^A + e_t^A \tag{15}$$

四、结果与讨论

这部分讨论了基于脉冲响应函数 (IRF) 的模拟结果。两个冲击被放入模型：国际商品价格和资产价格上涨冲击。模拟的含义也将被讨论。

图 2 给出了国际商品价格上涨对 CPI 通胀影响的 IRF。可以清楚地发现，可贸易品价格的上涨将会导致国内通胀在短期内提高。这种影响并不会持续，通胀水平将在长期内恢复到其初始值。这里仅分析了单一冲击，很自然地，这种冲击不会存在长期效应。在现实中，国际价格持续变动——从一个水平变为另一个水平，上涨或下跌。因此，从长期来看，可贸易品价格与 CPI 通胀将存在很强的协同变动关系。事实上，这就是印度尼西亚的情况。

图 3 跟踪了国际价格对产出的影响。产出在前面几期内存在强烈的正向响应，

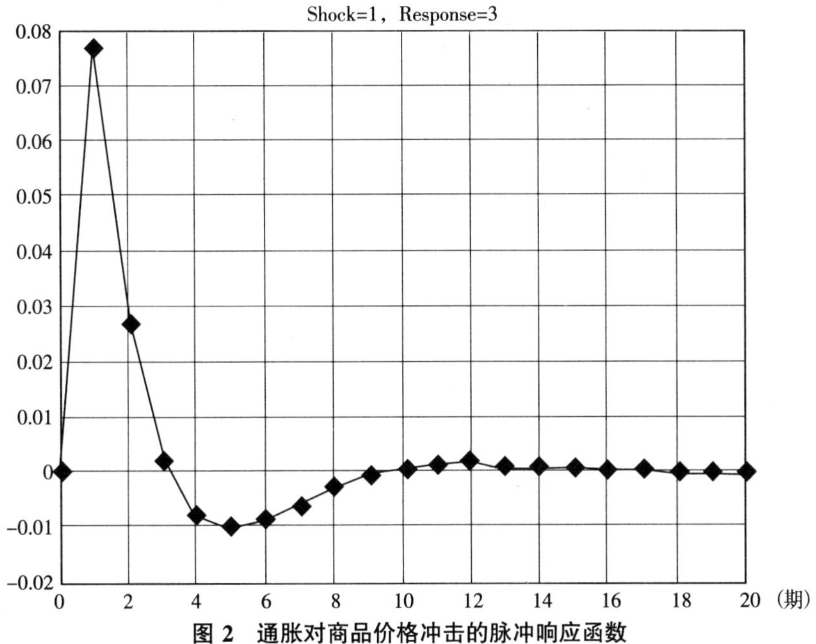

图 2　通胀对商品价格冲击的脉冲响应函数

之后将存在微弱的且持续很长时间的负向反映。因此，可以认为其对产出的影响基本“中性”，因为正向效应会被负向效应所平衡掉。

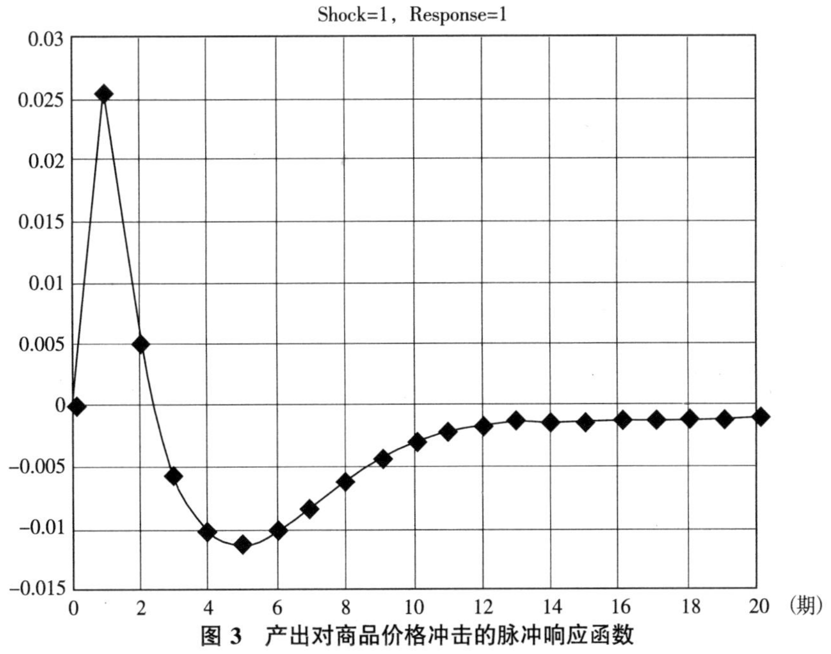

图 3　产出对商品价格冲击的脉冲响应函数

图 4 给出了通胀对资产价格冲击的 IRF。通胀在第一期存在负向响应，之后直到第 7 个季度都存在正向响应，其后重新回复到负向但规模很小的响应值。因此可以判断资产价格的提高将会导致通胀。

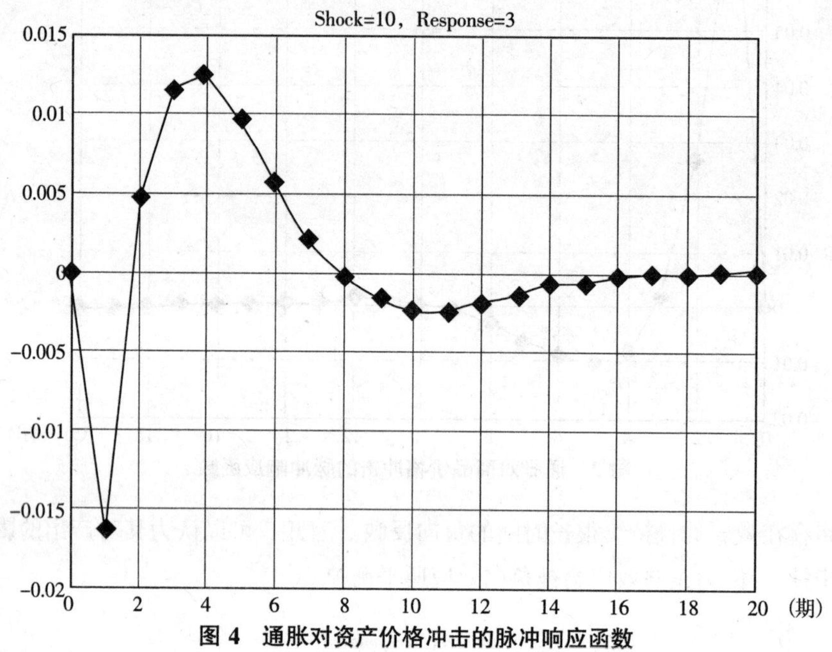

图 4　通胀对资产价格冲击的脉冲响应函数

图 5 追踪了资产价格对产出的影响。这一响应与资产价格对消费存在财富效应的观念相吻合。这也证实了资产价格与经济表现相一致。然而，奇怪的是这个单一冲击可能造成相对持久的影响。

这一发现可能会导致一个政策困境。由于资产价格对产出会有相对持久的影响，政府可能并不期望持久地控制资产价格繁荣。维持资产价格繁荣在政治上是有利的，因此，维持资产价格繁荣在是政治上是合意的。相反，任何想要降低价格的举动可能是政治上不被接受的。

正是在这种背景下，印度尼西亚的政府——从总统到总理——都经常持资产价格的提高是经济增长成功表现这种观点。与其他国家一样，政治家都是近视的，将所有正向成绩归功于自己，却并不关注这种“积极因素”可能会转变为其他形式。

在当前的政策环境下，资产价格并不被财政政策和货币政策当局认为是值得被重点管理的。他们的观点是，资产价格提高是一个好迹象，而下降却可能是外界因素造成的，如资产泡沫通常被用来印证健全的经济政策。而另一方面，当其在

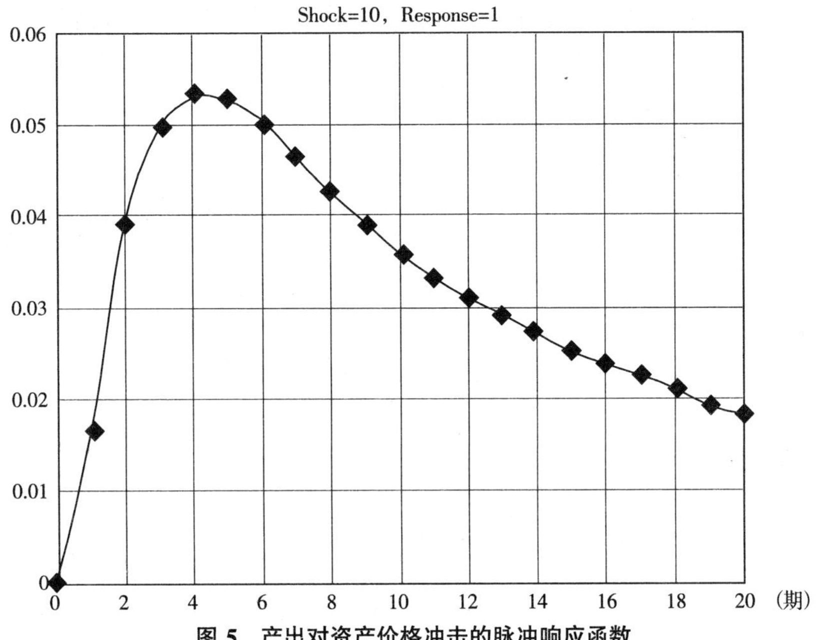

图 5 产出对资产价格冲击的脉冲响应函数

2008 年崩溃后，政府官员却将之怪罪于全球金融危机。

更糟的是，直到现在除了股市以外，政府没有采取什么认真的举动去收集关于资产价格变动的信息。由于数据收集的不足，房地产价格数据十分不可靠。来自中央银行的官方数据显示，在城市垂直和水平状态都快速扩张的过程中，六个主要城市的房价在 2010 年上升了 4%。而私人数据则显示了 16%~21%的增幅，关键的是资产价格从来没有被政策制定者考虑。

总之，证据显示，“过山车式”的印度尼西亚通胀率可能是受其他“过山车式”波动因素影响的结果，这些因素就是资产和国际商品价格。考虑到依靠管理汇率来减缓可贸易品通胀的难度，国内价格仍会追随国际市场“过山车式”的价格波动。另外，由于资产价格从未受到货币政策关注，资产价格对国内通胀的影响则仍是不会受到管理的。

五、总结

本文构建了适于印度尼西亚的线性理性预期理论模型（LREM）。模型融入了在开放经济中的前瞻性个体，并考虑了同国际市场的联系。另外，资产价格对总均衡的影响也被考虑了进来。

在这个模型的基础上，我们分析了当前“过山车式”波动的通胀率。我们考虑了两个冲击源：国际商品价格和资产价格。国际商品价格对国内通胀有直接影响。IRF 结果显示商品价格在短期内对国内通胀有正向影响，另外的 IRF 则显示资产价格是一个重要的通胀因素。

一个相对异常的商品价格波动将会给货币政策当局制造挑战。

对价格造成的影响可以由汇率的变动来抵消。但这可能由于汇率管理还受到其他如出口支持等目标的影响而难以实行。印度尼西亚当局一直不愿根据国际价格波动来调整汇率就反映了这个问题，因而结论是通胀跟随国际价格进行过山车式波动。

研究结论也表明，政策当局需要更为关注资产价格，因为资产价格对通胀管理有重要作用。然而，当前的现实情况却显示资产价格的影响被忽视了。因此，无怪乎政策当局无法设定并达到一个合理的政策目标。

执笔：Iman Sugema and Toni Bakhtiar

Department of Economics，Bogor Agricultural University，

Wing Rektorat，Kampus IPB Darmaga，Bogor 16680，Indonesia

International Center for Applied Finance and Economics（InterCAFE），Bogor Agricultural University，

Jl. Pajajaran，Kampus IPB Baranangsiang，Bogor 16143，Indonesia

E-mail：iman@ipb.ac.id and imansipb@yahoo.com，tbakhtiar@ipb.ac.id

参考文献

[1] B. S. Bernanke，T. Laubach，F.S. Mishkin and A.S. Posen. Inflation Targeting：Lessons from International Experience. Princeton University Press，1999.

[2] M. Obstfeld and K. Rogoff. Exchange Rate Dynamics Redux. Journal of Political Economy，103，624-660，1995.

[3] M. Obstfeld and K. Rogoff. Foundations of International Macroeconomics. Cambridge MA：MIT Press，1996.

[4] W.J. McKibbin and A. Stoeckel. The Global Financial Crisis：Causes and Implications. Working Paper in International Economics. Lowy Institute，2009.

[5] G.S. Anderson. Solving Linear Rational Expectations Models：a Horse Race. Manuscript，Finance and Economics Discussion Series. Federal Reserve Board，2006.

[6] P. Klein. Using the Generalized Schur form to Solve a Multivariate Linear Rational Expectation Model，Journal of Economic Dynamics and Control，24（10），1405-1423，September 2000.

[7] B.T. McCallum. Solutions to Linear Rational Expectations Models: a Compact Exposition.. Economics Letters, 61, 143-147, November 1998.

[8] B.T. McCallum. Software for RE analysis. Manuscript, August 2001.

[9] McCallum and E. Nelson. Monetary Policy for an Open Economy: an Alternative Framework with Optimizing Agents and Sticky Prices. NBER Working Paper 8175, March 2001.

[10] Mishkin F. S. Housing and the Monetary Transmission Mechanism. A Paper Prepared for the Jackson Hole Symposium. The Federal Reserve Bank of Kansas City, 2007.

[11] Modigliani F. and R. Brumberg. Utility Analysis and the Consumption Function: An Interpretation of Cross-Section Data. In: K. Kurihara. Post Keynesian Economics. Rutgers University Press, 1954.

[12] Sugema. I. and T. Bakhtiar. Effectiveness of Monetary Policy in Managing Inflation: a Linear Rational Expectation Model. Paper Presented at Policy Workshop on ITF Evaluation. Bank Indonesia, 2009.

附录：

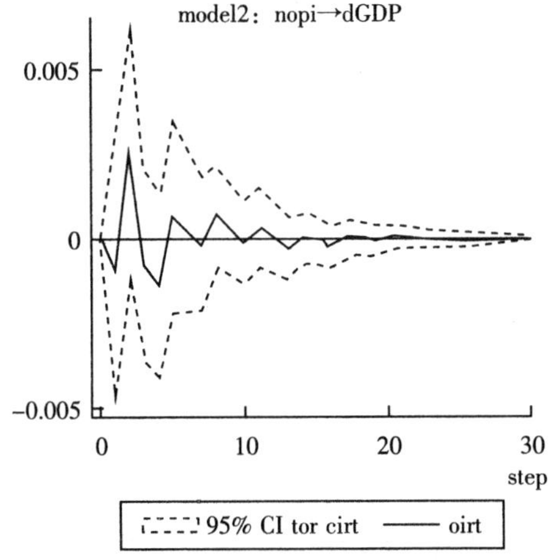

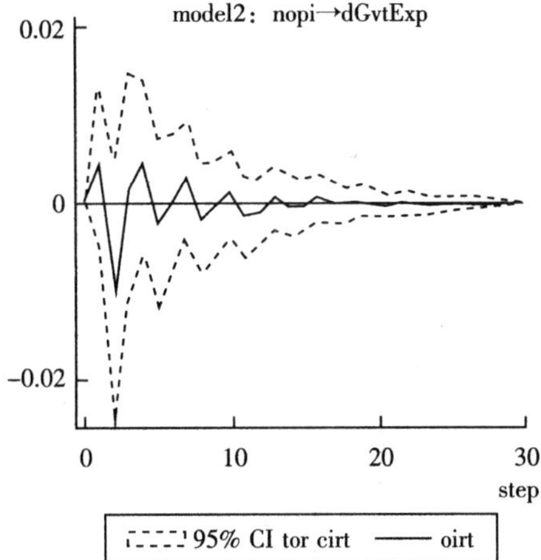

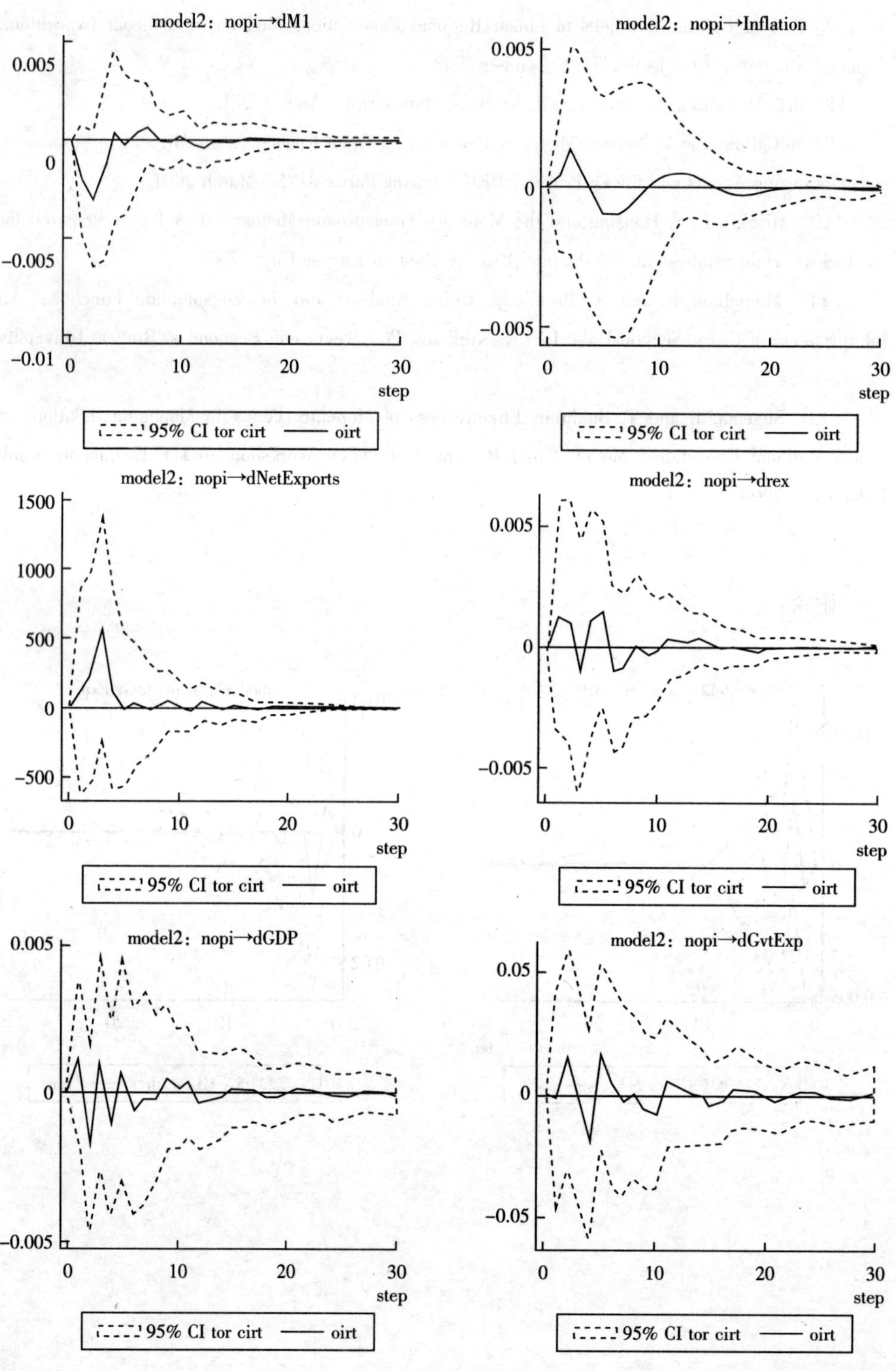
model2：nopi→dM1
0.005
0
-0.005
-0.01
0
10
20
30
step
95% CI tor cirt
oirt
model2：nopi→Inflation
0.005
0
-0.005
0
10
20
30
step
95% CI tor cirt
oirt
model2：nopi→dNetExports
1500
1000
500
0
-500
0
10
20
30
step
95% CI tor cirt
oirt
model2：nopi→drex
0.005
0
-0.005
0
10
20
30
step
95% CI tor cirt
oirt
model2：nopi→dGDP
0.005
0
-0.005
0
10
20
30
step
95% CI tor cirt
oirt
model2：nopi→dGvtExp
0.05
0
-0.05
0
10
20
30
step
95% CI tor cirt
oirt

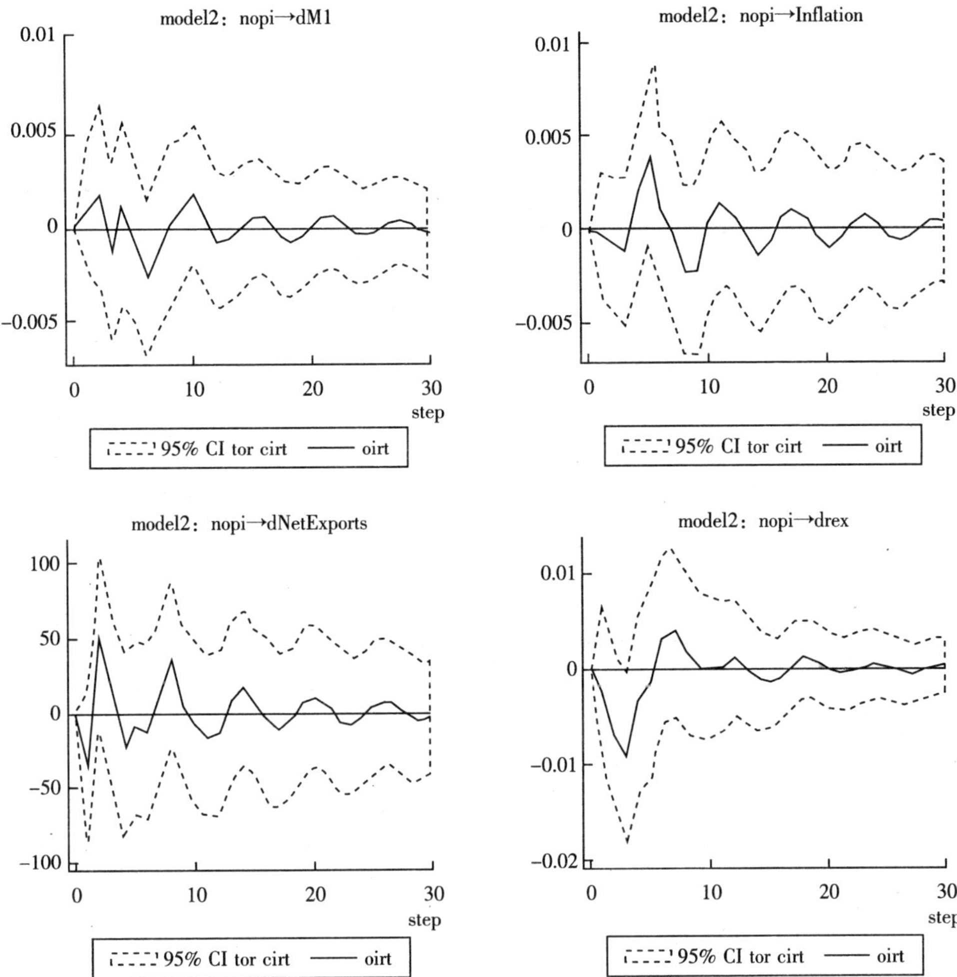

图 A1　对 NPOI 冲击的脉冲响应函数（中国：前 6 幅图，印度：后 6 幅图）

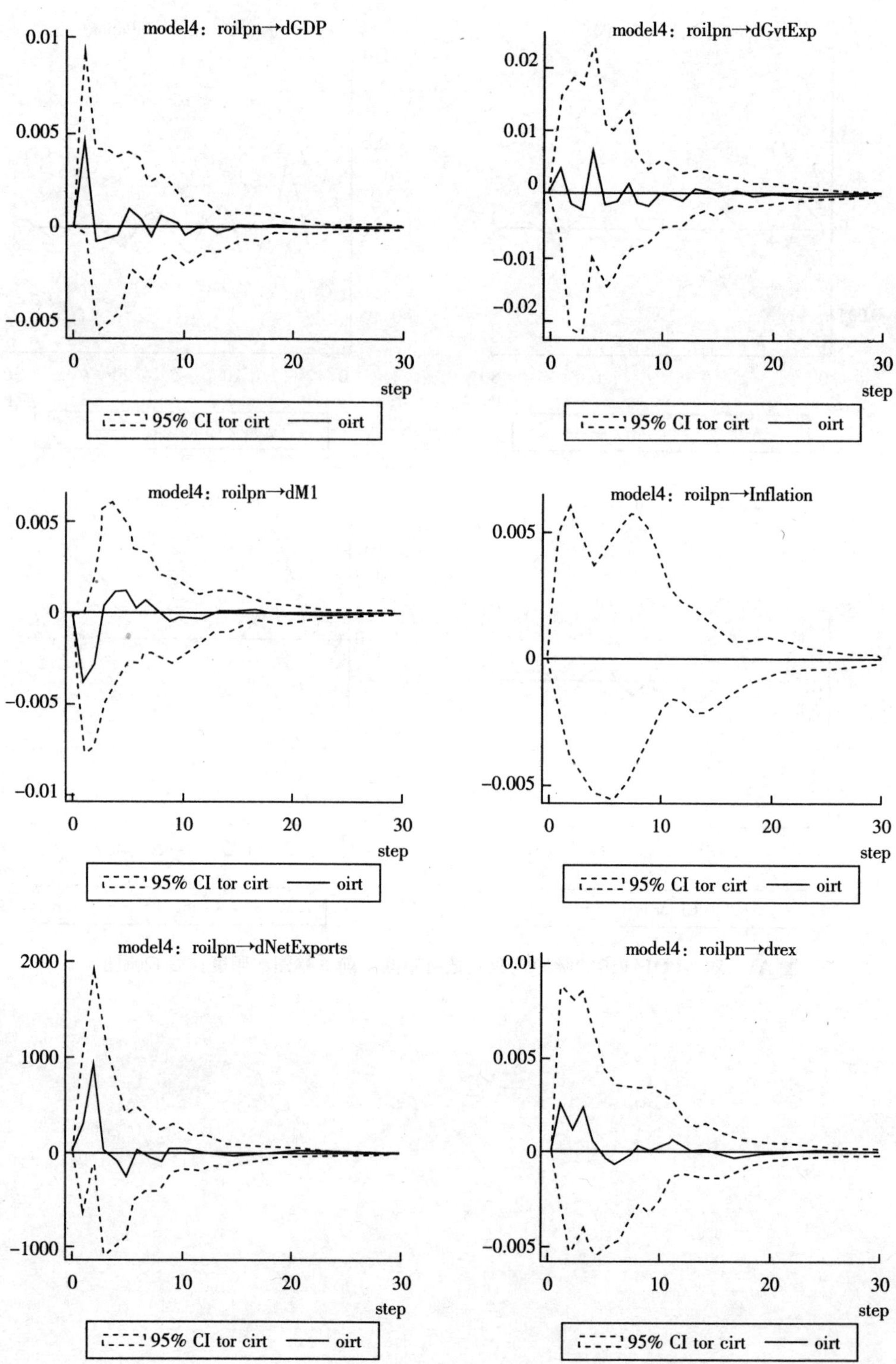

model4：roilpn→dGDP
0.01
0.005
0
-0.005
0
10
20
30
step
95% CI tor cirt
oirt
model4：roilpn→dGvtExp
0.02
0.01
0
-0.01
-0.02
0
10
20
30
step
95% CI tor cirt
oirt
model4：roilpn→dM1
0.005
0
-0.005
-0.01
0
10
20
30
step
95% CI tor cirt
oirt
model4：roilpn→Inflation
0.005
0
-0.005
0
10
20
30
step
95% CI tor cirt
oirt
model4：roilpn→dNetExports
2000
1000
0
-1000
0
10
20
30
step
95% CI tor cirt
oirt
model4：roilpn→drex
0.01
0.005
0
-0.005
0
10
20
30
step
95% CI tor cirt
oirt

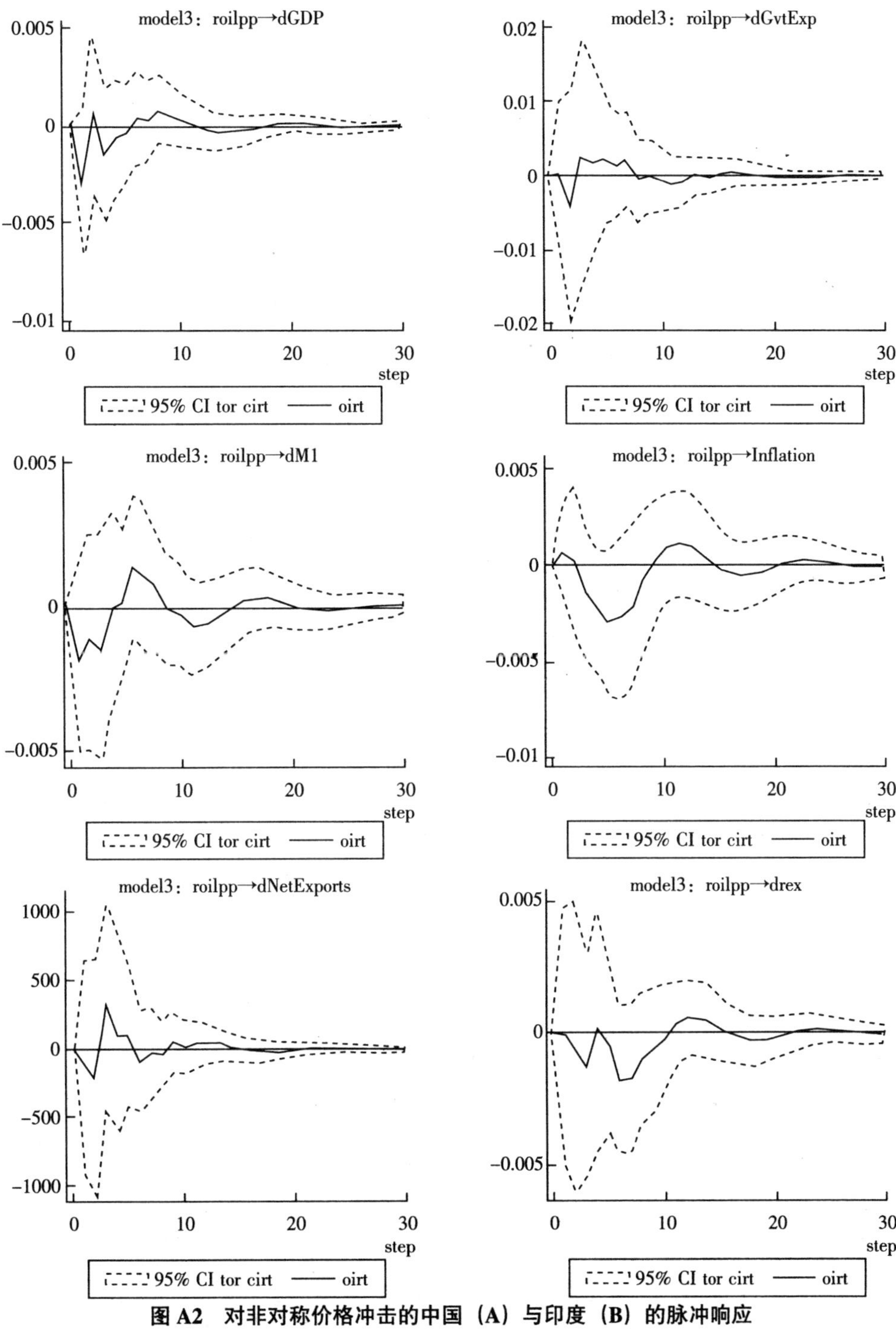

图 A2 对非对称价格冲击的中国（A）与印度（B）的脉冲响应

图 A2（A）中国 roilp-：前 6 幅图，roilp+：后 6 幅图

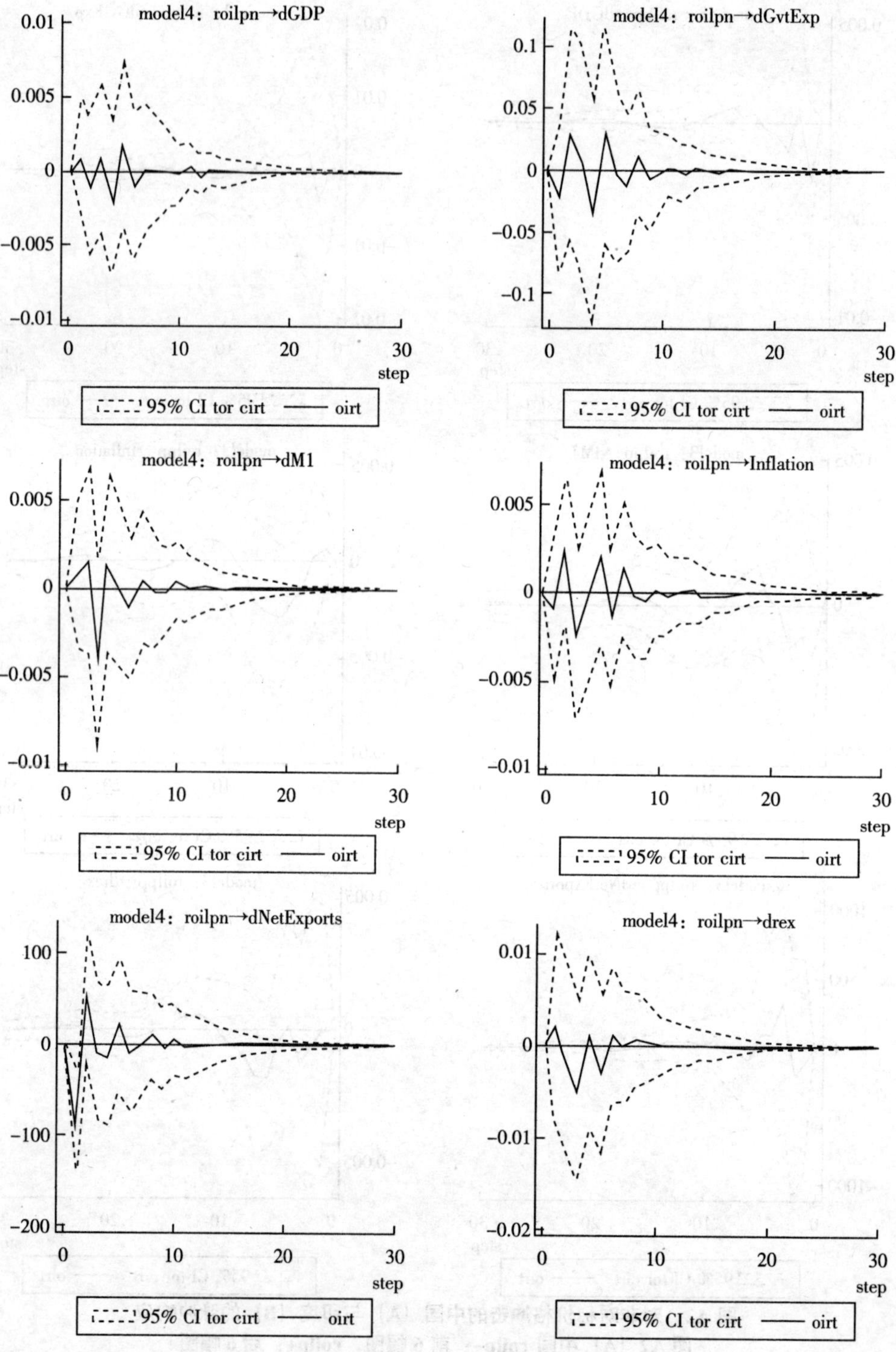
model4: roilpn→dGDP
0.01
0.005
0
-0.005
-0.01
0
10
20
30
step
95% CI tor cirt
oirt
model4: roilpn→dGvtExp
0.1
0.05
0
-0.05
-0.1
0
10
20
30
step
95% CI tor cirt
oirt
model4: roilpn→dM1
0.005
0
-0.005
-0.01
0
10
20
30
step
95% CI tor cirt
oirt
model4: roilpn→Inflation
0.005
0
-0.005
-0.01
0
10
20
30
step
95% CI tor cirt
oirt
model4: roilpn→dNetExports
100
0
-100
-200
0
10
20
30
step
95% CI tor cirt
oirt
model4: roilpn→drex
0.01
0
-0.01
-0.02
0
10
20
30
step
95% CI tor cirt
oirt

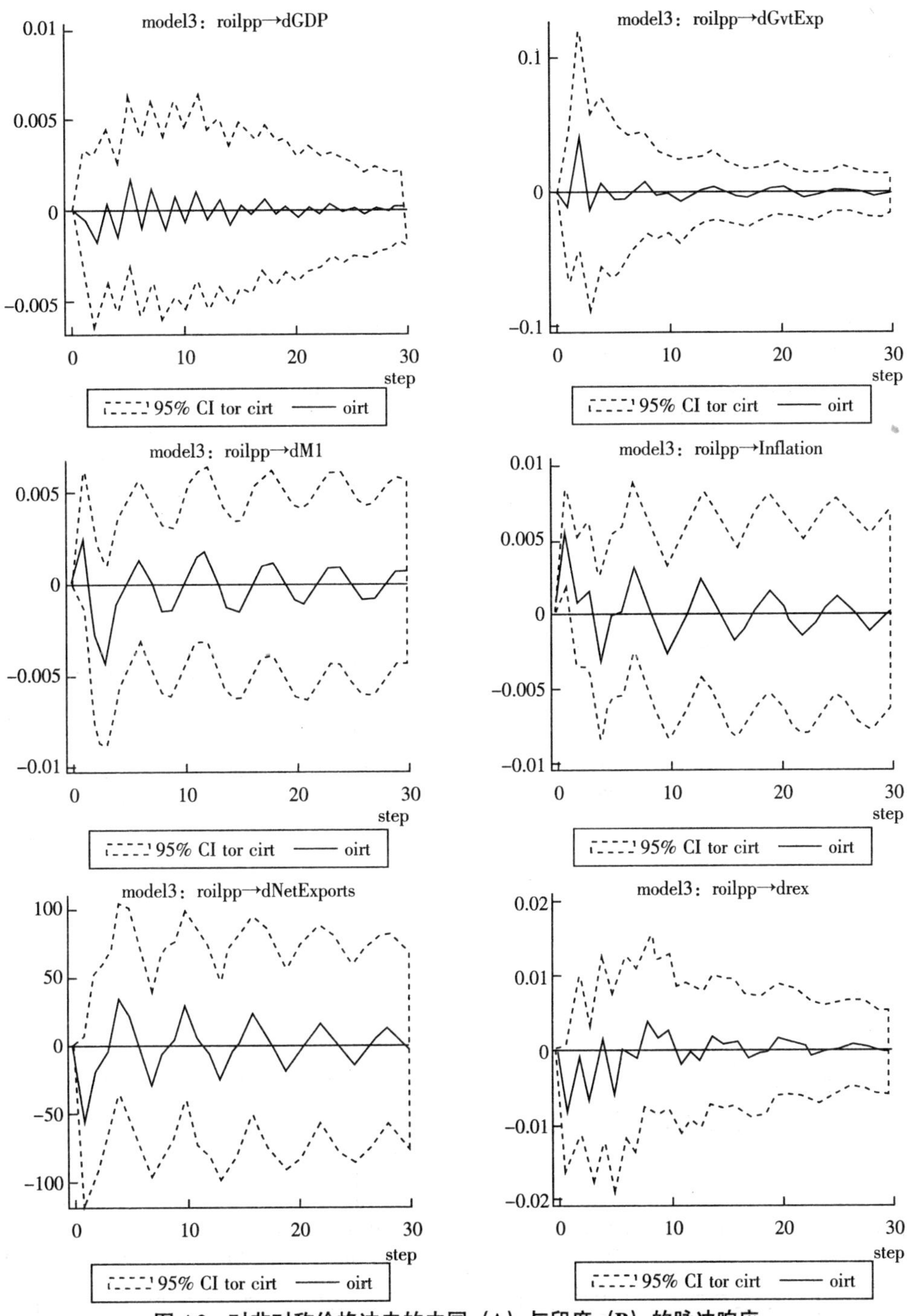

图 A2 对非对称价格冲击的中国（A）与印度（B）的脉冲响应

图 A2（B）印度 roilp−：前 6 幅图，roilp+：后 6 幅图

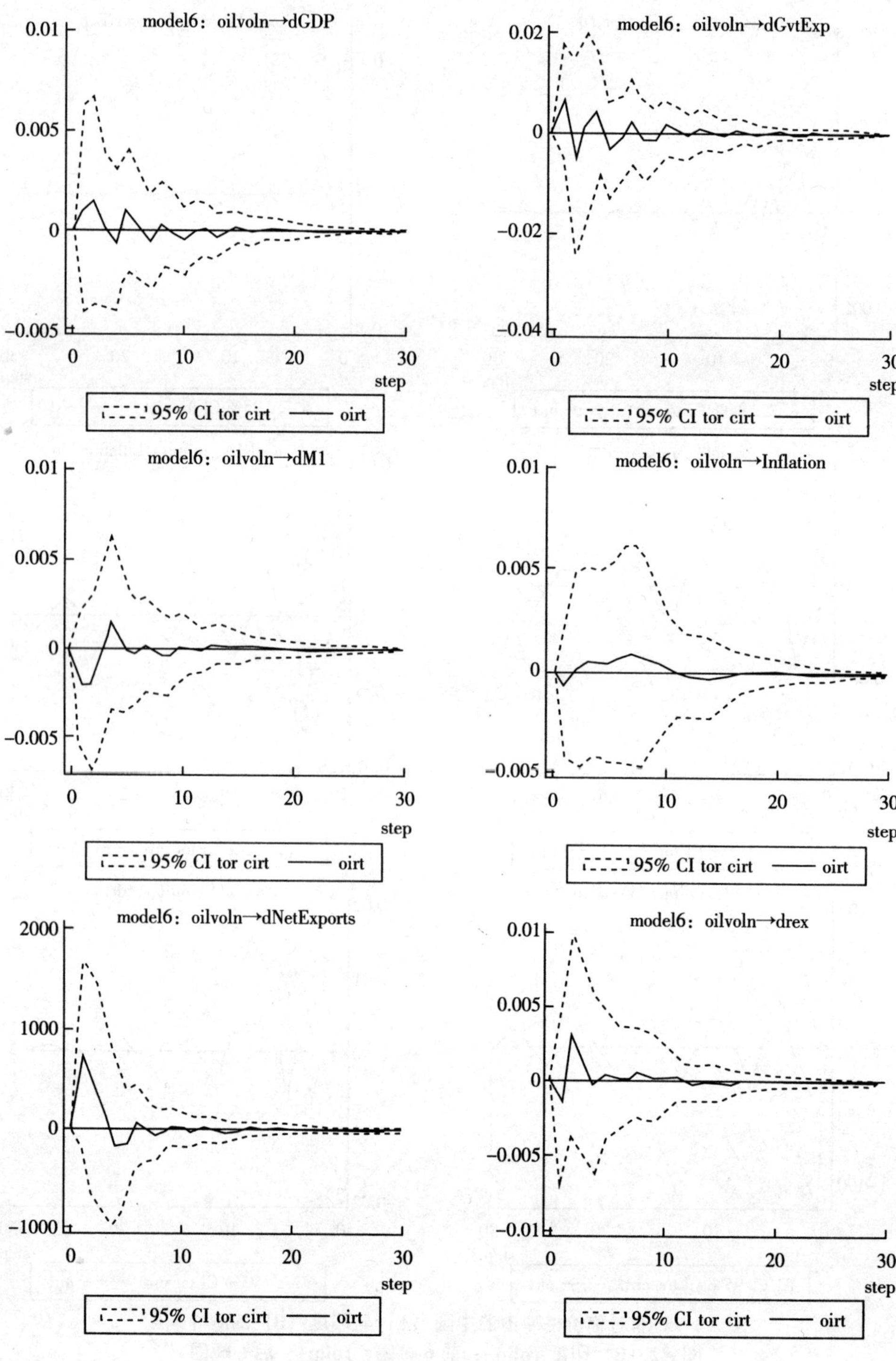

model6：oilvoln→dGDP
0.01
0.005
0
−0.005
0
10
20
30
step
95% CI tor cirt
oirt
model6：oilvoln→dGvtExp
0.02
0
−0.02
−0.04
model6：oilvoln→dM1
model6：oilvoln→Inflation
model6：oilvoln→dNetExports
2000
1000
−1000
model6：oilvoln→drex
−0.01

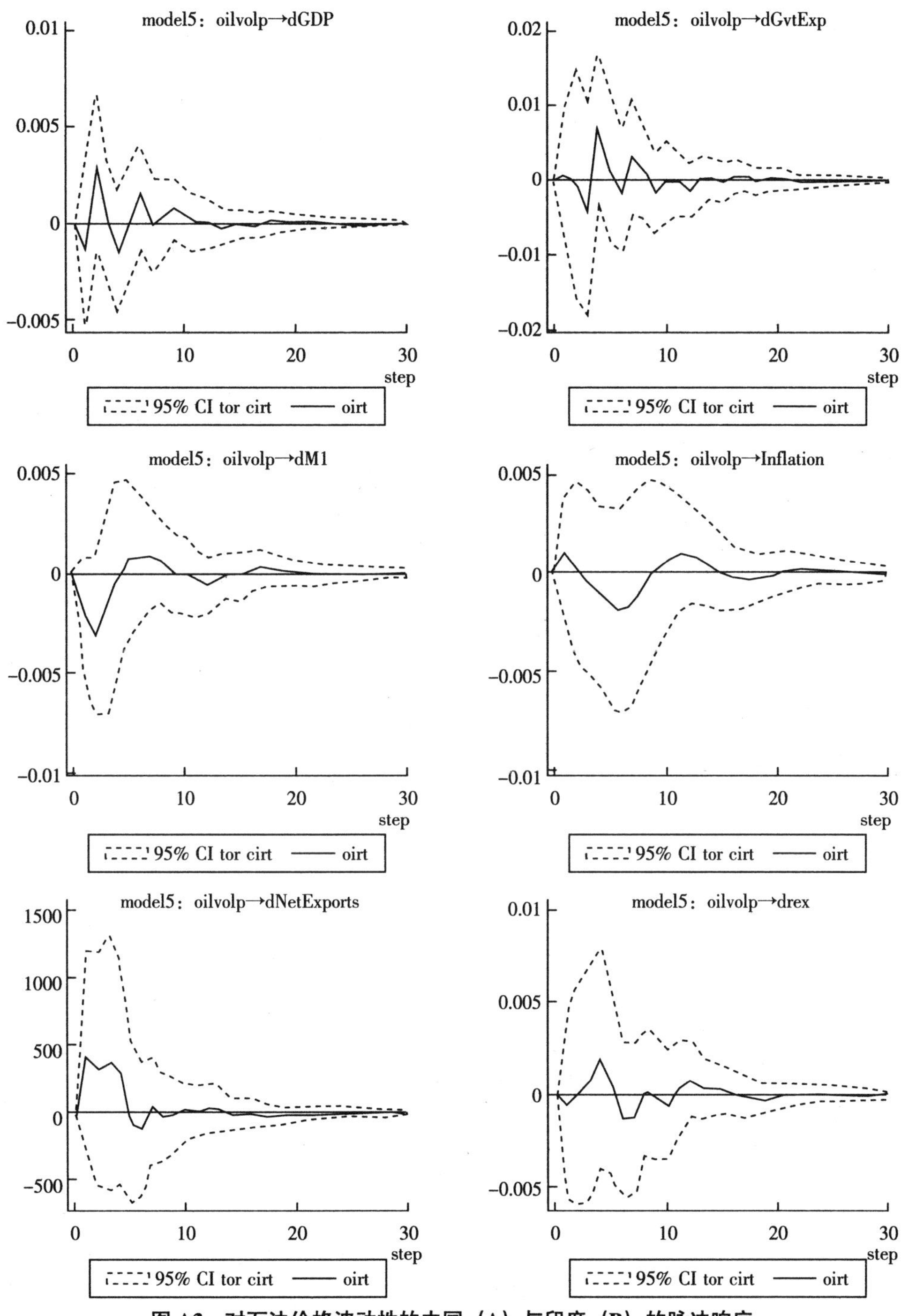

图 A3　对石油价格波动性的中国（A）与印度（B）的脉冲响应

图 A3（A）中国 oilvol−：前 6 幅图，oilvol +：后 6 幅图

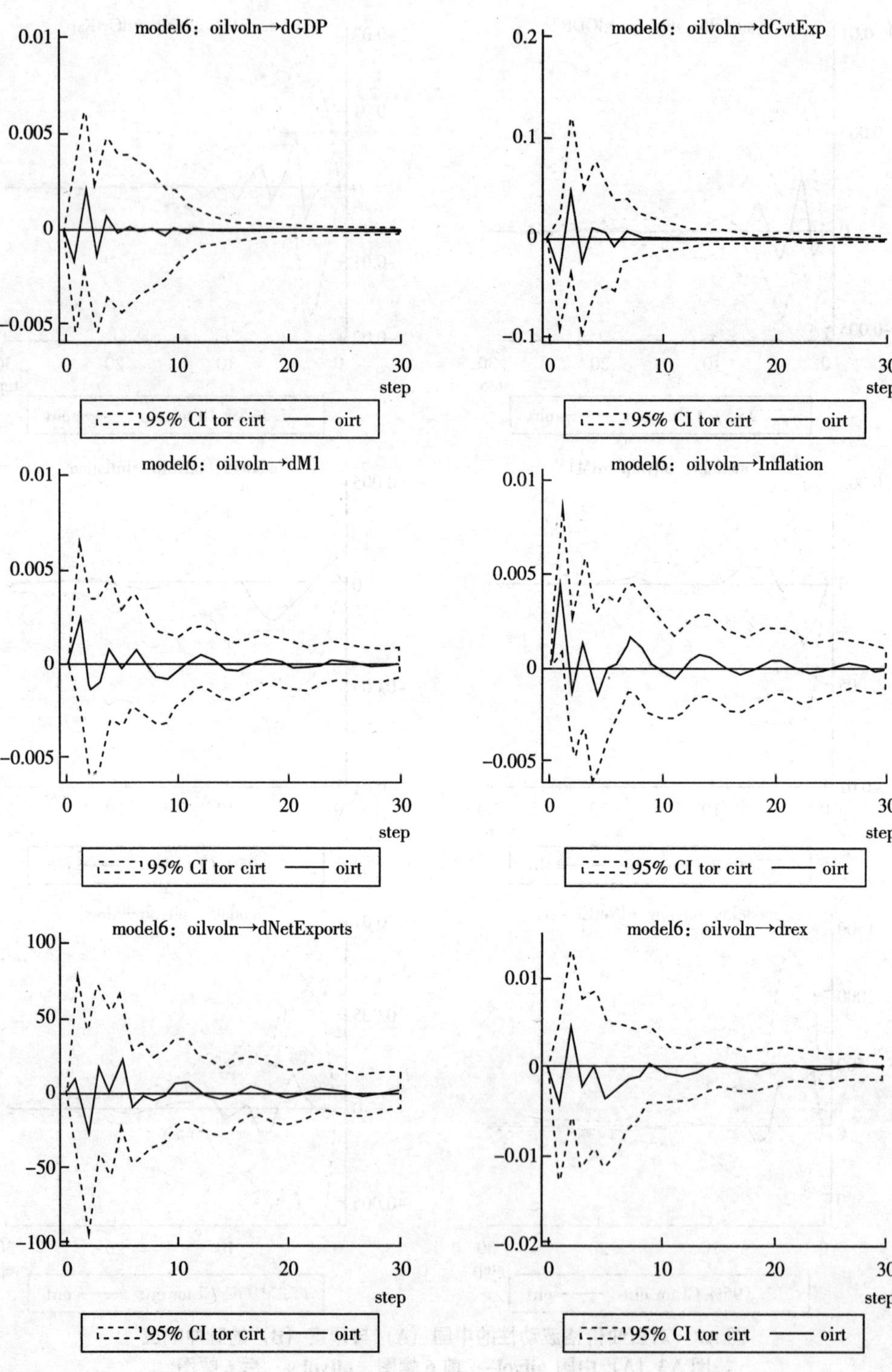

model6：oilvoln→dGDP
0.01
0.005
0
-0.005
0
10
20
30
step
95% CI tor cirt
oirt
model6：oilvoln→dGvtExp
0.2
0.1
0
-0.1
0
10
20
30
step
95% CI tor cirt
oirt
model6：oilvoln→dM1
0.01
0.005
0
-0.005
0
10
20
30
step
95% CI tor cirt
oirt
model6：oilvoln→Inflation
0.01
0.005
0
-0.005
0
10
20
30
step
95% CI tor cirt
oirt
model6：oilvoln→dNetExports
100
50
0
-50
-100
0
10
20
30
step
95% CI tor cirt
oirt
model6：oilvoln→drex
0.01
0
-0.01
-0.02
0
10
20
30
step
95% CI tor cirt
oirt

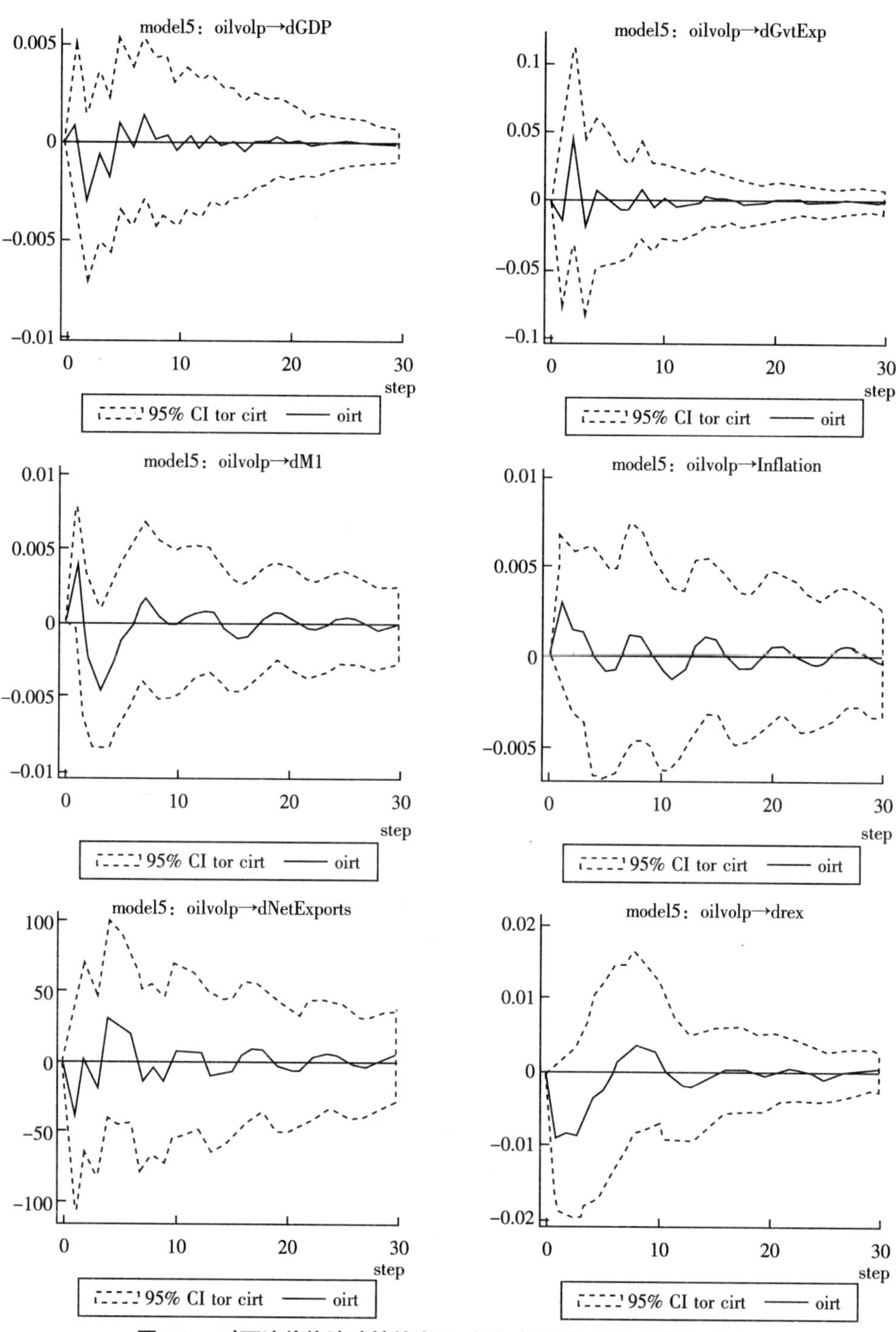

图 A3 对石油价格波动性的中国（A）与印度（B）的脉冲响应

图 A3（B）印度 oilvol-：前 6 幅图，oilvol +：后 6 幅图

中国与印度的石油价格与宏观经济：能源部门的启示

一、简介

对石油价格与宏观经济关系的讨论始于20世纪70年代的第一次石油危机以及之后的全球衰退（Jones等，2004；Segal，2007）。这种研究主要受20世纪70年代美国滞涨的启发，因为石油价格冲击被认为是唯一有可能解释滞涨的因素（Barsky和Kilian，2004）。在见证了20世纪80年代石油价格的下跌后，从90年代起，由于三个因素，研究开始质疑油价对宏观经济的影响：油价冲击的不对称影响、影响的不断弱化、货币政策的作用（Iwayemi和Fowowe，2011）。由于石油价格在2001年至2008年间上涨了约600%，而同期美国的核心通胀率仅有2%，因而这个议题从2000年以后重新受到关注（Clark和Terry，2009）。

然而，油价冲击对宏观经济的影响并没有被作出一致性的结论。正如Segal（2007）所总结的，许多研究从因果性或影响的大小上质疑了石油价格对产出的影响。最近的经验研究则发现，从1975年起，从石油价格通胀到美国核心通胀的传递出现了明显减弱。如Hooker（2002）、Segal（2007）、Blanchard和Galí（2007）、Kilian（2008b）和Chen（2009）等提出了一系列原因来解释石油价格对通胀传递作用的减弱，这包括能源消费份额的下降、货币政策调整、实际工资黏性的降低以及低通胀环境的有益作用（Clark和Terry，2009）。

无论从学术研究还是经验研究来看，研究发展中国家中石油价格对宏观经济的影响都是重要的，然而这个议题却很少受到关注。大部分文献都关注发达国家，尤其是美国，而很少关注世界其余国家的（Kilian，2008a）。就油价与宏观经济的关系而言，发展中国家与发达世界在很多方面还是存在差别的。第一，发展中国家将增长和通胀作为它们主要的宏观政策目标，而发达国家则主要关注失业和通胀。第二，使得世界石油价格传导到国内经济的价格机制、部门构成、税制结构以及其他原因的不同都可能会影响这种关系。另外，以前没有研究分析了能源部门，而这个部门却很有可能会影响油价与宏观经济的关系。比如，发展中国家的石油部门普遍被政府控制，这可能会使得它们通过减少利润来抵消油价冲击。因此，理解发展中国家油价与宏观经济的关系无论对学界还是政策制定者来说都是重要的。

本文在已有文献基础上比较研究了中国与印度这两个世界上增长最快的新兴国家的油价—宏观经济关系。由于很少有论著这么做过，因此本文的比较视角是十分独特的。此外，我们探讨了两国的能源部门以分析这种不同关系出现的原因。由于以前的研究集中在经济视角而不是能源问题，因而从能源部门分析的视角也比较新。本研究也扩展了以往研究的范围（Kumar，2009；Du 等，2010）至其他宏观经济变量并利用了近期的数据。

本文后面结构如下：在引言之后，第二部分将给出对中国与印度中石油价格与宏观经济关系的考察，第三部分则介绍了方法和数据，第四部分汇报经验研究结果，第五部分比较分析了中国和印度的情况，第六部分为结论。

二、重点分析中国和印度的几个原因

（一）概述

由于两国都有巨大的人口规模并且都是重要的且快速增长的发展中国家，因此比较分析中国和印度是有意义的。尽管经济和政治制度不同，但能源部门的相似性使得这种比较是合适的。

中印两国的能源消费量都快速增长，并且这其中越来越多的比例需要依靠进口。2009 年，中国已经是世界上最大的能源消费国，而印度则排名第四。中国 GDP 的年增速在 1990~2008 年间为 10%，据预测，这一增速在 2008~2035 年间将达到 5.7%；印度在 1990~2008 年间的增长率为 6.4%，而 2008~2035 年间也将保持 6.4%的增速（IEA，2010）。由于巨大的人口规模以及经济的快速增长，这两个国家预计将消耗全球新增能源消费量的一半以上，这两国消费量占全球总消费量的比例将从 2008 年的 22.4%提高到 2035 年的 30.7%。在石油市场上，中国和印度在 2035 年将会是世界上石油进口量提高最多的两个国家，这两国的进口量将占到世界石油贸易量的 40.8%（IEA，2010）。

中印两国都有国家控制的石油公司，因此可以通过改变利润来降低国际市场对国内价格的影响，这两国都补贴石油产品。然而，由于中国的石油进口依赖度达到

50%，而印度则达到 87%，更为重要的是，两国都早在 21 世纪初就改革了价格机制，因此，它们的国内市场与国际市场的联系已经越来越紧密。

在 21 世纪初，中国和印度都放开了国内石油价格。中国在 1998 年开始采用基于市场的石油价格定价机制，并在 2001 年 10 月将国内石油价格与主要国际期货市场价格相联系（Du 等，2010）。原油价格已经与国际市场相匹配，而加工产品价格也与国际市场紧密联系。然而，这种价格联系虽然使得国内价格跟随国际市场走势，但却是被用来使国内市场免受国际石油价格的高波动侵扰的（Du 等，2010）。这种定价制度意味着国内市场因受到一定保护而避免受到国际油价冲击的影响，因而油价冲击对中国的影响也没那么严重。

同中国类似，印度政府也对石油部门采取了实质性的干预政策。印度于 2002 年废除了管制价格机制（APM）。在 2010 年 6 月，印度政府完全放开了占该国 8% 成品油市场份额的汽油价格。同样的政策预计在未来将被用到柴油市场。然而，通过吸收国有石油公司的亏损——在某些情况下这是对运输能源的非直接补贴，印度政府仍继续干预石油部门，政府仍然给液化石油气和煤气提供补贴，并没有计划取消这些补贴。

最后，中国和印度具有类似的石油进口来源地，因此，这也证明了它们使用相同石油价格的合理性。两国都以波斯湾国家为主要的石油进口来源地，它们也从其他如俄罗斯、哈萨克斯坦、苏丹和缅甸进口石油和天然气（Tønnesson 和 Kolås，2006）。

（二）以往的研究

考虑到中国和印度的石油消费量和进口量的不断提高，研究油价对两国经济的影响就显得十分重要。相比于对美国的众多研究，文献中仅有很少的研究分析了中国和印度的情况。

少有的对中国的研究一般集中于分析石油冲击对某一方面影响，如股票市场（Cong 等，2008）、出口（Faria 等，2009）和实际有效汇率（Huang 和 Guo，2007）。Du 等（2010）和 Lescaroux 和 Suez（2009）可能是研究油价对中国宏观经济影响中最全面。Du 等分析了四个宏观经济变量：产出、通胀、汇率和货币供应，并发现中国的 GDP 和通胀均与石油价格上涨正相关。Lescaroux 和 Suez（2009）发现，油价冲击将导致 CPI 和 PPI 的短暂上涨，利率提高，GDP、投资和消费滞后且为负的响应。这两篇文章都发现油价冲击后利率将提高，而 GDP 则会有相反反应。然而，对于利率的作用则相对难以解释。由于中国的利率经常一段相当长的时间内被固定，因此这并不是一个反映货币政策的好的指标，故而我们在后面将选用M1作为指标。另外，Lescaroux和Suez使用的因子增强型VAR也是有问题的，因为在冲击后，所有变量都持久地偏离了稳态。Du等的一个不足则在于他们仅使用了英国布伦特原油价格，却忽略了中国主要进口来源地中东的石油价格。

从印度来说，Kumar（2011）主要集中于四个宏观经济变量：产出、实际有效汇率、通胀和短期利率，并发现石油价格冲击负向影响工业生产，正向影响通胀和短期利率。然而，他的数据集仅截止到2004年。同时期分析中国和印度的研究很少并且关注面较窄。如Ono（2011）及Bhar和Nikolova（2009）分析了石油价格对金融市场的影响，而Chou和Tseng（2011）则仅分析了油价和通胀的关系。

与之前这些文献不同的是，本文将在中国和印度的对比中分析更多的宏观经济变量。某些研究所出现的数据问题将被克服。本文也将使用最新的数据，并提供了能源部门的视角。

三、方法与数据

为了分析石油价格对中国和印度宏观经济的影响，我们使用了如下的VAR模型：

$$Y_t = \alpha + \sum_{k=1}^{p} \beta_k Y_{t-k} + \varepsilon_t \tag{1}$$

其中，Y =（GDP、政府支出、M1、通胀率、实际汇率、净出口、石油价格）；α是7乘1的常数矩阵；β_k是7乘7的自回归系数矩阵；ε_t为7乘1的误差项矩阵；p表示使用似然比检验给出的滞后期数。[①] 参照以前文献（Hamilton，1983；Mork，1989；Farzanegan和Markwardt，2009；Du等，2010；Iwayemi & Fowowe，2011），VAR模型中放入了七个宏观经济变量：实际GDP、政府支出、通胀率、实际汇率、M1和净出口。

数据为季度数据，中国的数据集为2002年第一季度至2010第四季度，印度则为2002年第三季度至2010年第四季度。中国可得的数据从1996年第一季度起，然而，出于两方面原因没有利用早期数据：早期研究认为石油定价机制的改革使得中国在2002年第一季度存在结构性断点（Du等，2010）；由于可得的印度数据始于2002年，为了与印度数据对比，我们不能使用中国的早期数据。

石油价格采用实际季度原油价格的百分比变化率，[②] 原油价格为来自EIA网站

① 在后面的经验分析中，滞后期数选择为2。

② 后面将采用其他石油价格冲击的指标以作稳健性分析。

（2011）的英国布伦特和沙特阿拉伯原油价格的平均价格。英国布伦特和沙特阿拉伯市场是中国和印度的主要进口市场（Kumar，2009）。实际价格被采用，主要是因为是实际价格而非名义价格决定了资源配置和产出（Rotemberg 和 Woodford，1996；Kilian，2008b）。Hamilton（1983）使用名义价格主要是为避免实际价格的内生性，这种内生性主要源自前 OPEC 时期美国的石油定价机制。然而，在 OPEC 时期，这种因素对于美国和其他国家来说都不再有影响。使用实际价格仍能避免潜在的时间序列中虚假共同趋势的问题（Lescaroux 和 Suez，2009）。

我们将美元计价的石油价格乘以从 CEIC 数据库①得到的名义有效汇率就可以算得本币计价价格。以前的研究也采用了相同的方法，如对中国数据（Du 等，2010）和对印度数据（Kumar，2009）。采用本币计价的石油价格可以考虑到由于如汇率波动和通胀水平等国别差异所造成的油价差异（Cunado 和 Gracia，2004）。Kumar（2009）发现以印度卢比计价的石油价格对宏观经济的影响比以美元计价的要大，虽然这两种度量价格指标的研究结论基本一致。

其他数据也来自 CEIC 数据库。中国的 GDP 数据以 GDP 平减指数平减。印度的 GDP 也以 GDP 平减指数平减。通胀以 CPI 的百分比变化度量。政府支出和实际净出口以 CPI 平减。由于中国的进口和出口都以美元计价，因此我们利用 CEIC 数据库的名义汇率，将之转换为人民币元的计价单位。

我们采用 X-12-ARIMA 季节调整程序调整数据以去除季节波动的影响。② X-12-ARIMA 是美国人口普查局对数据进行季节调整的常用方法。

四、经验结果

本部分，我们给出了经验结果以及分析了石油价格冲击对宏观经济的影响，这包括单位根检验、格兰杰因果检验、脉冲响应函数（IRFs）、方差分解和稳健性分析。

（一）单位根检验

在估计 VAR 模型前，我们首先采用 ADF 检验和 Phillips-Perron（PP）检验分析了数据序列的平稳性。表 1 给出了检验结果。中国和印度的石油价格（GOIL）均

---

① http：//www.ceicdata.com/。

② X-12-ARIMA 的详情参见 http：//www.census.gov/srd/www/x12a/。

是 I（0）过程。中国的通胀率是 I（0）过程，而印度的通胀则为 I（1）过程。其余变量，如实际 GDP、政府支出、M1、净出口、实际有效汇率等在两国均为 I（1）过程。这些结果都与以前的研究如 Du 等（2010）和 Kumar（2009）相一致。在估计 VAR 模型中，我们采用 I（1）过程序列的一阶差分而采用 I（0）过程序列的水平值。

表 1　单位根检验

Variables	ADF				PP				Decision
	Levels		First Difference		Levels		First Difference		
	Constant	Constant + Trend	Constant	Constant + Trend	Constant	Constant + Trend	Constant	Constant + Trend	
China									
GDP	1.14	−1.23	−3.29**	−3.61**	0.61	−1.59	−7.58***	−7.71***	I(1)
Govemment Expenditure	−1.57	−2.24	−3.36**	−3.2*	0.05	−3.68**	−6.56***	−6.41***	I(1)
Net Exports	−1.28	−1.02	−3.85***	−3.87**	−1.64	−2.54	−6.07***	−5.93***	I(1)
Real exchange rate	−1.87	−1.95	−2.86*	−2.78	−2.27	−2.23	−5.11***	−3.63***	I(1)
Inflation	−3.63***	−3.81**	−2.55*	−2.86	−4.85***	−4.41***	−3.5***	−3.81**	I(0)
M1	2.38	0.29	−2.92**	−3.45*	1.39	−1.03	−3.98***	−4.07***	I(1)
Oil price shocks (GOIL)	−3.94***	−4.09***	−6.1***	−6.04***	−5.03***	−4.98***	−10.23***	−10.09***	I(0)
India									
GDP	0.06	−1.61	−1.73	−1.8	−0.68	−2.87	−8.65***	−8.51***	I(1)
Govemment Expenditure	0.08	−2.43	−4.22***	−4.2***	−2.83*	−6.42***	−15.78***	−15.28***	I(1)
Net Exports	−1.69	0.6	−2.22	−2.62	−1.82	−1.85	−6.15***	−6.43***	I(1)
Real exchange rate	−1.83	2.27	−2.86*	−2.73*	−1.73	−2.15	−4.02***	−3.97***	I(1)
Inflation	1.32	−1.41	−2.34	−2.3	−1.07	−2.23	−4.48***	−4.38***	I(1)
M1	−0.57	−1.52	−2.96**	−2.92	0.43	−2.33	−4.98***	−4.88***	I(1)
Oil price shocks (GOIL)	−2.8*	−3.15*	−4.57***	−4.47***	−3.97***	−3.86	−7.72***	−7.52***	I(0)

注：The null hypothesis is that the series contain a unit root. ***，**，and * denote significance at the 1，5，and 10per cent respectively.

（二）格兰杰因果关系检验

表 2 给出了石油价格的格兰杰因果关系检验，即检验了石油价格是否能预测其他宏观经济变量。在两个国家，石油价格都不是 GDP 的格兰杰原因。这个结论与如 Hooker（1996）、Hamilton（1996）和 Iwayemi 和 Fowowe（2011）等发现的石油价格冲击与 1985 年起对宏观经济变量没有显著影响的结论相一致。然而，一项早期研究（Du 等，2010）发现石油价格格兰杰引致了中国 GDP。本文与该文结论出现差异的原因可能是由于两篇文章采用了石油价格冲击的不同度量以及使用了不同类型数据。① 由于石油价格没有格兰杰引致 GDP，因而不宜过早地认为中国石油价格改革导致中国经济对于国际石油市场的反应更明显了。

然而，在中国，石油价格格兰杰引致了政府支出和通胀，尽管格兰杰引致通胀仅在 10%的显著性水平下显著。石油价格格兰杰引致政府支出可能是由于中国的中央政府使用财政政策去抵消石油价格冲击的影响。

对印度来说，石油价格仅仅格兰杰引致了净出口。② 石油价格显著的格兰杰引致净出口可能是由于印度是大多数精炼石油产品的净出口国（IEA，2010）。当价格上涨时，由于进口原油价格上涨在成品油价格的调整之前，净出口将下降。然后，当出口的精炼石油产品价格提高，净出口将增长（如表 2 所示）。

表 2 格兰杰因果关系检验

	中国		印度	
	χ^2	p-value	χ^2	p-value
GDP	1.46	0.48	2.66	0.27
Government Expenditure	11.50	0.003	3.30	0.19
M1	3.16	0.21	3.19	0.20
Inflation	4.75	0.09	0.77	0.68
Net Exports	2.61	0.27	8.67	0.01
Real Exchange Rate	0.50	0.78	1.99	0.37

注：The null hypothesis is that the oil price does not Granger-cause the rest variables. All variables are in first differences，except for the inflation in China.

① 在 Du 等（2010）中，不同的油价度量指标将导致不同的油价与 GDP 的格兰杰关系。

② 由于 Kumar（2009）使用的是产业生产数据而非 GDP 数据，因此本文没有给出与该文结论的对比。

（三）脉冲响应函数

我们利用脉冲响应函数来分析石油价格冲击的动态影响。图 1 和图 2 给出了结果，这两个图分别给出了中国和印度当前和未来的 GDP、政府支出、M1、通胀、净出口和实际汇率对于一期石油价格冲击的脉冲响应值。

对中国来说，GDP 增长率[①] 最初提高，这种现象的出现可能是由于中国 GDP 对于美国和欧盟 GDP 的高度依赖性（Du 等，2010）。这种解释也为净出口的明显收益所证实。通胀率在大部分时间内都变为负的，这意味着石油价格的提高导致了通缩，并且这个低谷出现在第五个季度。这种现象的出现部分归因于货币供应量，货币供应量明显减少并在第四季度反弹至冲击出现前的水平。实际汇率波动很慢。净出口与实际有效汇率的响应显示了相同趋势，这意味 Marshall-Lerner 条件在中国并不成立。

与以前的研究相比，我们的结论是混合的。对于中国来说，GDP 和 M1 的响应与 Du 等（2010）的结论基本一致。然而，通胀的响应则与之前的研究结论不同，之前的研究发现通胀与石油价格正相关，并且响应在一年后逐渐消失（Du 等，2010）。我们发现 GDP 和通胀的响应模式也与 Lescaroux 和 Suez（2009）不同，该书发现 GDP 和 CPI 起初都有正向响应，并在随后出现衰减，但并没有恢复到稳态值。

虽然并没有发现石油价格与中国宏观经济的格兰杰因果关系，但国际石油价格实际上仍会影响中国宏观经济。原因可能是这种影响并不直接，比如通过如能源短缺等造成的不好影响，或者通过政府和石油企业非有效地利用资源，或者通过政府支出的变动。

研究发现石油价格冲击显著提高了印度宏观经济变量的波动性。图 2 给出了印度宏观经济变量的动态响应趋势。GDP 的响应时而为正，时而为负，这与石油价格冲击似乎关联度很小。通胀的改变率初始提高了，并在一段时间内保持为正，然后骤降为负值。总体来说，这种影响是正的，证实了油价冲击是种不受欢迎的负向供给冲击，其影响然后以一种波动的形式逐渐消失。对 M1 的影响和对 GDP 的影响基本相似，但是影响幅度更大，这意味着对 GDP 的影响可能来自货币政策。实际汇率在初始的几个季度里出现了贬值。

政府支出和净出口表现了相同特征。二者都经受了短期显著的下跌，迅速

① GDP 自然对数之差约为 GDP 的增长率。

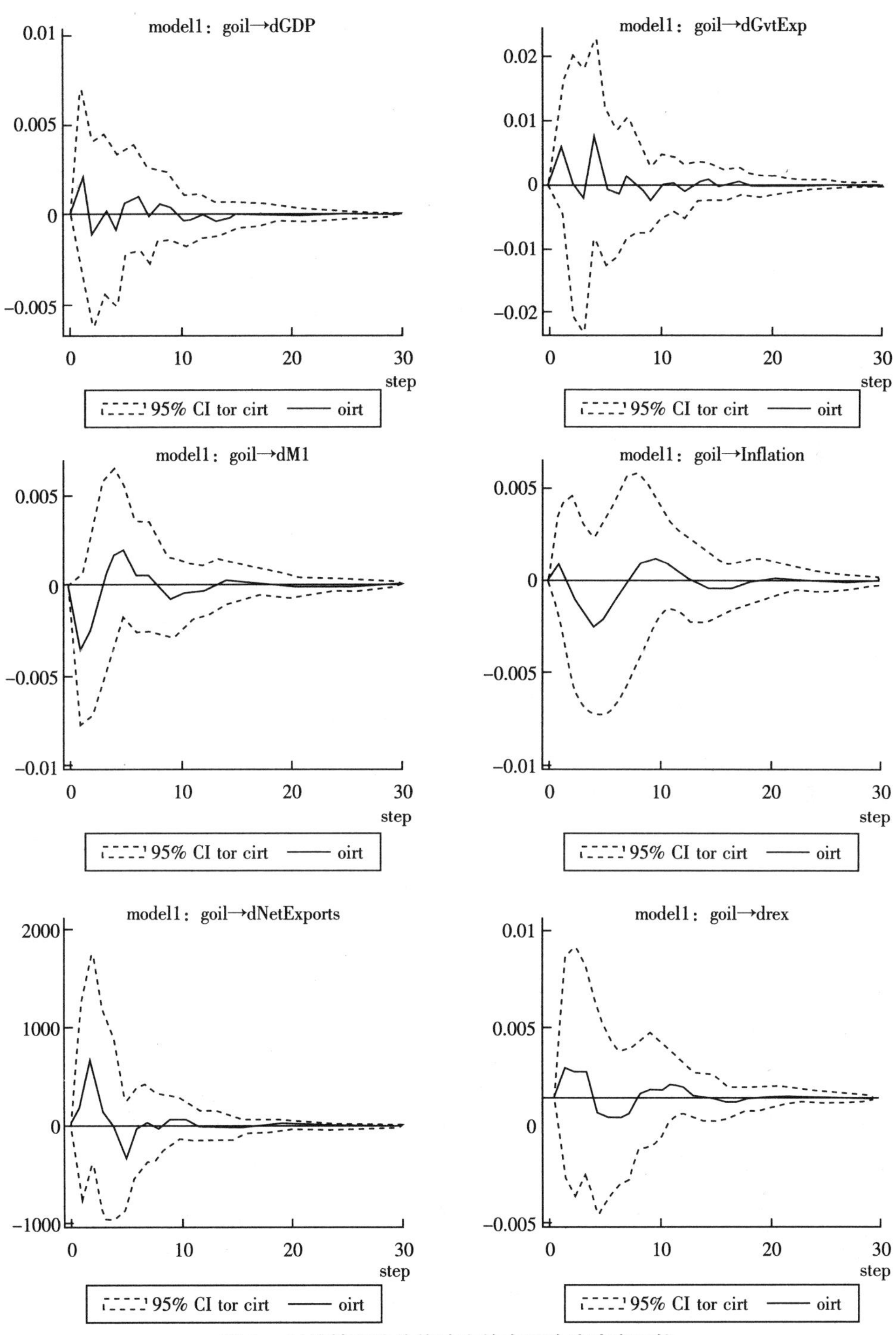

图 1　对线性石油价格冲击的中国脉冲响应函数

反弹到一个高点，并在之后逐渐消失。净出口的响应特征可能归结于印度是一个精炼石油产品的净出口国，这意味着该国需要进口原油但是却受益于之后的出口价格提高。政府支出的响应特征主要是由于税收收入的驱动，石油消费增值税的减少导致了政府收入减少，而零售价格的提高则导致了后期政府收入的提高。

印度的结果与如 Kumar（2009）等以前研究的结论基本一致。我们发现的石油价格冲击和实际有效汇率（REX）之间的负向关系与 Kumar（2009）相一致，Kumar（2009）认为 REX 是决定油价—宏观经济关系的重要因素之一，REX 的贬值部分抵消了石油价格冲击的负向影响（Kumar，2009）。与之前的研究（Kumar，2009）相一致的是，我们也发现了石油价格的提高将对通胀造成正向影响。

总的来说，货币供应量、通胀、净出口和 REX 在印度的波动性都比中国的大，这显示了财政政策、货币政策和汇率调整可能都被用来抵消石油价格冲击。对两个国家来说，在石油价格冲击下，财政支出总的来看都提高了。财政支出和净出口的正向偏离可能都对于 GDP 的正向响应做出了贡献。印度高变化率中的中性变化可能也可由 REX 的大幅贬值抵消了负向影响来解释（Kumar，2009）。从这个角度来说，更为灵活的汇率制度可能是可取的。

（四）方差分解

在这部分中，我们将给出预测方差分解，即将预测方差分解为可由变量自身冲击解释的部分和由其他变量冲击解释的部分。图 2 给出了结果，我们将主要分析 GDP、政府支出、净出口、实际汇率、通胀和 M1 中石油价格冲击的解释比例，这是因为我们主要关注石油价格冲击的影响。

表 3 的结果显示无论对中国还是印度来说，石油价格对于其他宏观变量的预测误差的方差的解释比例相对较小。对于中国来说，石油价格冲击解释力度最大的是 M1 的波动，解释了其波动的 5.9%；其次为 GDP 预测方差的 2.8%和通胀的 2.1%。对于印度来说，石油价格冲击对于政府支出波动的解释力度最强，达到了 18.9%，对于 GDP 和通胀波动的解释力则分别为 1%和 3.3%。石油价格冲击对产出和通胀的影响幅度较小的结论与之前的研究基本一致（Kumar，2009；Du 等，2010）。

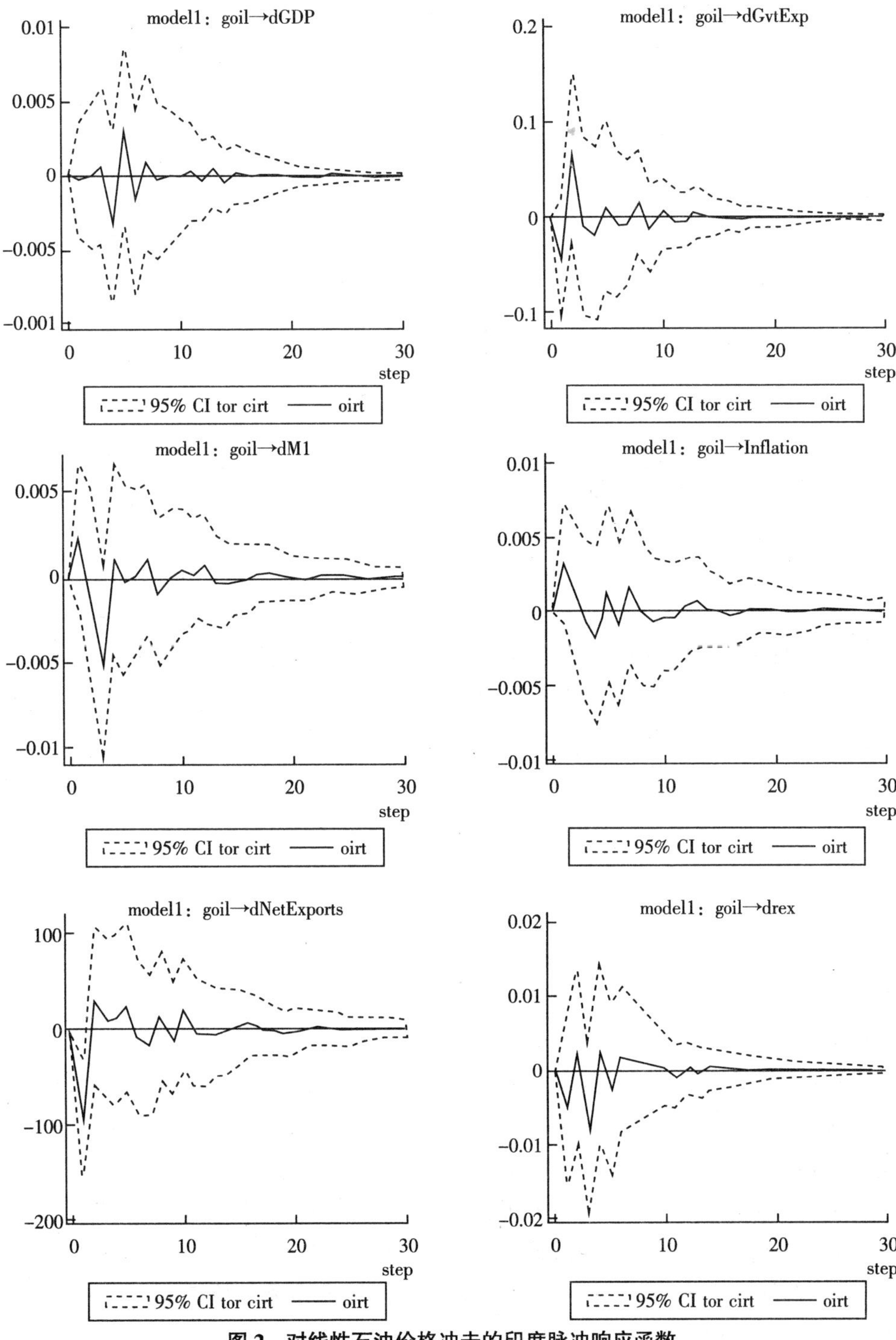

图 2 对线性石油价格冲击的印度脉冲响应函数

表 3 方差分解分析

step	GDP	Government Expenditure	M1	Inflation	Net Exports	Real Exchange Rate
China						
1	0	0	0	0	0	0
10	0.0278	0.0281	0.0586	0.0213	0.0484	0.0164
20	0.0280	0.0282	0.0581	0.0234	0.0483	0.0177
40	0.0280	0.0282	0.0581	0.0235	0.0483	0.0177
India						
1	0	0	0	0	0	0
10	0.0871	0.1889	0.1114	0.0327	0.1253	0.1312
20	0.0886	0.1884	0.1123	0.0388	0.1185	0.1327
40	0.0886	0.1881	0.1112	0.0402	0.1165	0.1335

注：All variables are first differenced，except for inflation in China.

（五）稳健性检验

到目前为止，我们 VAR 模型分析的都基于以实际原油价格的百分比变化量来度量石油价格冲击。然而，这种结论对于其他度量石油价格冲击的指标来说是稳健的吗？考虑到以前文献发现不同的度量石油价格冲击的指标可能会导致不同的结论（Hamilton，2003），我们使用其他三种度量石油价格波动的指标重新估计了 VAR 模型：净石油价格增加量（NOPI）、石油价格上涨或下降（ROILP+/–）、石油价格波动性幅度（OILVOL+/–）。脉冲响应图在附录中给出。

第一个替代指标为由 Haimton（1996）提出的 NOPI，该指标度量了当前油价与过去四个季度里最高价格的变动百分比。如果当前价格高于过去一年里的最高价格，则该指标为正；否则，该指标为零。

$$NOPI_t = \max(0,\ (\ln roilp_t - \ln(roilp_{t-1},\ roilp_{t-2},\ roilp_{t-3},\ roilp_{t-4})))$$

在这种情况下，石油价格冲击将是正的且难得一见，并且将会是较大幅度。使用 NOPI 得到的中国和印度的脉冲响应图显示，除了政府支出以外，其余变量的响应形态均无变化（见 81 页附录图 A1）。对中国来说，政府支出将会有一个较大的负向下跌；而对于印度来说，它则从初始的下降变为上升。因此这意味着只有政府支出对于价格冲击指标的选择敏感。

第二个被经常使用的则是一个区分了石油价格上升和下降的非线性对称的指标，这可以被用来检验石油价格冲击的非对称影响。Mork（1989）建议的设定方法为：

$$ROIP+t = \max(0,(\ln roilp_t - \ln roilp_{t-1}))$$

$$ROIP-t = \min(0,(\ln roilp_t - \ln roilp_{t-1}))$$

冲击的非对称性（见 84 页附录图 A2），这种结论在以前的文献中也曾被发现，如 Kumar（2009）和 Du 等（2010）。对于中国来说，一个负向冲击对 GDP 和通胀的影响远小于正向冲击。对于印度来说，不同冲击对于通胀的短期影响方向不同；从长期来看，正向价格冲击将会有更大影响。

价格冲击问题从 20 世纪 90 年代起被引入了价格波动性（Lee 等，1995；Ferderer，1996），因此，我们有了第三种设定——波动性指标（OILVOL+/-）设定如下：

$$oil_t = \delta + \sum_{i=1}^{k} \omega_i oil_{t-i} + \varepsilon_t, \text{ where } \varepsilon_t = v_t\sqrt{h_t}, \ V_t \sim N(0, 1)$$

$$h_t = \gamma_0 + \gamma_1 \varepsilon_{t-1}^2 + \gamma_2 h_{t-1}$$

$$OILVOL_t^+ = \max(0, \hat{\varepsilon}_t/\sqrt{h_t}), \ OILVOL-t = \min(0, \hat{\varepsilon}_t/\sqrt{h_t})$$

我们的结论证实了以前研究的结论——不论是正向还是负向的价格波动性，在价格上涨的情况下对宏观经济具有相同的影响（Lee 等，1995）。脉冲响应函数显示，不论对中国还是印度来说，正向的波动性和负向波动性下的响应形式基本相同（见 88 页附录图 A3）。

总的来说，不同的回归显示结论不会存在显著改变，对于石油价格冲击的不同设定并不会影响我们的结论。

五、比较分析：基于能源部门的视角

印度经济的波动性更大，如图 1 和图 2 所示。比如印度的货币供应量、通胀和实际汇率的波动频率要显著高于中国。另一个证据则是，石油价格对于印度的方差分解的解释力度要强于中国的，如表 3 所示。

印度宏观经济比中国宏观经济对于石油价格改变更为敏感可能可归结于如下原因。第一，通胀在中国和印度的不同响应可能归因于中国通胀惯性更强，① 因此其波动性更小。第二，货币政策对油价冲击的响应不同可能也由于通胀的不同。在中

① Chou & Tseng（2011）发现印度通胀仅持续一期，并且 30.1%的通胀源于上一期；而中国的通胀惯性则更强，70.5%的当前通胀可以看成是上两期通胀的继续。

国，石油价格上涨将导致货币供应减少，因此导致了其后的通缩。在印度，货币供应量处于波动状态，因此也导致了 GDP 的波动。货币政策的作用证实了 Blanchard 和 Riggi（2009）认为货币政策在塑造石油价格冲击和宏观经济中具有重要作用的论断。第三，不同的体制，比如政治体制和经济的自由度差异造成了中国和印度的差异，也导致了印度经济的高敏感性。

能源部门的差异，也可能是造成石油价格冲击在中国和印度影响不同的原因之一。这个原因之前并未被提起。第一，高的石油自给率以及石油占能源消耗的比例较低导致了中国宏观经济对于油价冲击的抵抗力更强。煤占中国能源消耗的较大比例，而石油在 2008 年仅占初级能源需求的 17.3%；而对于印度来说，石油占 23.4% 的初级能源需求（如表 4 所示）。另外，2009 年，进口石油占总需求量的比例在中国和印度分别为 53%和 87%（IEA，2010）。石油在能源结构中的高占比意味着印度经济相对于中国经济，对石油价格的冲击更为敏感。由于印度石油进口比例更高，印度石油价格对世界石油价格也比中国更为敏感。

表 4　中国和印度的能源结构与消费补贴

	中国				印度			
	Energy Mix (Mtoe)	Subsidies，$ billion (Rate of shubsidization*)			Energy Mix (Mtoe)	Subsidies，$ billion (Rate of shubsidization*)		
	2008	2007	2008	2009	2008	2007	2008	2009
Oil	17.3% (114)	11.8 (6%)	24.6 (9%)	5.0 (3%)	23.4% (145)	17.7 (20%)	32.2 (31%)	12.1 (18%)
Natural Gas	3.3% (13)	0.0 (0)	7.1 (26%)	0.5 (2%)	5.8% (36)	2.1 (18%)	2.9 (80%)	2.7 (77%)
Coal	66.3% (1413)	1.0 (3%)	3.2 (6%)	4.3 (7%)	42.1% (261)	—	—	—
Electricity	—	4.4 (3%)	10.4% (6%)	8.8 (4%)	—	4.9 (13%)	5.9 (11%)	6.3 (12%)
Total	100% (2131)	17.2 (13%)	45.41% (34%)	18.6 (14%)	100% (620)	24.6 (22%)	41.0 (96%)	21.1 (18%)

注：*Rate of subsidization indicates the percentage less consumers pay with respects to marke reference prices.

第二，印度石油市场上有较高比例的补贴（如表 4 所示）。以相对于市场价格的折扣来度量矿石燃料消费的补贴率，在 2007 年、2008 年和 2009 年，该补贴率在中国分别为13%、34%和14%，而在印度则分别为22%、36%和18%。石油制品在中国和印度的补贴幅度都更高。在中国，石油补贴幅度在2009年约为6%，2007年为6%，2008年为9%。然而，印度的补贴率则在2007年为20%，2008年为31%，2009年为18%。

第三，中国的补贴似乎部分抵消了冲击的影响。中国的能源补贴在油价上涨的时候提高，而在油价下跌的时候则迅速减少。例如，当油价从2008年的历史最高水平下跌后，中国对于石油和汽油的补贴率分别由9%和26%下降到3%和2%；而在印度，石油补贴率由31%下降到18%，而汽油补贴率则没变。中国价格补贴的同步化使得补贴能够抵消价格冲击的影响。而印度的高补贴幅度却也导致了更大幅度的能源市场扭曲，并带来了石油价格冲击所导致的高波动性。

第四，对汽油产品的税收结构不同也可能导致宏观经济响应不同。印度对零售汽油征的高额税收加剧了石油价格冲击的影响，因为石油价格冲击能够通过影响政府收入以及政府支出这条机制影响宏观经济。虽然印度政府补贴液化天然气和焦化油，但是不同层级的政府都征收了不同的税种，这导致了印度的石油和柴油价格是南亚最高的。比如，汽油的最高增值税率出现在安德拉邦，其达到了33%的水平（IEA，2010）。在这种高税率情况下，石油价格冲击将在零售价格上被放大，因此也导致冲击的扩大。

六、结论

本文比较分析了中国和印度两国的石油价格与宏观经济的关系，并提供了能源部门的视角。虽然大量文献针对发达国家分析了这个问题，但很少有人关注如中国和印度的这个问题，尤其是基于比较的视角。因此，本文从这些方面扩展了已有研究。

本文发现，虽然石油价格不能预测大部分的宏观经济变量，事实上这种冲击却能够显著影响宏观经济。在石油价格的冲击下，各宏观经济变量都受到了不同的影响，而这些影响逐渐消退并表现出了波动的特征。然而，除了体制不同以外，两国都表现出了对石油价格冲击一定程度的适应性。另外，本文发现了石油价格冲击的非对称影响，这也证实了以前研究的结论。

我们也发现了在面临石油价格冲击时，相比于中国经济，印度经济更为敏感并且波动性更大。不同的通胀特征、体制和货币政策可能导致了这种差异。另外，不同的能源部门特征，如补贴水平、补贴政策、能源自给率和能源税率都可能导致两国石油价格与宏观经济关系的不同。

执笔：Xunpeng SHI

Economic Research Institute for ASEAN and East Asia，Jakarta 10270，Indonesia.

E-mail：Xunpeng.shi@gmail.com

Sizhong SUN

School of Business，James Cook University，Townsville，QLD 4811，Australia.

E-mail：Sizhong.Sun@jcu.edu.au

参考文献

[1] Barsky R & L. Kilian. Oil and the Macroeconomy Since the 1970s. Cambridge：National Bureau of Economic Research，2004.

[2] Bhar. R. & B. Nikolova. Oil Prices and Equity Returns in the BRIC Countries. The World Economy 32，2009.

[3] Blanchard，O. & J. Galí. The Macroeconomic Effects of Oil Price Shocks：Why are the 2000s so different from the 1970s?. National Bureau of Economic Research，2007.

[4] Blanchard，O.J. & M. Riggi. Why are the 2000s so Different from the 1970s? A Structural Interpretation of Changes in the Macroeconomic Effects of Oil Prices，National Bureu of Economic Research，2009.

[5] Chen，S.-S. Oil Price Pass-Through into Inflation. Energy Economics，31，2009.

[6] Chou，K.-W. & Y.-H. Tseng. Oil Price Pass-through into CPI Inflation in Asian Emerging Countries：The Discussion of Dramatic Oil Price Shocks and High Oil Price Periods. British Journal of Economics. Finance and Management Sciences 2，2011.

[7] Clark，T.E. & S.J. Terry. Time Var iation in the Inflation Passthrough of Energy Prices. Kansas：The Federal Reserve Bank of Kansas City Economic Research Department，2009.

[8] Cong，R.，Y. Wei，J. Jiao & Y. Fan. Relationships between Oil Price Shocks and Stock Market：An Empirical Analysis from China. Energy Policy 36，2008.

[9] Cunado，J. & F.P.d. Gracia. Oil Prices，Economic Activity and Inflation：Ev idence for Some Asian Countries. Quarterly Review of Economics and Finance 45，2004.

[10] Du，L.，Y. He & C. Wei. The Relationship between Oil Price Shocks and China's Marco-economy：An Empirical Analysis. Energy Policy 38，2010.

[11] EIA Webiste. World Crude Oil Prices（Release on 2 November 2011）. Available：http：//www.eia.gov/dnav/pet/pet_pri_wco_k_w.htm［Accessed on 8 Nov 2011］.

[12] Faria J. R.，A.V. Mollick，P.H. Albuquerque & M. Leon-Ledesma. The Effect of Oil

Price on China's Exports. China Econoimc Review 20, 2009.

[13] Farzanegan M.R. & G. Markwardt. The Effects of Oil Price Shocks on the Iranian Economy. Energy Economics 31, 2009.

[14] Ferderer J. P.. Oil Price Volatility and the Macroeconomy. Journal of Macroeconomics 18, 1996.

[15] Hamilton J.. Oil and the Macroeconomy Since Wolrd War II. Journal of Political Economy 91, 1983.

[16] Hamilton J.. Historical Causes of Postward Oil Shocks and Recessions. The Energy Journal 6, 1985.

[17] Hamilton J.. What is an Oil Shock? Journal of Econometrics 113, 2003.

[18] Hamilton. J. D.. This is What Happened to the Oil Price-macroeconomy Relationship. Journal of Monetary Economics 38, 1996.

[19] Hooker M. A.. 'What Happened to the Oil Price-macroeconomy Relationship. Journal of Monetary Economics 38, 1996.

[20] Hooker M. A.. 'What Happened to the Oil Price-macroeconomy Relationship. Journal of Monetary Economics 38, 2002.

[21] Huang Y. & F. Guo. 'The Role of Oil Price Shocks on China's Real Exchange Rate. China Econoimc Review 18, 2007.

[22] IEA. World Energy Outlook 2010. Paris: International Energy Agency, 2010.

[23] Iwayemi A. & B. Fowowe. Impact of Oil Price Shocks on Selected Macroeconomc Variables in Nigeria. Energy Policy 39, 2011.

[24] Jones D.W., P.N. Leiby & I.K. Paik. Oil Prices Shocks and the Macroeconomy: What Has Been Learned Since 1996. The Energy Journal 25, 2004.

[25] Kilian. L.. A Comparison of the Effects of Exogenous Oil Supply Shocks on Output and Inflation in the G7 Countries. Journal of the European Economic Association 6, 2008.

[26] Kilian. L.. The Economic Effects of Energy Price Shocks. Journal of Economic Literature 46, 2008.

[27] Kumar. S.. The Marcroeconomic Effects of Oil Price Shocks: Empirical Evidence for India. Economics Bulletin 29, 2009.

[28] Lee K., N. Shwan & R.A. Ratti. Oil Shocks and the Macroeconomy: The Role of Price Variability. Energy Journal 16, 1995.

[29] Lescaroux F. & G. Suez. Measuring the Effects of Oil Prices on China's Economy: A Factor-augmented Vector Autoregressive Approach. Pacific Economic Review 14, 2009.

[30] Mork K. A.. Oil and the Macroeconomy When Prices go up and down: An Extension of

Hamilton's Results. Journal of Political Economy 97, 1989.

[31] Ono S.. Oil Price Shocks and Stock Markets in BRICs. The European Journal of Comparative Economics 8, 2011.

[32] Rotemberg J. J. & M. Woodford . Imperfect Competition and The Effects of Energy Price Increases on Economic Acitivity. Cambridge: National Bureau of Economic Research, 1996.

[33] Segal P. Why Do Oil Price Shocks No Longer Shock?. Oxford: Oxford Institute for Energy Studies, 2007.

[34] Tønnesson. S. & Å. Kolås. Energy Security in Asia: China, India. Oil and Peace-Report to the Norwegian Ministry of Foreign Affairs, 2006.

2011年国际大宗商品价格形势分析及2012年价格走势判断

一、2011年国际大宗商品价格变化的特征及成因

（一）国际大宗商品价格指数高位震荡

路透—杰弗里商品研究局大宗商品指数（CRB index）在2011年第一季度曾接近700点，超过2008年15%左右的高点，如图1所示。[①]第二季度以来，世界主要经济体复苏进程放缓，尤其是工业需求疲软，全球范围尤其是新兴经济体通胀高企，已经出台的紧缩政策增强了流动性收紧的预期，CRB指数继续上行受到一定阻力。第四季度，CRB指数进一步回落至600点以下，但仍处在2008年国际金融危机爆发以前的高位区间。受欧洲债务危机和美国经济增长不确定性的影响，美元指数于4月底触底反弹后处于大幅震荡走势。国际大宗商品一般以美元计价，CRB指数与美元指数的变动具有较强的负相关性，在年中有数月持续高位震荡走势。

能源和谷物共占CRB权重的35.2%，2011年上半年原油和粮农产品轮番领涨国际大宗商品价格。因基本面的差异，其他工业原材料与原油、粮农产品价格走势出现分化。

（二）国际原油价格出现倒"V"形走势

年初以来，中东战乱造成轻质原油每日200万桶的供给缺口，纽约WTI（西得克萨斯轻质原油）和伦敦BRT（北海布伦特原油）价格一度冲高至115美元和126

---

① 其他有影响力的国际大宗商品价格指数还包括世界银行、高盛等大宗商品价格指数，因为不同指数权重不同，所以走势有差别。例如，高盛指数今年上半年价格上涨的高点，低于2008年的历史高点。

图 1　路透—杰弗里商品研究局（CRB）指数走势图

资料来源：www.mrci.com.

美元左右。第二季度，北美和其他地区原油市场基本面出现分化：北美汽油需求受高油价抑制，商业库存量不断攀升，目前已显著超过以往五年的平均水平；新兴经济体需求较为强劲，造成北美之外的全球市场供求关系紧张。第三季度伦敦布伦特油价与纽约 WTI 油价的价差一度超过 20 美元/桶，并有继续拉大的态势（如图 2 所示）。

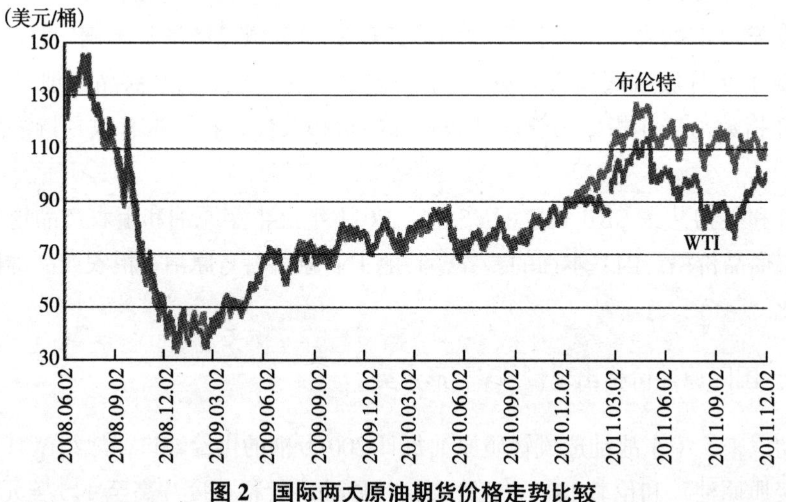

图 2　国际两大原油期货价格走势比较

资料来源：伦敦国际石油交易所（IPE）、纽约商品交易所（NYMEX）、CEIC。

2011年6月下旬，国际能源组织（IEA）宣布动用6000万桶石油战略储备，弥补利比亚停产导致的供应缺口，以平抑油价，保护世界经济脆弱的复苏势头。在此之前，受基本面影响，国际油价已经出现下跌趋势，IEA释放战略储备在后续一个月内每日增加2.3%的供应量，第三季度以后国际油价大幅下跌，欧、美原油价格重新回到90美元/桶和100美元/桶。第四季度受中东地缘政治再度紧张的影响，国际油价大幅反弹，布伦特和WTI油价分别超过100美元/桶和120美元/桶，如图2所示。

（三）大豆、玉米领涨粮农产品价格

受干旱、洪水等自然灾害影响，全球玉米和小麦的产量无法满足需求，根据联合国粮农组织食品价格数据，在过去一年里小麦价格上涨了48%，2011年2月份以来一直保持高位窄幅震荡。上半年，由于国际油价大幅上涨，并稳定在100美元/桶，发达国家乙醇燃料需求增长较快，同时由于新兴经济体消费结构升级，畜禽饲料和食品深加工用量大幅增长，导致国际玉米需求量大幅增长，价格在过去一年里上涨了89%，一度创下7.87美元/蒲式耳的历史高点。因种植面积下滑，上半年国际大豆价格一直处于历史最高的10%价格区间内，比过去五年历史均价高出135%。主要品种价格在第四季度有明显回落，小麦、玉米价格与年中高点相比降幅在20%~25%，大豆价格降幅也接近15%，如图3所示。

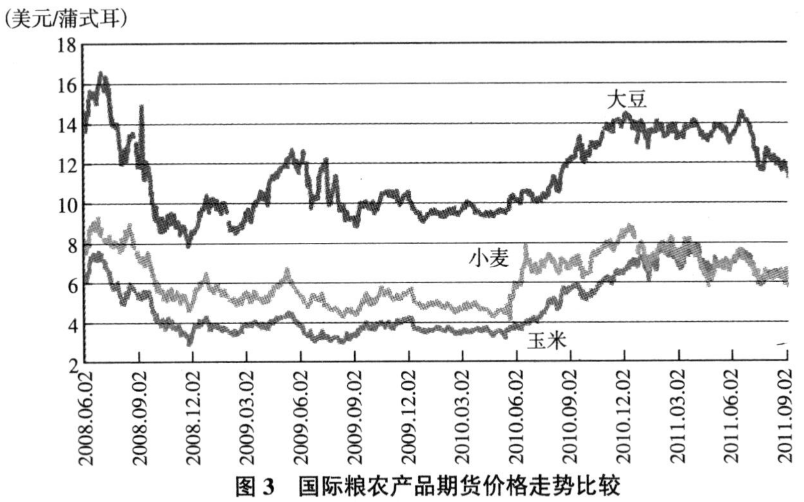

图3 国际粮农产品期货价格走势比较

资料来源：芝加哥商品交易所（CBOT）、CEIC。

（四）工业需求疲软导致基础金属价格下降

数据显示全球经济复苏进程放缓，美欧及我国采购经理人指数（PMI）均出现下降趋势。下游需求不足导致上游原材料供给过剩，据世界金属统计局（WBMS）统计，2011 年前三个月全球铜市供给过剩 11.8 万吨，相当于去年全年过剩量的三倍，受此影响，铜价从年初的高点下降，如图 4 所示，第三季度曾一度反弹接近 10000 美元/吨，第四季度受全球实体经济需求疲软的影响，铜价下滑至 7000~8000 美元/吨。

我国作为第一大电解铝、第二大精铜生产国，2011 年 5 月以来部分省市遭遇严重“电荒”，15 个省市调高工业电价，成本上升导致生产量大幅下降，国内精铜库存和电解铝出口量减少，也是造成国际铜价和铝价回调的原因（如图 4 所示）。

图 4　国际铜、铝期货价格走势比较

注：左轴为铜价，右轴为铝价。

资料来源：伦敦金属交易所（LEM）、CEIC。

（五）铁矿石价格先扬后抑

在铁矿石、优质焦炭价格高位震荡的情况下，垄断供应商不满足季度定价对自身利益的保障，力拓公司积极推介月度定价模式。随着多种掉期合同和衍生品的引入，铁矿石、焦炭金融属性增强，虽然价格变动趋势与国际钢材价格基本一致，但波动幅度更大。2011 年第一季度、第三季度，我国铁矿石进口到岸价一年内两次刷新国际金融危机以来的高点位，如图 5 所示。第四季度以来，主要国家钢铁消费低迷，国际钢材价格持续下降。同时，我国部分钢铁厂因政府节能减排力度加大、自身资金链紧张而被迫检修或限产，粗钢产量大幅下滑，导致我国进口铁矿石吨价在170~200美元区间震荡，港口库存一直处于历史较高水平。

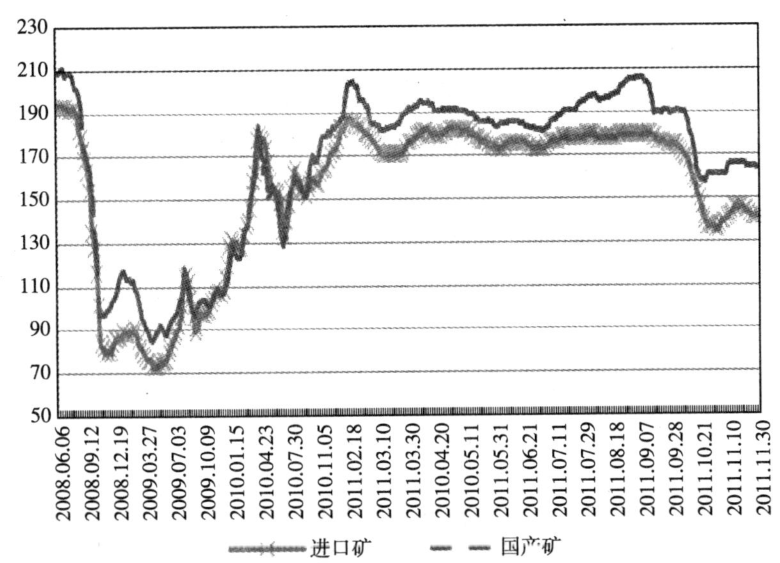

图5 铁矿石价格指数和钢材价格指数走势比较

资料来源：www.mysteel.com.

二、2012年国际大宗商品价格走势判断

（一）欧洲油价可能回到115~125美元区间

IMF《世界经济展望》（2011年4月）指出，全球石油市场处在日益稀缺的时期，新兴经济体石油需求快速增长，同时石油供给的增长速度下降。IEA释放6000万桶战略储备，虽然在短期内促使国际油价回落到90~100美元/桶的区间，但并未改变国际油价中长期的上涨趋势。第四季度以来，中东地区地缘政治矛盾再度恶化，联合国对伊朗核查恐引发伊朗核危机，核危机可能引发连锁反应，此外叙利亚、苏丹、也门等国石油供给也有短期中断的可能。受此影响，欧洲油价可能在2012年第一季度反弹15%~20%，重新回到115~125美元区间，并持续高位震荡。

（二）粮农产品价格走势分化，大豆成为领涨品种

国际谷物理事会（IGC）预测全年小麦供求平衡，贸易量将增长4%。美国农

业部报告，尽管2011年小麦、玉米产量仍低于需求，小麦库存在北半球收割季到来之前已跌至三年来新低，玉米库存跌至三十年来的最低水平，但是小麦、玉米2011年实际播种面积超过预期（同比增长超过5%）。经历第三季度的短暂回调，第四季度国际原油价格重新回到100美元/桶以上，发达国家乙醇燃料需求并未放缓，而且新兴经济体饲料和食品深加工对玉米的需求仍将有所增加，2012年上半年玉米价格将震荡上行。据美国农业部报告，2011~2012年度美国大豆库存消费比为4.9%，较前年度明显下降，供求紧张局面无法得到根本性缓解，而且2011年美国大豆实际播种面积明显低于预期（同比下降接近5%），2012年上半年国际大豆价格较2011年11月底可能会有15%左右的涨幅。

总体来看，2012年的气候条件仍不容乐观，如果在粮食和农产品成长季与收割季再度发生严重自然灾害，供给缺口有可能超过2010年下半年，个别品种（尤其是大豆价格）可能再创历史新高。

（三）2012年第一季度以后工业原材料价格将有所上涨

房地产、汽车作为基础金属和铁矿石等工业原材料的主要下游产业，在2012年消费需求很可能会有一定程度的反弹，这将带动全球铜、铝、铁矿石等上游原材料需求增长。LME亚洲金属库存“注销仓单/库存比”已超过5%，欧、美和上海金属现货贸易指数大幅上升，说明2012年第一季度金属供给将会趋紧。我国作为铁矿石最大消费国，主要港口铁矿石库存指数有所下降，2012年初铁矿石进口量可能会增加。2011年第四季度以来，随着国内“电荒”逐步缓解，我国铜、铝、钢材产量已有较大恢复，对氧化铝、精铜矿、铁矿石的进口需求量有一定增加，将推动国际工业矿石价格进一步上涨。2012年上半年，铜、铝价格是否会再次冲击9000美元/吨、2500美元/吨的较高价位，铁矿石现货价格指数是否会再创国际金融危机以来的历史高点位，取决于全球工业需求增长的速度。

三、国际大宗商品价格上涨对国内物价总水平的影响

国际大宗商品价格的变化通过我国的进口，作为国内相关产业的成本因素向居民消费价格传导。与其他新兴经济体相似，我国产业结构对能源资源的依赖度较高，国内矿产资源相对贫乏；食品消费结构快速升级，对蛋白质的需求不断增加，畜禽类饲养需要消耗大量玉米、豆粕等农作物，国内供给不足，大宗商品进口呈增长趋势，国际大宗商品价格上涨对我国产生的输入性通胀压力也趋于上升。

本文基于2010年投入产出表的价格模型测算了大豆、铁矿石、原油、铜、铝等几类大宗商品国际价格上涨对国内物价总水平的传导效应，结果表明，尽管成品油价格尚未与国际市场联动，但在以上几个品种中，原油仍然对CPI构成了最大的上涨压力，其次是铁矿石，再次是铜和大豆。原油成交价上涨最先传导给能源化工类商品，国内汽油、柴油、燃料油等品种价格上涨，各种乙烯类化工品价格跟涨，导致化肥、农药、农机具、运输成本大幅提升，影响粮农产品收益结构，支撑食品价格上涨，推动CPI上涨的系数为0.016。铁矿石主要通过家用电力和非电力器具制造业、建筑业和金属制品业等产业部门向CPI传导，推动CPI上涨的系数为0.0075。进口铜主要通过家用电力和非电力器具制造业、工艺品及其他制造业和电力热力生产与供应部门等向CPI传导，推动CPI上涨的系数为0.0084。大豆从2004年取消进口配额限制后，进口量连年增加，进口大豆占国内消费的比重已经超过50%，主要通过植物油加工业、其他食品加工业和其他食品制造业向CPI传导，推动CPI上涨的系数为0.0038。

2011年1~5月份，国际大宗商品整体价格水平上扬，使得我国输入性通货膨胀压力增大。其中，原油累计进口10651万吨，同比增加11.3%，进口额为791.7亿美元，同比增加45.9%，单位价格上涨31.1%。根据模型测算，如果成品油价格完全市场化，将推动CPI上涨1.61%。[①] 大豆累计进口1941万吨，同比下降1.0%，进口额为111.9亿美元，同比增加27.7%，单位价格上涨29.0%，推动CPI上涨0.109%。目前我国玉米进口有配额限制，上半年进口量较少，价格变化的输入性影响也相对较小。铁矿石累计进口28325万吨，同比增加8.1%，进口额为452亿美元，同比增加59.6%，单位价格上涨47.6%，推动CPI上涨0.357%。铜累计进口319.1万吨，同比下降10.9%，进口额为195.3亿美元，单位价格上涨16.8%，推动CPI上涨0.147%。

2011年下半年，输入性通胀压力总体上有所缓解。国际市场大豆对于我国CPI的上涨压力会继续加大，预计全年大豆价格在6月份价格基础上上浮5%~10%，将推动下半年CPI较上半年上涨0.0189%到0.0375%。预计铁矿石、铜价格在现有价格水平窄幅振荡，不构成新的涨价压力。如果中东地缘政治危机不再恶化，乐观预计原油价格下降到90~100美元/桶区间，对CPI的新涨价压力有所下降。但是，一旦伊朗等产油国家再度成为新的矛盾焦点，预计欧洲油价将重回115~125美元/桶

---

① 由于测算模型是在一系列假设条件下建立的，测算结果并不等同于实际值，不能与国家统计局CPI做直接比较，只可用来比较不同品种大宗商品涨价对CPI不同的推动作用。

区间，对 CPI 的新涨价压力反而会增大。

四、缓解国际大宗商品价格上涨引发输入性通胀的对策

（一）密切监测重点品种国内外库存和产量变化情况

未来一段时期，主要工业原材料、粮食和农产品库存将发生较大变化，应加强监测、分析与预测工作，并运用政策工具引导企业及时调整采购与生产计划，防止国际流动性炒作我国库存变化而引发国际市场价格的较大波动。加强对跨国公司及其关联资本通过控制我国能源、资源、粮食等中上游产业环节从而增强对我国产业链渗透情况的研判与对策研究。

（二）审慎引导企业参与大宗商品相关金融衍生品交易

行业主管部门应严格监控能源、资源类大中型企业金融衍生品的投入预算，帮助企业完善交易信息披露机制，防止我国企业陷入“金融化陷阱”。引导能源、资源消耗量大的下游企业合理运用期货等金融衍生产品对冲大宗商品价格波动带来的成本大幅变化风险。

（三）防范贸易流通领域的体制问题放大价格冲击

迫切需要完善能源、矿产资源、粮农产品的进口代理制度，应尽快消除国内贸易商、投机商层层加价等体制性问题对产业发展产生的负面影响。为了应对输入性通胀压力，应更多地鼓励国内企业组团联合采购，以增强在国际市场上的价格协商能力。评估国际贸易壁垒（如关税提高、限制出口禁令）和货币摩擦可能对我国大宗商品贸易产生的不利影响。

（四）做好重点品种增加储备或释放储备的应急预案

综合评估重点品种尤其是农产品 2011 年增加储备和释放储备政策的实施效果。针对未来可能出现的能源、资源、粮农产品短期供给冲击，制定相应的增加储备或释放储备的应急预案。

执笔：郭丽岩　王宇鹏

附件 关于测算模型的说明

1. 模型假设

①受波及的产品（或部门）的价格波动是因所消耗物料价格的变动而引发的成本波动所致，不考虑劳动者工资和利润、税金变动对价格的影响；

②不考虑企业采取各种降低成本的技术措施所产生的影响，其中包括降低物质消耗、降低能耗、进行物料和能源的替代等措施；

③在价格构成中，不考虑折旧的变化；

④不考虑供求关系变动对价格的影响。

2. 模型建立

假设在 n 个部门中只有第 k 个部门的价格变动，价格指数为 Δpk（%），其他 n-1 个部门为受第 k 个部门影响的部门，其价格因受第 k 个部门价格变化而呈现成本推动型变化。假设第 j 个部门因此而引起的价格变动指数为 Δp_j（$j \neq k$），则根据给定的假设条件，第 j 个部门的增加值不变，只是物耗成本发生变动，因此，Δp_j 引起的第 j 个部门的产出变动仅仅是物耗成本的波动，它由下述两部分构成：

①第 k 个部门价格变动的直接影响：

$\Delta p_k \cdot a_{kj} \quad j \neq k$；

②第 k 个部门价格变动的间接影响（通过其余 n－1 个部门推动）：

$\sum\limits_{i \neq k} \Delta p_k \cdot a_{ij} \quad j \neq k$。

由此可得：

$$\Delta p_j = \Delta p_k \cdot a_{kj} + \sum_{i \neq k} \Delta p_k \cdot a_{ij} \quad j \neq k (1)$$

记 $\Delta P_{n-1} = (\Delta p_1, \Delta p_2, \cdots, \Delta p_{k-1}, \Delta p_{k+1}, \cdots, \Delta p_n)_{1 \times (n-1)}$

$A_k \cdot = (a_{k1}, \cdots, a_{k,k-1}, a_{k,k+1}, \cdots, a_{kn})$

$$A_{n-1} = \begin{Bmatrix} a_{11} & \cdots & a_{1,k-1} & a_{1,k+1} & \cdots & a_{1n} \\ \vdots & \ddots & \vdots & \vdots & \ddots & \vdots \\ a_{k-1,1} & \cdots & a_{k-1,k-1} & a_{k-1,k+1} & \cdots & a_{k-1,n} \\ a_{k+1,1} & \cdots & a_{k+1,k-1} & a_{k+1,k+1} & \cdots & a_{k+1,n} \\ \vdots & \ddots & \vdots & \vdots & \ddots & \vdots \\ a_{n1} & \cdots & a_{n,k-1} & a_{n,k+1} & \cdots & a_{nn} \end{Bmatrix}$$

矩阵 A_{n-1} 就是直接消耗系数矩阵 A 删除第 k 行和第 k 列后构成的（n－1）×

(n-1) 矩阵。

则将式（1）以矩阵形式记为：

$\Delta P_{n-1}=\Delta p_k \cdot A_k \cdot +\Delta P_{n-1} \cdot A_{n-1}$(2)

对式（2）进行初等变换得：

$\Delta P_{n-1}=\Delta p_k \cdot A_k \cdot (I_{n-1}-A_{n-1})^{-1}$(3)

式（3）即为当第 k 个部门价格变动指数为 Δp_k 时，对其余 n-1 个部门价格所产生的波及和连锁反应，也是按照成本构成得到的价格模型的基本表示。

中 国 篇

2012年上半年价格形势分析和全年预测

一、上半年价格总水平变化情况

2012年1~5月份我国居民消费价格指数（CPI）从高位回调到3.5%，下面将具体分析物价指数变动趋势和结构性特征。

（一）CPI延续回落趋势，食品价格领跌特征明显

5月CPI同比上涨3%，创下23个月以来的新低，其中2011年价格上涨的翘尾因素影响约为1.7个百分点，新涨价因素约为1.3个白分点。2012年初，春节和天气等因素导致CPI同比涨幅反弹至4.5%，2月份CPI同比涨幅仅为3.2%，3月份CPI同比小幅反弹，4月、5月延续回落趋势，继2月份之后再次终结负利率时代，如图1所示。

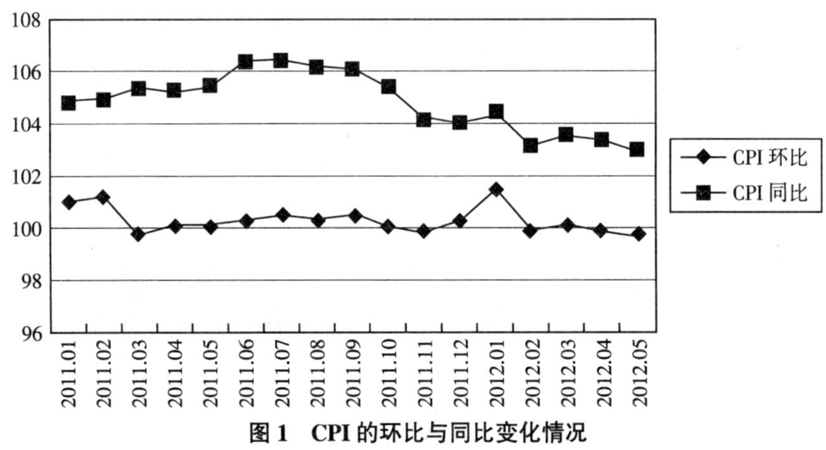

图1　CPI的环比与同比变化情况

资料来源：国家统计局。

2012 年上半年 CPI 较大幅回落的原因是，猪肉等食品价格周期性回调使得食品类商品价格环比下降。5 月份食品价格环比为-0.8%，同比涨幅为 6.4%，如图 2 所示，拉动 CPI 同比下降 0.25 个百分点，涨幅贡献率略有回升，明显低于 2011 年平均水平，如图 3 所示。其中，鲜菜、猪肉价格环比分别下降 6.9%、2.6%，影响 CPI 环比下降 0.24 个和 0.10 个百分点。2 月份左右鸡蛋价格跌幅曾超过猪肉，5 月份已经止跌反弹，并明显反弹，重新拉涨食品价格，如图 4 所示。5 月份食品价格环比、同比皆有所反弹，但是对 CPI 的拉涨作用和涨幅贡献仍不及 2011 年同期水平。

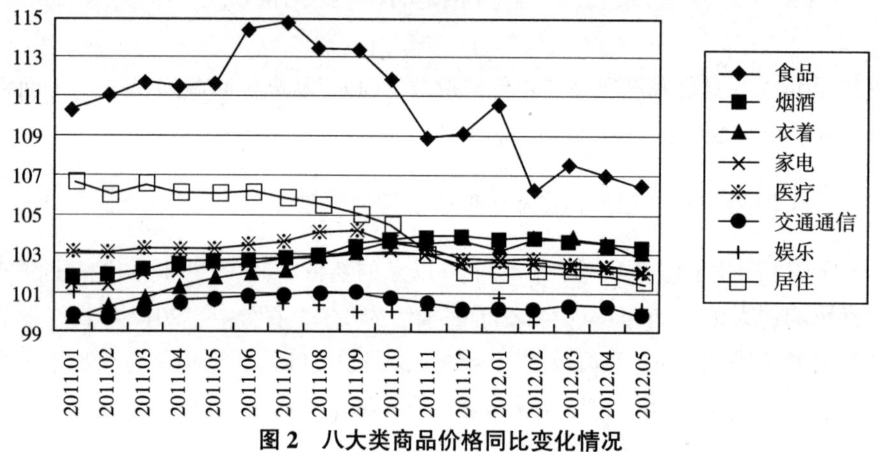

图 2　八大类商品价格同比变化情况

资料来源：国家统计局。

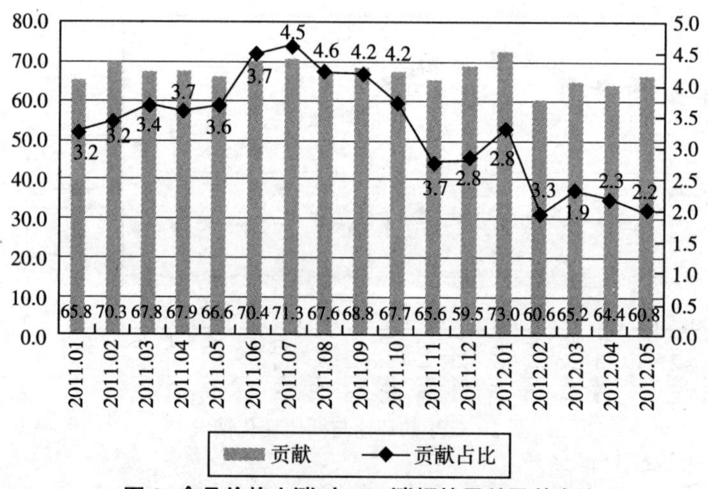

图 3　食品价格上涨对 CPI 涨幅的贡献及其占比

资料来源：国家统计局、CEIC 数据库、课题组计算。

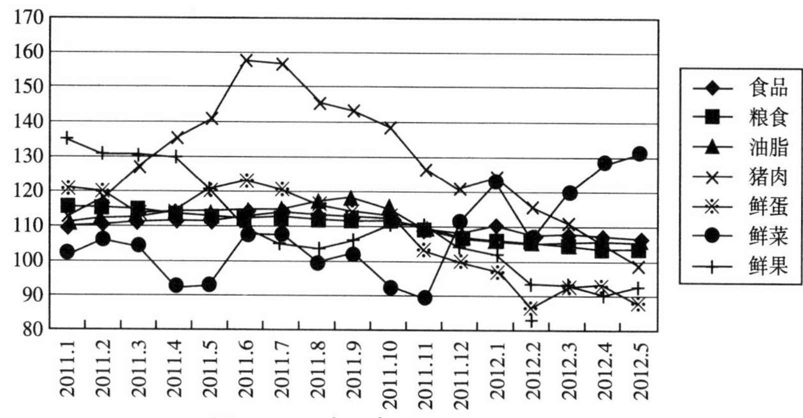

图 4 不同类型食品价格同比涨幅情况

资料来源：国家统计局、CEIC 数据库。

非食品价格 2012 年 1~5 月同比上涨 1.7%，5 月份环比涨幅为零，如图 5 所示，其中同比涨幅较大的是烟酒及用品和衣着类价格，均超过 3%。2012 年 2 月份以来居住价格对 CPI 涨幅的贡献率一度超过 20%，后来逐月回落，目前在 16%左右，拉动 CPI 上涨 0.6 个百分点左右，如图 6 所示。这是因为居住价格环比持平，其中水、电、燃料价格环比下降 0.7%，尤其是液化石油气价格环比下降 4.4%。

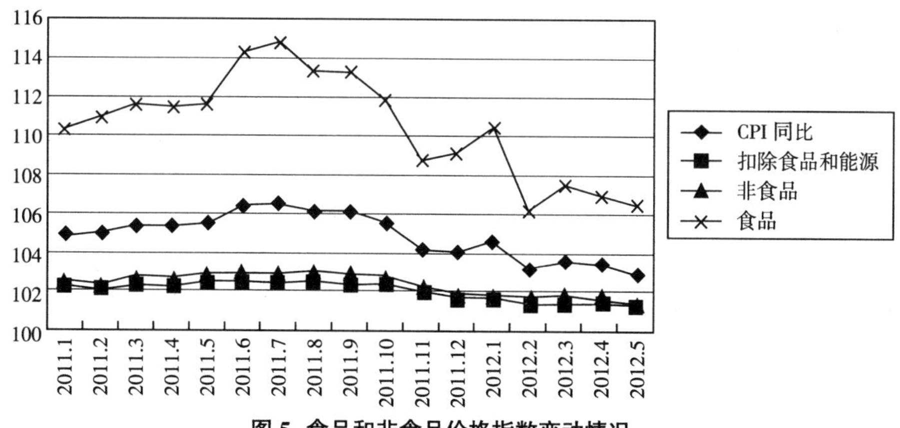

图 5 食品和非食品价格指数变动情况

资料来源：国家统计局、CEIC 数据库。

（二）上游原材料价格普遍下跌，PPI 负增长

生产者价格指数（PPI）从 2011 年 7 月的高点逐步回落，10 月同比涨幅已经低于 CPI，结束长达 15 个月的指数倒挂，如图 7 所示。2012 年 1~5 月工业生产者出厂价格（PPI）同比下降 0.3%，购进价格同比上涨 0.1%。5 月当月 PPI 同比下降

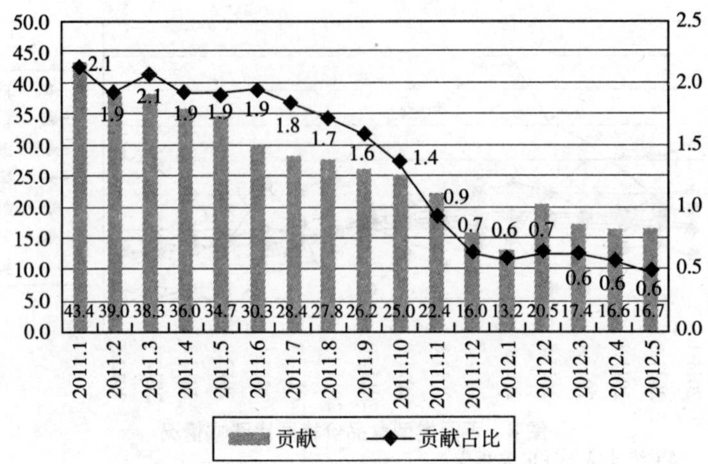

图 6　居住价格上涨对 CPI 涨幅的贡献及其占比

资料来源：CEIC 数据库、课题组计算。

1.4%，环比下降 0.4%，环比延续 2011 年第四季度以来的负增长，并创 30 个月以来的新低。

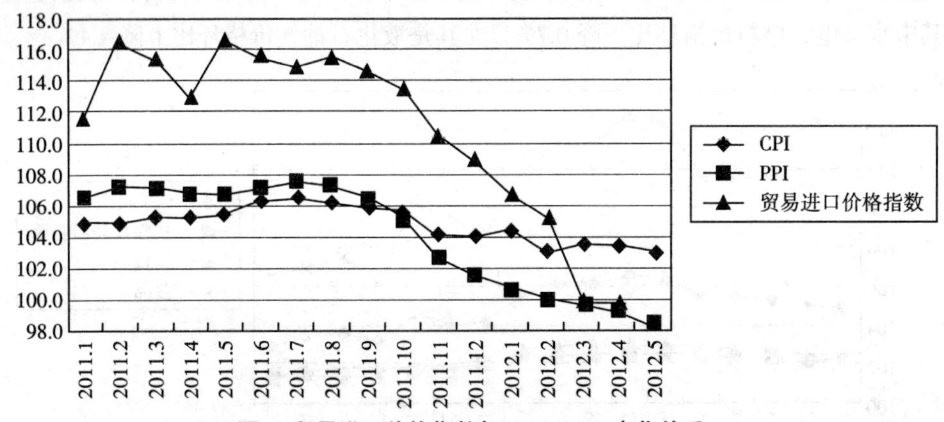

图 7　贸易进口价格指数与 CPI、PPI 变化关系

资料来源：国家统计局。

进口贸易价格指数是 PPI 的上游指标之一，从 2011 年第四季度起明显下行，2012 年第一季度同比涨幅仅为 4.1%，3 月份降至零，4~5 月呈现负增长，如图 7 所示，这说明输入性通胀压力明显减缓。从上游购进价格指数来看，除燃料动力类、农副产品仍保持同比小幅增长外，黑色金属、有色金属、化工原料类等同比全部下降，个别降幅接近 10%，上游原材料价格上涨压力基本得到缓解，这是物价总水平持续下行的基础。从出厂价格指数的细分行业来看，石油、焦炭及核燃料加工行业降至 5%以下，采掘、煤炭、石化、橡胶、纺织制造等行业同比负增长或零增长，这是导致 PPI 负增长的原因，如图 8 所示。

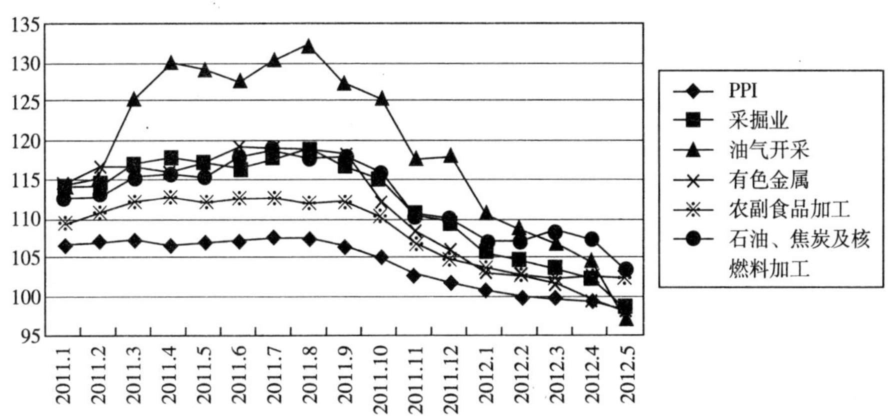

图 8 工业生产者出厂价格指数及其细类价格指数变化情况

资料来源：CEIC 数据库。

农业生产资料价格从 2011 年第四季度开始持续回落，2012 年第二季度已经降至 7%，农业种植和养殖成本大幅下降是食品价格下降的重要原因。从内部结构来看，农业生产服务、农用机油、化肥、产品畜等通常拉涨农业生产资料的产品价格都有较大降幅，如图 9 所示。产品畜作为上游投入品，2012 年以来下降趋势十分明显，这是导致猪肉等价格进入新一轮下降通道的原因。

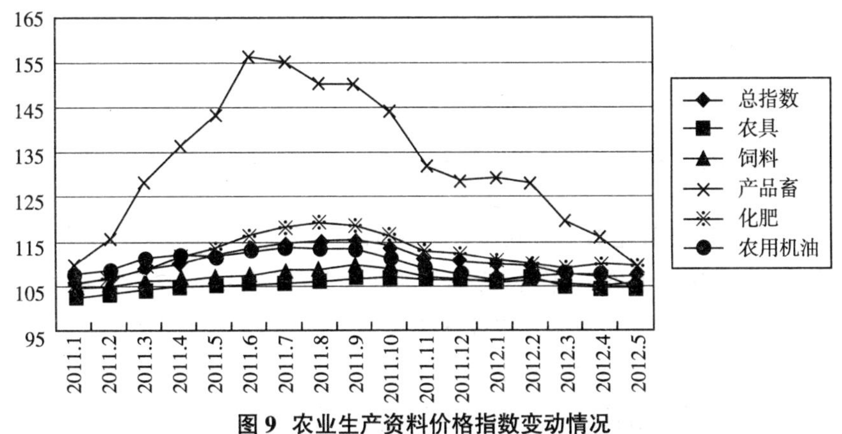

图 9 农业生产资料价格指数变动情况

资料来源：CEIC 数据库。

二、下半年影响物价波动的主要因素分析

2011 年 8 月份以来物价水平逐步回落，尤其是 2012 年 1~5 月，CPI 同比较大幅回调与输入性、季节性因素有关，也与相关政府部门采用紧缩货币信贷、扶持农副产品生产流通、平抑大中城市房价、押后公用事业产品调价、查处扰乱市场秩序等政策行为密切相关。相关调整政策的继续实行将对 2012 年下半年及全年价格水平产生不同程度的影响。经济基本面因素、输入性商品价格、劳动力成本变化、“猪周期”等供求结构性因素，也将影响 2012 年全年的价格走势。

（一）经济下行对价格水平的滞后影响将继续体现

价格总水平的变化与经济基本面的变化密切相关，我国 GDP 增速变化对 CPI 变化有较为明显的带动作用。根据计量分析结果，剔除翘尾影响的年度 CPI 同比变化当中的新涨价部分，能够用 GDP 增速和上一年度新涨价进行较好的拟合，超前三个季度 GDP 的变化可以解释当期 CPI 的同比变化。2012 年，我国宏观经济面临较为严峻的内外部形势，欧债危机仍有蔓延态势，美国经济复苏缓慢，我国外部需求不可能较去年有明显改观，国内刺激消费需求刚有起色、有效投资增长乏力，短期内需增长难以弥补外需收缩的缺口，2012 年物价上涨动力明显不足。年初 CPI 下行为货币总量放松提供了空间，PPI 同比负增长说明总需求扩张动力较弱，政策逆周期操作的必要性渐强。在物价下行、增长趋缓的背景下，将综合运用多种货币政策工具，引导货币信贷平稳适度增长，保持合理的社会融资规模。但是考虑到通胀压力长期存在，货币政策不可能大幅宽松。

（二）国际输入性因素的影响虽有缓解但不可轻视

2011 年以来 CRB 指数一直在接近 2008 年危机爆发前的高点位震荡，2012 年第二季度以来受国际油价大幅下降影响，国际大宗商品价格经历了金融危机以来最严重的一轮跌势，CRB 指数全月累计下跌 5.5%，为 2011 年 8 月份以来首个月度下跌，并创 2010 年 1 月以来单月最大跌幅。

目前，全球需求增长放缓，不同类大宗商品库存、消费迥异，市场分化明显。国际油价于第三季度消费旺季可能出现技术性回调，旱情引发国际农产品价格整体抬升，尤其是 5 月份小麦期货价格同比涨幅高达 10.5%。当前全球流动性仍比较充裕，经济复苏缓慢导致欧美可能长期维持量化宽松货币政策，美元指数仍将在下行

区间震荡调整。总之，输入性通胀虽明显缓解但压力犹存，客观上会抵消经济增速放缓对物价下行的部分影响。

（三）猪肉等食品价格进入周期性回落通道

2011 年拉动通胀上行的是猪肉等食品价格，预计 2012 年猪肉价格不会反季节大幅上涨。与猪肉价格高度相关的产品畜价格已经进入下跌通道，生猪存栏量（尤其是能繁母猪存栏量）同比大幅上升，定点屠宰规模也有明显增长，猪粮比持续回落至去年猪肉价格大幅攀升之前的水平，这些指标都显示年内猪肉不会出现较大的供给缺口。商务部数据可以部分印证这个判断，5~6 月间周度猪肉价格呈现小幅波动，但是与 2011 年同期相比降幅维持在 15%左右。蔬菜市场运行平稳，瓜果类蔬菜由于上市量明显增加，价格连续数周回落。从历史数据来看，12 年来前三次物价上行周期都是“猪周期”做推手，若年内猪肉价格不明显反弹，食品价格将不会构成物价反弹的压力，这种弱影响将持续到第三季度，第四季度可能会因季节性因素导致小幅反弹。

（四）工资上涨等成本因素构成缓释性压力

从季度工资总额和平均工资数据来看，2011 年前三季度工资总额同比增幅接近 20%，平均工资增幅约 15%。2012 年上半年我国发达地区省市用工仍呈现结构性短缺局面，招工难直接导致工资不同幅度的上涨。近年来，主要省市区最低工资标准的上调力度加大，平均上调幅度在 20%左右，半数以上省市区最低月工资标准（一类地区）已达千元。工资上涨等成本因素对物价总水平的影响已经长期化，农业生产服务价格和劳动密集型产品出厂价会被逐年推涨。以 2007 年投入产出表为基础测算各行业最终产品价格对劳动力价格的弹性，弹性最大的是农林牧渔业（0.77），食品加工、纺织、服装加工、煤炭采选业的弹性都在 0.4 以上。2011 年，部分行业利润总额增速下降，说明企业内部消化要素成本上升的能力在减弱，若 2012 年劳动力价格仍有较大幅度上涨，则会对物价水平构成一定的缓释性压力。

（五）资源性价格改革和公用事业产品价格调整带来新涨价压力

国内资源性价格改革和公用事业产品价格调整已经连续几次错过物价总水平较低的时机。目前，企业在保持公用事业产品价格保持水平较低的同时承受着成本持续上升的压力，因为激励不足已对某些重要公用事业产品的供给规模和质量形成较大压力。资源税改革进程的缓慢对转变经济发展方式、落实节能减排指标造成了诸多不利影响。2012年第一季度物价总水平明显回落，尤其是到第二季度以后2011年翘尾因素的影响明显减弱，部分酝酿已久的改革和调价方案（如居民阶梯电价、水价、资源税改）已先后推出或扩大试点范围，年内可能影响居住类当中的水电燃料费价格，因而带来一定的新涨价压力。但是，个别微观行业价格的渐进式微调不会对物价总水平构成冲击，而且各地价格主管部门会注意调价政策出台的时机与配套措施（如对低收入人群的帮扶政策）的综合使用。

三、对全年CPI水平的预测

根据计量模型测算，按照经济增长速度放缓至8%~9%区间的水平测算，2012年上半年CPI新涨价部分约为1.4个百分点，全年CPI新涨价部分约为1.8个百分点。分析全年各月翘尾情况，上半年的翘尾影响是2个百分点，全年翘尾影响是1.2个百分点。各月份翘尾情况如图10所示。

根据CPI月度环比变化规律，经过计量模型拟合与预测，综合考虑影响物价波动的供求结构性因素，在排除不可控和不可测因素的正常情况下，2012年物价走势总体较为平稳，呈现“两头高、中间低”走势，第一季度是全年高点，第三季度是全年低点，如表1所示。2012年第一季度CPI是3.8，上半年CPI预计是3.4，全年CPI预计是3.2。在这一预测基础上，即使进一步考虑输入性通胀压力、农业生产受气候等自然因素影响的不确定性以及公共事业产品价格调整、资源税实施范围扩大等政策性因素，2012年全年CPI实际水平应可以控制在4%以内。

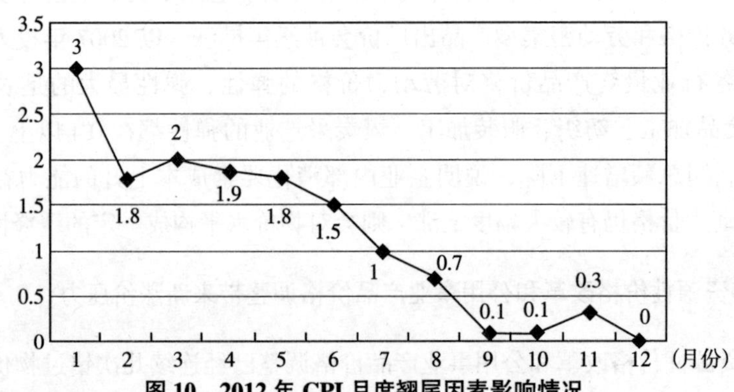

图10　2012年CPI月度翘尾因素影响情况

资料来源：课题组根据CPI变化情况计算。

表 1 2012 年 CPI 季度变化预测

	第一季度	第二季度	第三季度	第四季度
季度 CPI	3.8	3	2.7	3.2

四、2012 年价格调控工作的重点及对策建议

（一）继续实施稳健的货币政策，适时适度调整政策力度

考虑到中长期通胀压力仍存在，经济增长虽有回落但仍可能较为平稳，建议稳健的货币政策在保持连续性、稳定性的前提下，应适时、适度进行灵活微调、预调，以保证实体经济资金需求，切实改善中小企业、民营经济融资环境，保证“十二五”规划项目和战略性新兴产业的贷款规模，稳定物价总水平的同时为保增长、调结构夯实基础、创造条件。

（二）抓住价格调整与改革的难得机遇期，把握节奏，落实配套保障

目前 CPI 已经进入下行区间，全国和各省区市应在第二季度或第三季度择机推出已经反复酝酿的调价措施，以疏导部分公共事业产品生产成本与价格倒挂引发的供给不足问题。各地在实施阶梯电价或水价过程中，应当首先考虑针对低保人群的帮扶配套措施，尽可能减少调价改革对此类人群生活的影响。调价改革应当把握力度和节奏，应当按照调价政策的成熟和稳妥程度，充分酝酿、分期推进，以减少实施阻力，避免政策性新涨价影响集中爆发。2012 年第四季度，CPI 将有反弹，年中未能出台的调价政策不宜安排在第四季度。

（三）监测重点品种库存和产量变化，防范输入性通胀反弹

2012 年主要工业原材料、粮食和农产品库存预计将发生较大变化，应加强监测、分析与预测工作，并运用政策工具引导企业及时调整采购与生产计划，防止国际流动性炒作国内库存变化而引发国际市场价格的较大波动。加强对跨国公司及其关联资本通过控制我国能源、资源、粮食的中上游产业环节从而增强对国内产业链渗透情况的研判与对策研究。

（四）完善农产品稳定供应保障机制，及时发布农业种植、养殖信息

目前，即使食品价格对物价的拉涨作用在减弱也仍是主要拉涨力量，应将完善农产品稳定供应保障机制作为一项重要的基础性工作常抓不懈。应继续加大公共资金投入改善农田水利基础设施，各地优先落实种粮农机、化肥、种料补贴，坚持重要农产品的价格支持政策，保护农户、种植户、养殖户的生产、增产积极性。各地应协调建立完善的农业信息发布系统，在每个市县甚至每个乡镇统计重要农产品的种植或养殖规模以及未来的种养意向，作为一种基本公共服务提供给农民，防止农民盲目种植、养殖，避免因价格剧烈波动而遭受风险。

（五）深化整顿农副产品流通秩序，切实落实惠民利民政策

2012 年应继续深化整顿农副产品流通秩序，减少不必要的中间商加成环节，切实降低流通环节的费用水平。切实加大对公路运输乱收费、乱罚款、乱加价的综合治理力度，保证鲜活农产品运输绿色通道的畅通。应继续扶持低成本农产品销售渠道的完善与扩建，通过减税、免收农贸市场入场费、引导农超对接等方式提高农产品流通效率，降低物流成本。重视对小宗农产品价格波动的市场调节，密切重视小宗商品的价格波动，深化田间到餐桌的惠民服务和价格配套措施。

执笔：郭丽岩

2011 年价格形势分析及 2012 年展望

一、2011 年价格总水平变动形势

（一）CPI 变动趋势及特征

2011 年我国居民消费价格指数（CPI）总体处于高位运行，通货膨胀问题成为经济政策决策面临的重要而紧迫的议题。以下对全年 CPI 变动趋势和结构性特征进行分析。

1. CPI 涨幅先扬后抑，上涨压力到年底得到缓解

CPI 全年较上年上涨 5.4%，月度同比涨幅始终在 4%以上，表现出高位运行的总体态势。月度 CPI（同比）1~7 月份呈上升趋势，7 月达到 6.5%的峰值，创下 2008 年 6 月以来的新高，8 月份以后逐月回落，到 12 月降至 4.1%，为全年最低水

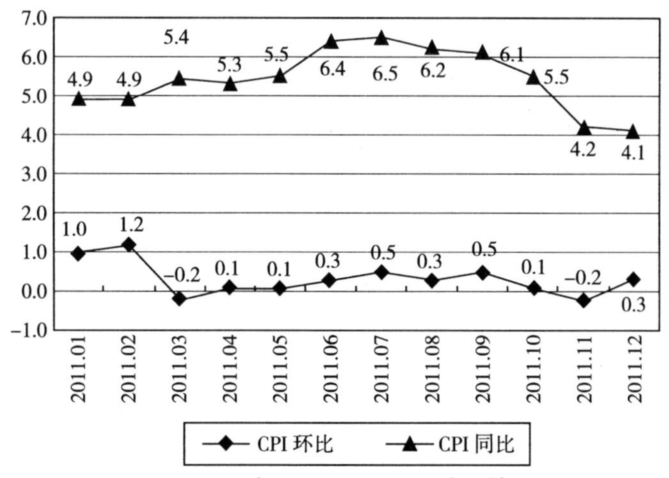

图 1　2011 年 CPI 同比和环比变化情况

资料来源：国家统计局。

平。从月度环比涨幅情况来看，除3月和11月外，环比均呈上涨态势，由此累积的新涨价因素，在2月即超过2%，到年末达到4.1%，如图1所示。

CPI构成中的八大类商品价格普遍有所上涨，但月度同比指数显示的变化趋势存在一定差别，如图2所示。涨幅最大的为食品，全年平均上涨11.8%，远高于其他大类；其次为居住，全年平均上涨5.3%。涨幅较小同时趋势也较平稳的是交通和通信、娱乐教育文化用品及服务两大类，全年涨幅分别只有0.5%和0.4%；其他大类全年平均涨幅居中，医疗保健和个人用品为3.4%、烟酒及用品为2.8%、家庭设备用品及维修服务为2.4%、衣着为2.1%，其中烟酒及用品、衣着两类年内上涨趋势明显，与CPI总体趋势不一致。

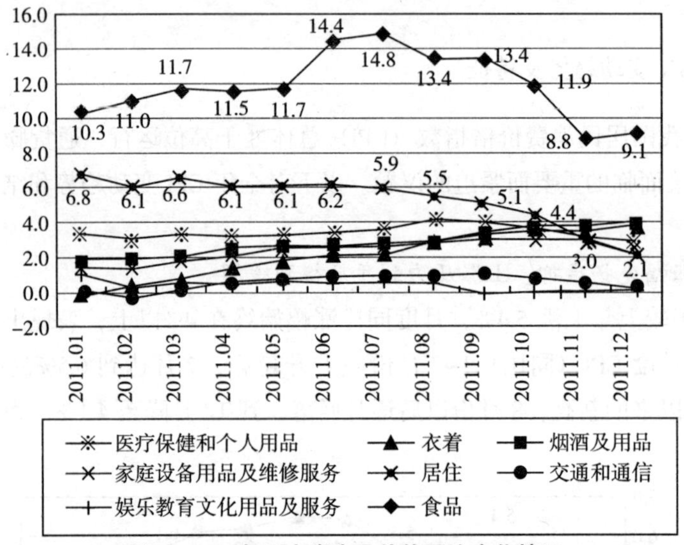

图2　2011年八大类商品价格同比变化情况

资料来源：国家统计局。

从八大类商品价格对年度CPI上涨的贡献来看，食品远超出其他大类，此外居住的贡献仍然较大，其他大类贡献占比均未达到10%，如表1所示。

表1　2011年八大类价格上涨对CPI涨幅的贡献与贡献占比

单位：%

分类支出	价格涨幅	贡献	贡献占比
CPI	5.4	5.4	100
食品	11.8	3.69	66.0
烟酒及用品	2.8	0.39	7.0
衣着	2.1	0.18	3.2

续表

分类支出	价格涨幅	贡献	贡献占比
家庭设备用品及维修服务	2.4	0.14	2.5
医疗保健和个人用品	3.4	0.31	5.5
交通和通信	0.5	0.05	0.8
娱乐教育文化用品及服务	0.4	0.02	0.3
居住	5.3	0.94	16.8

资料来源：国家统计局、CEIC 数据库、课题组计算。

2. CPI 翘尾因素冲高回落，新涨价因素先抑后扬

在 2011 年 CPI 全年 5.4%的涨幅中，翘尾因素的影响为 2.5%，占总涨幅的 45.7%。从月度情况看，翘尾因素在 2 月份短暂回落后又起伏上行，在 6 月份达到高点 3.7%，7 月份以后逐月回落。受包括节假日、季节性因素等多重因素的影响，新涨价因素总体上不断扩大，尤其是 6~9 月份上升速度很快，12 月达到 4.1%。从贡献率来看，7~8 月份是分水岭，此前翘尾因素的影响大于新涨价因素，此后新涨价因素的影响超过翘尾影响，如表 2 所示。

表 2　2011 年各月度翘尾与新涨价因素

2011 年	1 月	2 月	3 月	4 月	5 月	6 月	7 月	8 月	9 月	10 月	11 月	12 月
CPI 同比	4.9	4.9	5.4	5.3	5.5	6.4	6.5	6.2	6.1	5.5	4.2	4.1
翘尾	3.8	2.6	3.2	3	3.1	3.7	3.4	2.7	2.1	1.5	0.5	0
翘尾贡献	77.6	53.1	59.3	56.6	56.4	57.8	52.3	43.5	34.4	27.3	11.9	0.0
新涨价	1.1	2.3	2.2	2.3	2.4	2.7	3.1	3.5	4	4	3.7	4.1
新涨价贡献	22.4	46.9	40.7	43.4	43.6	42.2	47.7	56.5	65.6	72.7	88.1	100.0

资料来源：国家统计局、CEIC 数据库、课题组计算。

3. 食品价格普遍上涨，对 CPI 上涨的拉动依然十分突出

2011 年延续了 2010 年的情况，食品价格对 CPI 上涨的拉动作用最为显著。根据八大类商品价格对 CPI 的权重估算，全年 5.4 个百分点的 CPI 涨幅中，食品价格上涨拉动 3.69 个百分点，占比达到 66.0%。CPI 同比变化趋势与食品类 CPI 趋势十分类似，非食品类价格上涨贡献合计为 34.0%，仅为食品价格上涨贡献的一半，如图 3 所示。从图中可以看出，本轮价格水平快速上涨与 2007~2008 年的一轮价格快速上涨具有相似的以食品价格拉动为主的特征，将两者相比较来看，本轮食品价格的拉动作用较小，非食品价格也对 CPI 的高企起到了一定作用。从年度内各月情况

看，食品价格对 CPI 涨幅的贡献占比呈现“驼峰”形，7 月份是高点，8 月份之后明显回落，如图 4 所示。CPI 同比增长在 8 月份出现拐点，与食品类价格上涨拉动贡献的下降有关。

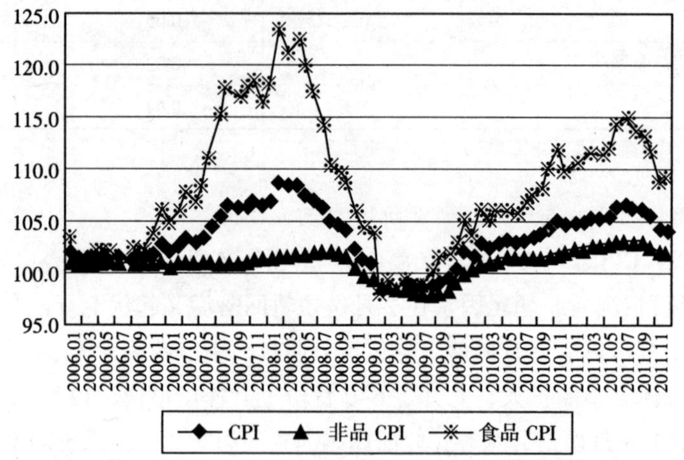

图 3　2006 年以来月度食品和非食品价格指数变动情况

资料来源：国家统计局、CEIC 数据库。

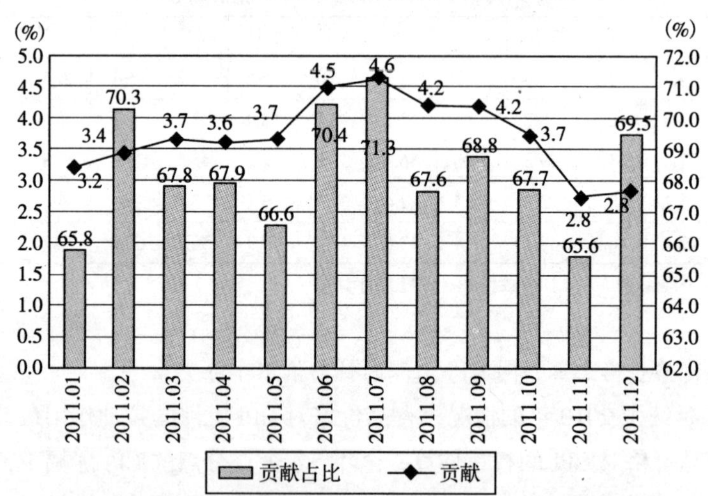

图 4　2011 年食品价格上涨对 CPI 涨幅的贡献及其占比

资料来源：国家统计局、CEIC 数据库、课题组计算。

与 2007~2008 年的一轮由猪肉价格带动食品价格快速上涨不同的是，2011 年食品价格的普遍上涨受猪肉、油脂、鲜蛋、粮食、鲜蔬、鲜果等不同类型食品价格上扬的影响，鲜果和粮食在 5 月份之前涨幅超过食品总指数，6 月份以后涨幅降低，鲜果在第四季度又有所反弹；猪肉价格上涨势头较猛，6~7 月份同比涨幅最高，接近 60%；鲜蛋价格在 6 月份同比上涨超过 20%；油脂也一直领涨食品类价格，8 月份同比上涨接近 20%，如图 5 所示。

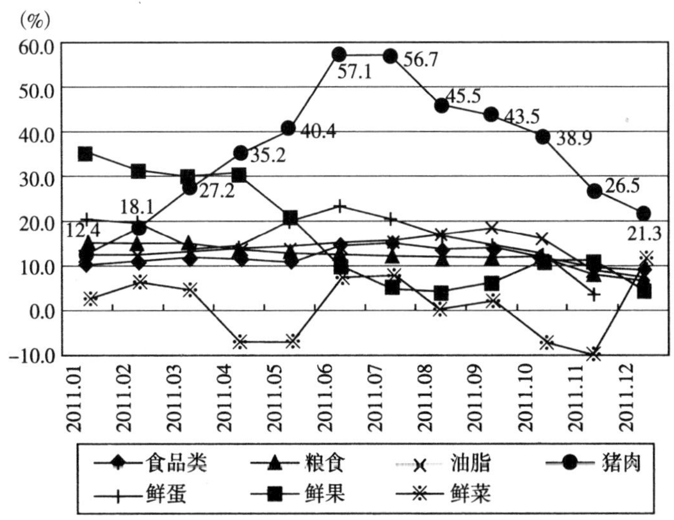

图 5 2011 年不同类型食品价格同比涨幅情况

资料来源：国家统计局、CEIC 数据库。

4. 居住价格回落，对 CPI 上涨的拉动作用快速下降

尽管在全年价格涨幅构成的分析中，居住价格仍然是拉动 CPI 上涨一个主要因素，但是，由于 2010 年开始实施以"限购"为主要措施的房地产调控，对房地产的需求形成抑制从而使 2011 年居住价格同比涨幅呈现明显的前高后低走势，由 1 月的 6.8%下降到 12 月的 2.1%，对 CPI 的贡献占比也从 1 月的 24.7%下降到 12 月为 9.1%，如图 6 所示。

（二）PPI、贸易进口价格指数、农业生产资料价格指数变化趋势及特征

显示上游价格、成本等变化趋势的工业生产者出厂价格指数（PPI）、贸易进口价格指数、农业生产资料价格指数，与 CPI 所衡量的最终消费品价格水平既存在紧密的联系，又并非完全相关。以下将分析几类上游价格指数的变化趋势及其与 CPI 变化趋势比较中表现出的一些特征（见图 7）。

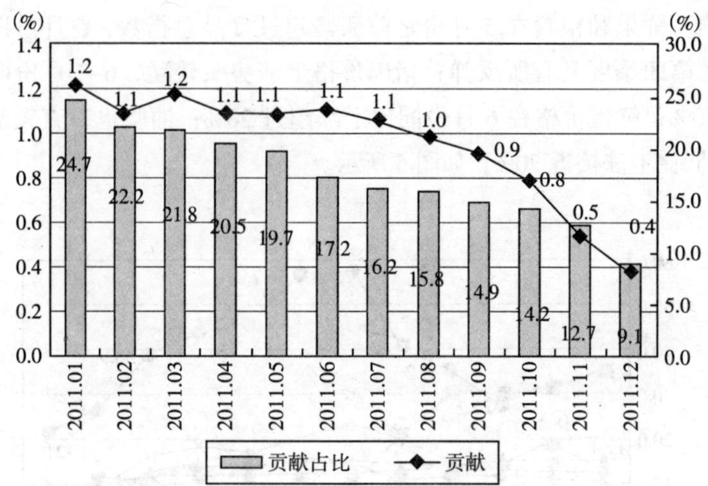

图 6 2011 年居住价格上涨对 CPI 涨幅的贡献及其占比

资料来源：CEIC 数据库、课题组计算。

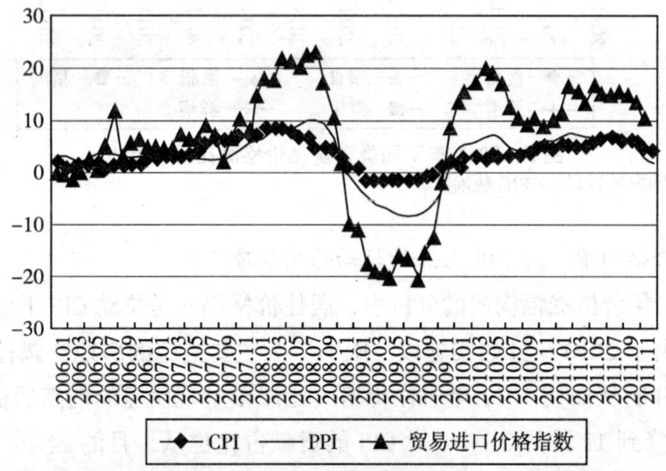

图 7 2006 年以来贸易进口价格指数与 CPI、PPI 变化关系

资料来源：国家统计局。

1. PPI 涨幅先升后降，与 CPI 涨幅出现倒挂

2011 年全年 PPI 涨幅达到 6.1%，高出 CPI 0.7 个百分点。从月度同比涨幅来看，1~9 月份 PPI 与 CPI 均呈现涨幅倒挂的状态，即 PPI 涨幅高于 CPI。第四季度 PPI 快速下降，跌落到 CPI 之下，12 月 PPI 同比涨幅仅为 1.7%，较同期 CPI 低 2.4 个百分点。与以前的年份相比，2011 年 PPI 与 CPI 走势的相似程度有所提高，这表明两类指数之间的联动效应有所增强。PPI 波动幅度仍然大于 CPI，但两者差距较

以前年份收窄，可见流通环节等仍能在一定程度上吸收工业品的上游涨价压力，但这种能力正在萎缩。

从 PPI 上游和内部结构来看，石化、金属、农副、纺织行业领涨明显。向上游追溯，工业生产者购进价格指数中，燃料、动力类、有色金属材料和电线类、化工原料类、农副产品类、纺织原料类购进价格同比上涨较快，都在 10%~20%。从内部结构来看，采掘业和原材料工业 PPI、重工业当中主要是煤炭开采、石油天然气开采、黑色金属和有色金属选矿业 PPI 高企，都在 10%以上，尤其是石油，同比超过 25%，黑色金属超过 15%，由此导致石油加工、化学制品加工、化学纤维和橡胶加工、黑色金属和有色金属以及下游的燃气生产和供应 PPI 都超过 10%。废弃资源和废旧材料回收加工业 PPI 也在资源类产品价格上涨的带动下呈现高涨的状况，同比涨幅超过 15%。轻工业中农副产品和纺织业 PPI 相对较高，都超过了 10%，这与 CPI 构成中食品、衣着上涨的趋势呈现一定的关联关系，如图 8 所示。PPI 涨幅的结构分析及图 8 展示的细类 PPI 指数变化情况表明，资源能源类产品的价格波动对工业生产成本和工业品价格的影响十分显著。

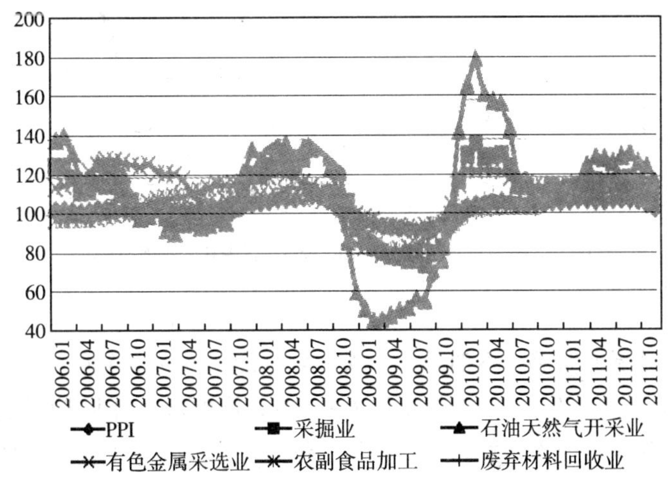

图 8 2006 年以来工业生产者出厂价格指数及其细类价格指数变化情况

资料来源：CEIC 数据库。

2. 贸易进口价格指数仍在高位徘徊，输入性因素影响有所缓解

2011 年以来贸易进口价格指数同比增长一直在 10%以上，前 11 个月平均达到 14.4%，高出同期 PPI 近 8 个百分点，同时指数波动幅度也比 PPI 和 CPI 大，如图 7 所示。由于我国对石油、铁矿石等能源资源产品的进口依赖程度日益提高，国际大宗商品价格对贸易进口指数的影响在增强，并经由进口及通过预期等渠道更大程度

地向国内价格传导。

我国进口商品额当中有 1/3 是工农业原材料，这对价格总水平有相当影响。从国际价格来看，通过路透—杰弗里商品研究局大宗商品指数（CRB Index）来分析国际大宗商品价格在 2011 年的走势及由此形成的输入性通胀压力变化，在第一季度 CRB 指数接近 700 点，超过 2008 年的最高点 10%左右，第二季度略有回落，大体在 650 点附近窄幅震荡，这种高位震荡走势以及 2010 年上半年的低基数，使得国内价格同比上涨的输入性压力快速积累，带动了国内价格水平的上升。下半年 CRB 指数进一步回落，第三季度逐步回落到 600 点左右，第四季度进一步回落到 550 点左右，加之上年基数提高的效应，输入性因素对国内成本和价格上涨的压力明显缓解，如图 9 所示。

图 9　路透—杰弗里商品研究局（CRB）指数走势

资料来源：www.mrci.com.

3. 农业生产资料价格上涨明显，构成对食品价格的拉涨作用

2011 年全年农业生产资料价格上涨 11.3%，涨幅较上年同期增加 8.4 个百分点。农业种植和养殖成本增加向下游产品的传导程度通常比工业品要高，农业生产资料价格的上涨绝大部分会传导至终端的食品价格上。将农业生产资料中产品畜的价格涨幅与 CPI 中猪肉价格涨幅作一比较，可以看出 2011 年产品畜价格上涨的猛烈势头几乎与猪肉价格的上涨一致，全年产品畜价格上涨了 37.4%，而猪肉价格的涨幅为 35.2%，如图 10 所示。这种情况与 2007~2008 年的情况十分类似，幼禽种畜市场供给的稀缺拉高了农业生产资料价格，并直接传导至消费物价上。

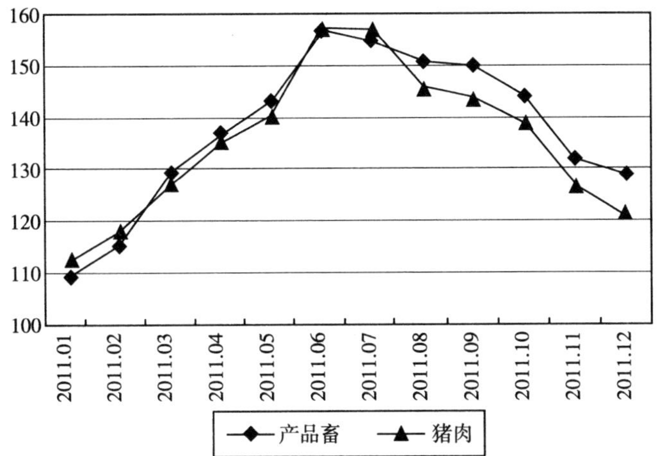

图 10　2011 年产品畜与猪肉价格指数比较

资料来源：CEIC 数据库。

此外，化肥、农用机油价格受国际原油价格高企影响，同比涨幅也分别达到 13.3%和 10.8%，从粮食 12.3%的价格涨幅上，可以看到这两方面因素的明显传导效果。而前一阶段高涨的饲料价格在 2011 年上涨压力缓解，因此较少地造成肉类价格上涨中除产品畜以外的叠加压力（见图 11）。

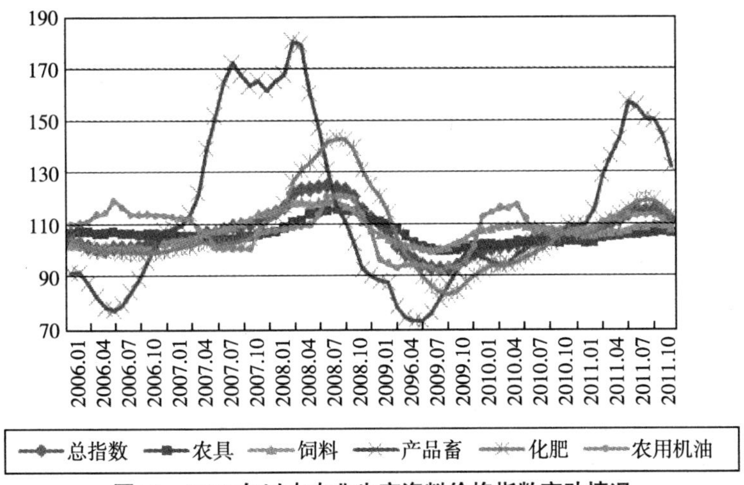

图 11　2006 年以来农业生产资料价格指数变动情况

资料来源：CEIC 数据库。

二、2012年价格水平的主要影响因素分析

2011年，CPI在高位运行，前7个月延续了前期上升势头，峰值达到6.5%，这种通胀状态引起了中央政府的高度重视，抑制通胀成为2011年宏观调控的首要任务。相关部门通过综合采用紧缩货币信贷、扶持农产品生产流通、投放国家储备物资及严厉查处价格违法行为等政策和监管措施，对价格水平快速上升的势头加以抑制，并采取措施降低消费物价上涨对困难群众生活造成的负面影响。这些政策不仅对当年CPI涨幅转为下降趋势起到了积极的作用，其中一些还会在2012年继续对价格水平产生影响。更重要的经济基本面因素、劳动力成本因素、价格改革因素等也将影响2012年的价格形势，以下将详细分析这些不同的影响因素及其预期的影响。

（一）需求方面推动价格水平上涨的因素减弱

1. 经济基本面对价格快速上涨的支撑减弱

GDP总量的变化反映经济体总需求的状况，是影响价格总水平的基本面因素。近年来我国经济运行中GDP的增速变化表现出对CPI变化的带动作用。从计量分析的结果来看，剔除翘尾的年度CPI新涨价部分，能够用GDP增速和上一年度新涨价（惯性因素）进行较好的拟合。2012年，我国宏观经济面临较为严峻的外部形势。由于欧债危机蔓延之势仍未得到有效控制、美国经济总体上也并不乐观，2012年外部需求增长很可能有所放缓。同时，扩大内需的相关体制机制还在建设中，国内需求增长难以完全弥补外部需求收缩的部分。另外，房地产限购等调控政策预期在2012年持续实施，由居民购房带动的一系列需求增长仍难以恢复。因此，2012年我国经济增长动力将会较2011年略有减弱，预计全年GDP增长率会略低于2011年。经济增长的放缓，总需求扩张的减速，意味着从基本面上看，价格水平在2012年持续快速上涨的支撑力不强，预计新涨价因素较2011年会有所下降。

2. 前期货币紧缩将继续对价格水平上涨形成抑制

货币供应量指标是CPI的领先指标，其变动会对其后4~6个季度的价格水平产生影响。2011年，为应对较为严峻的通胀形势，货币政策持续采取紧缩性操作，包括使用传统的存款准备金率、存贷款基准利率工具、新增差别存款准备金动态调整、扩大存款准备金缴存范围、日均存贷款流动性水平监测等措施。政策作用下，货币供应量增速快速下降到较低的水平，2011年各月M2增速始终在18%以下，

M1 增速在 15%以下，低于历史平均水平。2011 年，金融体系为经济提供的资金流量也较上年收缩，全年社会融资规模为 12.83 万亿元，同比减少 1.11 万亿元，其中人民币贷款新增规模为 7.47 万亿元，同比少增 3901 亿元。尽管 2011 年 12 月中央银行实施了调低存款准备金率的操作，但一是考虑到调整幅度较小，准备金率仍处在相当高的水平，二是从货币政策操作到货币政策中介目标再到最终影响通胀，传导过程形成时滞，因此其对 2012 年价格水平能产生的作用恐怕微乎其微。总体来看，货币因素的滞后影响将会对 2012 年价格水平上涨形成抑制的作用。

综合以上两方面来看，2012 年需求方面推动价格水平上涨的力量将会有所减弱。

（二）供给方面输入性因素有所减弱，劳动力成本变化可能带来价格上涨压力

1. 输入性通胀压力可能持平或有所减弱

由于近年来我国能源、基础原材料等的对外依赖程度呈上升趋势，进口商品结构向偏重能源、原材料类产品转变，形成了国际大宗商品价格的影响国内生产资料价格进而传导至国内消费品价格的作用机制。从数据上看，CPI 和进口价格指数相关性较高，月度同比数据相关系数达到 0.8。进口价格 2011 年前 11 个月平均上涨 14.4%，构成推动 CPI 上涨的重要力量。再以石油为例，近年我国对原油进口依赖程度已超过 50%，进口价格主要受国际大宗商品价格的影响。国内成品油定价机制未完全市场化对国际油价向国内的传导起到了一定的隔离作用，但仍然体现与国际油价的联动。同时，酝酿出台的新成品油定价机制将加强国内外油价的联系。2011 年上半年国家发改委两次提高国内成品油价格，累计调价幅度超过 10%，但对国内价格总水平的上涨仍然构成了较大的推动力。10 月，成品油价格的下调及国际市场原油价格的下降促成的成品油供应商变相降价等现象，则进一步印证国际大宗商品价格已形成向国内价格快速传导的机制，其输入性影响不容忽视。以国际大宗商品价格预期走势来看，2012 年来自进口价格变化的 CPI 涨价压力相对于 2011 年或基本持平，或有所下降。当前主要大宗商品以国际价格高位运行，加之欧美经济总体形势并不乐观，预计 2012 年大宗商品价格对我国 CPI 构成的输入性压力有可能减弱。

2. 劳动力成本变化可能对价格水平形成推涨作用

国际金融危机后，我国劳动力供给形势出现转折迹象，很多劳动密集型企业、中小企业开始面临“招工难”的问题，劳动报酬出现明显上升趋势。季度工资总额和平均工资数据显示 2009 年以来两项指标同比增速呈现上升趋势，今年上半年累计工资总额的同比增幅接近 20%，平均工资增幅约为 15%。除了劳动力供给带来的

劳动报酬上涨压力外，近几年政策上对保障和改善民生的重视，各地最低工资标准调整的幅度较大，构成了劳动报酬上涨的另一推动力。如2010年各省市区最低工资标准平均上调了约22%。2011年，各地调整仍在进行，平均上调的幅度与上年大体相当。目前，全国半数以上省市区月最低工资标准（一类地区）在千元以上。最低工资标准的上调抬高了劳动报酬的低限，直接影响二、三产业从业者的大量低端劳动力报酬水平，对企业尤其是劳动密集型企业的用工成本会形成较为明显的推涨作用。

以2007年我国投入产出表为依据，可以得出各行业最终产品价格对劳动力价格的弹性，其中弹性最大的是农林牧渔业，达到0.77，食品加工业弹性是0.53，此外，纺织业、服装加工、木材加工及家具制造、工艺品及其他制造、住宿和餐饮、煤炭开采和洗选等行业的弹性都在0.4以上。当然，劳动生产率提高、企业利润率压缩等因素会影响劳动力成本向最终产品价格的传导程度，因此实际的弹性值要小于以上计算结果。但是，统计数据显示2011年工业企业累计利润总额增速出现下降，企业利润增长放缓可能意味着企业内部消化成本上涨压力的能力将有所减弱。2012年劳动力价格很可能仍保持上涨趋势，加之企业消化能力下降，对价格水平可能产生一定的压力。

综合以上两方面主要因素，供给方面的压力可能形成2012年价格水平上涨的主要压力。并且除了以上分析的因素外，突发的自然灾害、不利气候因素等都可能进一步形成供给方面对价格水平的冲击。因此，必须重视对供给因素的监测。

（三）政策性价格调整压力释放可能推动价格水平上升

出于对2007~2008年价格水平快速上涨及其后应对国际金融危机等因素的考虑，近年来我国主要公用事业的价格调整及相关改革的推进较迟缓。一方面，公用事业价格保持多年前的较低水平，与相关成本变化未能同步，从供给方的角度形成了严重的价格—成本倒挂，对重要公用事业产品的供给形成负面激励，对公用事业供求矛盾的解决十分不利。另一方面，公用事业价格的重要改革如阶梯电价等没有及时推进，资源税改革仍限于试点地区，使需求方的成本约束不能达到应有水平，对于加快转变经济发展方式、节能减排等要求的落实构成不利的影响。当前，前期政策调整、改革推进迟滞使得公用事业价格上涨压力积累，政策调整的紧迫性加剧。2011年末，电网电价调整已逐步展开，预计2012年将面临推进公用事业价格调整和相关改革、资源税改革范围扩大等任务，而相关政策的实施将对价格水平的上涨产生一定压力。

三、2012 年价格趋势预测及价格调控目标分析

(一) 对 2012 年 CPI 水平的预测

我们运用计量模型，按照经济增长速度较 2011 年略有放缓，维持在 9%左右的水平，测算出 2012 年 CPI 新涨价部分约为 2.0%。加上翘尾部分 1.2%，预计全年 CPI 水平在 3.2%左右。

根据多年来我国 CPI 月度环比季节变化的规律，经过计量模型拟合与预测，我们对正常情况下 2012 年各季度 CPI 做出了如表 3 所示的预测。由这一预测结果来看，全年 CPI 走势呈现两头高、中间低的形状，总体看还是较为平稳的。当然，在预测中难以考虑自然灾害、气候异常等突发性因素的影响，而从近年价格形势看，这些因素是有可能产生较大影响，从而改变年内 CPI 走势的。

表 3　2012 年 CPI 季度变化预测

	第一季度	第二季度	第三季度	第四季度
季度 CPI	3.4	3.3	2.8	3.4

(二) 关于价格调控目标的设定

1. 建议设定 2%~4%的中期通货膨胀目标

从实践来看，发达国家的通货膨胀目标通常在 1%基准上设定±1%的区间，即 0~2%的区间。但是，要注意到发达国家的这一通货膨胀目标是与其较低的经济增长速度相匹配的，如欧元区和美国的 GDP 增长率已持续在 5%以下的水平。然而，对我国来说，一方面经济所处阶段与发达国家不同，体制转轨的任务尚未完成；另一方面 GDP 增速多年保持在 9%以上，这样的发展阶段和经济增长速度决定了我国的通货膨胀目标不能参考发达国家，而是应当设定得更高一些。为此，建议中期内将我国的通货膨胀目标设定在 3%±1%，即 2%~4%的区间，并以这一目标引导全社会提高对温和通货膨胀的容忍程度。只有如此，才能够将经济持续快速增长带来的成本、劳动力价格等上升压力及时释放，不致积累形成更为严重的问题。当然，在容忍温和通货膨胀的同时，必须尽快全面实施社会救助和保障标准与物价上涨挂钩的联动机制，保障低收入居民基本生活水平不受通货膨胀影响。

2. 2012 年度价格调控目标设定为 4%具有合理性

计量结果显示，按照 2012 年经济增长速度 9%左右的水平预测，全年 CPI 上涨约为 3.2%。在这一基准上，需要进一步考虑农业生产所面临的气候等自然条件可能出现的不利变化以及为公共事业价格改革调整、资源税实施范围扩大等政策调整预留空间，因此将 2012 年全年通货膨胀目标设定为 4%是能够发挥良好的引导政策预期等作用的。

四、对 2012 年价格调控重点及政策措施的建议

（一）加强农产品生产能力建设，完善农产品稳定供应机制

2011 年我国经历的一轮价格水平上涨，仍然具有以食品价格拉动为主的特征，因此，不断完善农产品稳定供应机制，应作为促进价格水平稳定的一项长期工作。为此，应通过加大政府投入，加快改善水利基础设施，推广有利于农产品增产增收的高新技术。积极落实农资、农机等补贴政策，降低农业生产成本，提高效益，保护和鼓励农业生产者的积极性。完善灾害应急、灾害保险等制度，降低灾害对农业生产及农村居民生产生活条件的损害程度。

进一步加强国家储备在调节重要农产品供求关系、平抑价格方面的作用，形成对市场调节作用的有效补充。

（二）进一步降低消费品流通环节的费用

继续实施农超对接等政策，同时切实降低农贸市场经营户的费用负担，保护经营户利益，促进批发、零售各环节经营主体扩大经营。切实加大对交通运输领域乱收费、乱罚款、乱加价的综合治理力度，保证鲜活农产品运输绿色通道真正畅通。继续整顿流通秩序，减少不必要的中间环节，降低流通环节增加的费用水平。

（三）加强监管，严厉查处价格违法违规行为

加大对提前散布涨价信息、扰乱市场秩序、哄抬价格、价格共谋、操纵市场、囤积炒作等行为的检查和处罚力度，必要的追究刑事责任，起到警示作用。

（四）把握时机推进价格相关改革

建议在 CPI 的下行区间，抓住时间窗口，及时推进公用事业价格调整和改革，

尽快理顺公用事业生产成本与价格的关系，促进供给方增加供给；及时扩大资源税改革范围，促进资源产品价格和相关利益的分配趋于合理。

（五）适度调整货币政策

自 2011 年第四季度起，为了控制通胀而实行的持续紧缩性货币政策措施，已经对货币信贷市场的正常运行造成了一定的不良影响，形成了资金市场双轨化的状况，非正规民间借贷市场开始替代正规银行信贷市场的作用，企业实际融资成本过高，实体经济可能因此受到损害。2012 年，由于经济增速放缓、外部输入压力下降等原因，预计全年 CPI 较今年将有明显下降，控制通胀的压力也将显著下降。为此，货币政策操作方面应有所调整，应对银行信贷规模适度放松，满足实体经济资金需求，以实现通胀阶段向价格温和平稳上涨阶段的过渡，避免产生经济过度紧缩的不良后果。

执笔：王　元　郭丽岩　王宇鹏

参考文献

[1] 范志勇. 成本推动型通货膨胀的含义、甄别和反通货膨胀政策：一个文献研究. 世界经济，2010（1）.

[2] 余根钱. 通胀水平创新高调控政策需改进——2011 年上半年监测报告. 国家统计局网站，http：//www.stats.gov.cn.

[3] 马汉青. 劳动力成本上升“搞死企业”?. 羊城晚报，2011-07-22.

当前价格形势、趋势与对策

2010年以来，在政策与市场因素的双重驱动下，我国经济复苏继续保持强劲势头。与此同时，价格总水平也逐步开始从上年的低谷回升。近期，价格水平出现了加速上升的趋势，10月份CPI达到了4.4%，明显超出了市场的普遍预期。如何看待当前的价格形势及其未来变化趋势，对正确判断我国当前宏观经济形势和把握好下一步宏观调控的方向和力度都十分重要。

一、当前价格水平上升仍属于结构性上涨

受金融危机的影响，2009年7月我国达到了本轮价格变化周期的谷底，当月CPI比上年同期下降了1.8个百分点。在此之后，随着经济回升，CPI也开始攀升，2009年11月CPI转为正增长，当月上涨0.6个百分点，2010年5月CPI上升到了3%这一调控目标，到10月又进一步超过了4%。在价格总水平的上升过程中，食品和居住类价格上涨起到了主导作用。据测算，2010年1~10月，食品和居住类价格上涨对CPI上升的贡献基本保持在90%左右，价格上升表现出很强的结构性特征。从具体数据看，今年以来食品类和居住类的价格上涨分别由年初的3.7%和2.5%上升到10月份的10.1%和4.9%。其中鲜菜（30%）、鲜果（17.7%）和粮食（12.3%）又是食品中上涨幅度最大的，10月份的上涨幅度分别达到30%、17.7%和12.3%。其他一些重要农产品如猪肉、蛋、水产品、豆及制品、油脂和糖的涨幅也不低，上涨幅度在8%~10%之间。居住类价格中，租房（6.7%）和自有住房（5.2%）价格上涨也较快，10月分别上涨6.7%和5.2%。而与此形成鲜明对照的是非食品居住类商品和服务的价格水平仍然保持稳定，今年以来各月上涨幅度均未超过1%，10月份仅为0.86%。服装、耐用消费品、交通工具和通信工具及服务等一些重要商品和服务的价格水平甚至比上年同期还有所下降。除去食品和能源之外其他产品的价格指数也呈现出相对稳定的状态，如10月份非食品类价格涨幅为1.6%，核心通胀为1.3%，都处于较为正常的水平上。这些情况表明，到目前为止

价格水平的上升并不是全面的通货膨胀，而仍属于结构性价格上涨。

二、短期供给因素是导致价格水平上升的主要原因

不同于2007~2008年的价格上涨，本次价格水平上升是在经济增长较为适度和总需求基本正常的情况下发生的。2009年以来，随着我国经济复苏的顺利展开，总需求也在迅速恢复。但到目前为止，总需求的增长基本处于较为合理的水平，季度GDP增长率也在9%~10%这一公认的潜在增长水平区间内，而且在相当多的产业领域内还存在着产能过剩现象。这与2007年价格开始上升时的宏观背景迥然不同。当时我国季度GDP增长率达到了14%的高速度，经济明显过热。因而当前的价格上升是难以归因于总需求因素的。从对具体产品的需求来看，近期价格上涨较多的蔬菜、粮食等农产品也不存在需求突然大幅增长的情况。尽管随着工业化、城市化的推进和人民生活水平的提高，对农产品的中长期需求是会持续提高的，但这种提高是一个较为平稳的过程，年度间并不会出现跃升。因而，从总体来看，需求面因素并不是本次价格上涨的主要原因。

而在供给方面，则可以看到今年以来有一系列影响供给的因素存在，推高了农产品特别是蔬菜类的价格。首先是今年我国灾害性天气频发，旱灾、洪灾、低温冷冻等灾害性天气成灾面积大、持续时间长，给农业生产特别是蔬菜生产带来了很大影响。很多蔬菜品种产量下降、上市时间推迟，从而直接推动了蔬菜价格上涨。此外，今年国际粮食产量也受天气影响而减产，国际粮价因此上涨较多，对国内粮价上涨起到了心理示范作用。其次是国际大宗商品价格上涨，导致进口成本上升，出现输入型成本推动通胀。今年以来，国际市场的原油、矿产品、金属和农产品也都出现了较大幅度的上涨。在全球经济尚未恢复到危机前水平的情况下，有些大宗商品的价格已接近甚至超过了危机前的峰值。与2007年相比，本次国际大宗商品价格的上升更加缺乏真实需求的基础，而主要是由于国际资本的炒作和美元贬值。在当今全球化条件下，国际大宗商品价格对我国价格走势的影响很大，今年以来我国进口商品价格指数也一直居高不下，涨幅一度接近于20%。进口的基础产品价格上涨直接拉高了包括农业在内的很多行业的生产成本，进而推动了价格上涨。最后是工资上涨提高了劳动力成本。今年以来我国不少地区的劳动力市场供求关系出现了历史性的转折，劳动力市场由长期的供过于求转向了供不应求，这是中国经济接近或达到了刘易斯转折点的结果。劳动力市场的这一变化直接带动了非熟练劳动力工资水平的上升，据估计今年以来工资上涨的幅度达到了20%左右。工资的大幅上涨

对劳动生产率增长较慢的农业部门影响较大，一些用工较多的蔬菜和粮食品种因而成本增加较多，产生了较大的价格上涨压力。

当然在供求原因之外，也存在着其他一些影响价格的因素，如投机炒作因素，这在一些小品种的农产品市场上表现得尤为突出。投机炒作虽然对总体价格水平的直接影响不大，但在一定程度上会影响到通胀预期，对价格上涨起到推波助澜的作用。

综上所述，当前的价格水平上升是在需求基本稳定的情况下，由供给面因素的变化引起的。而在供给面因素中，短期因素如天气和国际因素又起了主要作用。一些中长期因素如劳动力成本上升等也逐渐开始影响到价格，而投机因素则起到助涨和影响预期的作用。

三、我国具备实现价格稳定的基础

尽管最近一段时间价格上涨的幅度较高，但无论是从价格上涨的结构，还是从影响价格上涨的主要因素以及当前宏观经济背景来看，未来价格水平持续大幅、全面上涨的可能性并不大。

首先，以蔬菜业为引领的价格上涨是难以长时间持续的。蔬菜价格在本次价格上涨中起到了领头羊的作用，但历史数据表明，蔬菜类价格上涨的惯性较小，持续时间较短，一般只在 2 个月左右。这与蔬菜生产的周期较短，产量扩大较为容易有关。在此次蔬菜价格上涨后，国家出台了一系列支持蔬菜生产、流通的政策，明年预计蔬菜种植面积将扩大 7%，蔬菜产量提高 7.5%，蔬菜的流通销售成本也将下降。因而未来一段时间蔬菜价格出现止涨甚至下降都是很有可能的，由此可以使 CPI 至少降低 1 个百分点。从历史上看，粮食价格上涨惯性较强，但在今年粮食继续丰收、储备充足的情况下，国际粮价上涨的心理示范作用会逐渐减弱，粮价会逐步回归到与供求关系相一致的水平上。

其次，国际大宗商品价格难现 2008 年的暴涨局面。尽管今年以来国际大宗商品价格出现了明显的回升，但展望未来一段时间特别是明年的走势，可以发现国际大宗商品继续大幅上行的阻力很大。首先世界经济减速、发达国家产出缺口较大等基本面因素并不支持明年大宗商品价格的大幅上涨。其次今年以来价格升高的主要推手货币和汇率因素存在着较大的不确定性，其影响很难判定。货币和汇率的影响一方面要看美国货币政策的走向，另一方面则要看市场对美国货币政策的反应。从前者来看，美国新一轮的量化宽松货币政策推出后受到来自国内外的众多批评，这虽然不能阻止美国继续执行该政策，但对美国未来的政策走向还是构成了一定的制约，使美国难以放开手脚大印钞票。从后者来看，外汇和大宗商品市场的关注点也并不总是在美国货币政策一个点上，而是经常发生变化，如美国第二轮量化宽松货币政策刚推出时，市场反应强烈，美元汇率应声而跌，大宗商品则立即看涨。而当爱尔兰出现危机信号时，市场注意力立即转移，美元汇率重新上升，目前比刚推出量化宽松货币政策时涨了5%，而大宗商品价格则出现了跳水。目前包括国际货币基金组织在内的主要机构都预测明年国际大宗商品价格上涨幅度不会很高。目前国内价格水平特别是PPI与国际能源原材料价格高度相关，明年国际价格的相对稳定对保持国内价格稳定十分有利。

再次，工资上涨对制造业的影响有限，劳动力成本压力难以扩散到农业和传统服务业以外的行业。今年以来的工资较大幅度上升的确对农业和传统服务业造成了一定的成本压力。但对于其他行业特别是制造业来说，由工资上涨导致的成本压力还是有限的，这主要是由于这些行业的劳动生产率提高很快，完全可吸收抵消工资上涨的影响，实际上在一些行业中单位产品的劳动力成本还是下降的。此外，受劳动力长期过剩的影响，在今年以前，工资上涨的幅度很小，远远低于同期的劳动生产率增长，因而企业在一定时期内具备消化吸收劳动力成本上升的能力。这种情况表明由工资成本上升推动的价格上涨是难以扩散到非农和非传统服务业领域的，由此导致的全面价格上涨的可能性也不存在。

最后，当前及今后一段时期总需求与总供求处于基本平衡状态，不存在价格全面上涨的基础。在需求方面，今年以来我国的经济增长率不断在向较为适度的水平接近，目前总需求水平与潜在供给水平基本相一致，预计我国明年经济增长将比今年小幅回调，总需求的增长相应也会有所放缓。在供给方面，除农业等个别部门受到短期因素的影响出现供给能力有所下降外，其他绝大多数部门的供给能力仍然增长较快，能够充分满足需求。这是当前价格上升仍属于结构性上涨的重要原因。随着短期因素的消失，农业部门的供给能力也在恢复正常，因而未来一段时期总供求关系将向更加平衡的方向发展，这种宏观经济环境是十分有利于价格稳定的。

从以上各方面的因素来看，我国具备了保持价格稳定的基础。

四、下一步宏观调控的重点是处理好控通胀和保增长间关系

第一，要继续将经济增长保持在适度水平，为价格总水平的稳定创造必要的宏观环境和基础。要根据国内外形势的变化，及时、灵活、富有前瞻性地调整宏观政

策，使经济增长始终保持在和潜在增长水平相适应的水平上。

第二，积极采取各项措施管理好通胀预期。更积极发挥货币政策在管理通胀预期上的作用，运用多种货币政策工具来稳定公众预期。建立更加公开透明的商品供求、储备情况信息发布机制，消除由信息不对称导致的市场恐慌。

第三，进一步控制和消除通胀风险因素。逐步解决货币信贷增长过快问题，及时移除市场过剩流动性，加强资本流动监管，严格控制热钱流入，进一步增大汇率灵活性来阻隔输入型通胀。

第四，要加大财政对农业的支持力度，进一步改善农业生产条件，提高抵御自然灾害的能力，促进农业生产率提高，使农业供给水平与工业化和城市化进程相适应。

第五，加强市场监管和机制建设。特别是要适应农产品市场由区域分散市场向全国集中统一市场较变的新形势，加强和完善市场监管和交易机制，防止过度投机。房地产市场调控仍要继续坚持，要通过扩大供给和严控投机需求双向调节来实现供求平衡。

第六，加强对低收入人群的保障水平，避免这部分人群因价格特别是食品价格上涨而导致生活水平下降。可以借鉴国际经验，考虑编制针对不同收入人群的价格指数，从而更清晰地显示价格上涨对不同收入人群的影响。在货币保障的基础上，考虑引入食品券等实物保障方式，以使低收入人群的基本生活不受价格变动的影响。

当前的通胀形势、成因与对策

2010年以来，在政策与市场因素的双重驱动下，我国的经济复苏继续保持强劲势头。与此同时，价格总水平也逐步从上年的低谷开始回升，到年中时CPI达到了3%这一调控目标。近期，CPI更是出现了加速上升的趋势，10月份达到了4.4%，明显超出了市场普遍预期。如何看待当前通胀形势及其未来发展趋势，对正确判断当前我国宏观经济形势十分重要，也是决定下一步政策走向的关键因素。

一、当前价格水平上升是食品居住价格带动的结构性价格上涨

受金融危机的影响，2009年7月我国达到了本轮价格变化周期的谷底，当月CPI比上年同期下降了1.8个百分点。在此之后，随着经济的回升，CPI也开始攀升，2009年11月CPI转为正增长，当月上涨了0.6个百分点，2010年5月CPI达到了3%这一调控目标，到10月又进一步超过了4%。从今年以来的情况看，价格上升主要是由食品和居住价格上涨拉动的，这两项对CPI上升的贡献基本保持在90%左右，价格上升表现出很强的结构性特征。食品类和居住类的价格上涨分别由年初的3.7%和2.5%上升到10月份的10.1%和4.9%。拉动食品价格上涨的主要是蔬菜、干鲜果、粮食、水产品等商品。其中鲜菜的价格上涨幅度最大，成为食品价格上涨的主要推动力，这一点与2003~2004年价格上涨主要由粮食价格拉动、2007~2008年主要由猪肉价格拉动不同。鲜菜类价格目前涨幅达到了30%，鲜果17.7%，粮食12.3%。其他一些重要农产品如猪肉、蛋、水产品、豆及制品、油脂和糖的涨幅也不低，价格上涨率在7%~11%。而牛肉、茶及饮料和乳及制品的涨幅较低，明显低于平均水平。居住类价格中，租房和自有住房的价格上涨较快（见表1）。

非食品类的价格上涨仍然有限，今年以来尚未超过1%，10月份接近0.9%，其

表 1　食品和居住类价格上涨对 CPI 上涨的贡献情况

时间	CPI 涨幅（%）	食品类			居住类			两项贡献合计
		涨幅（%）	贡献百分点	贡献占比（%）	涨幅（%）	贡献百分点	贡献占比（%）	
2010.01	1.5	3.7	1.2	77.7	2.5	0.4	24.3	102.0
2010.02	2.7	6.2	2.0	73.7	3.0	0.4	16.5	90.2
2010.03	2.4	5.2	1.7	70.1	3.3	0.5	20.6	90.7
2010.04	2.8	5.9	1.9	67.1	4.5	0.7	23.7	90.8
2010.05	3.1	6.1	2.0	64.0	5.0	0.7	24.3	88.3
2010.06	2.9	5.7	1.8	61.6	5.0	0.7	25.0	86.6
2010.07	3.3	6.8	2.2	65.8	4.8	0.7	21.5	87.3
2010.08	3.5	7.5	2.4	69.2	4.4	0.7	18.8	87.9
2010.09	3.6	8.0	2.6	71.4	4.3	0.6	17.7	89.2
2010.10	4.4	10.1	3.3	73.8	4.9	0.7	16.6	90.3

资料来源：根据 CEIC 数据，课题组计算。

中服装、耐用消费品、交通工具和通信工具及服务的价格水平比上年同期还有所下降。除食品和能源之外的价格指数也呈现出相对稳定的状态，如 10 月份非食品类价格涨幅为 1.6%，核心通胀为 1.3%（见图 1）。

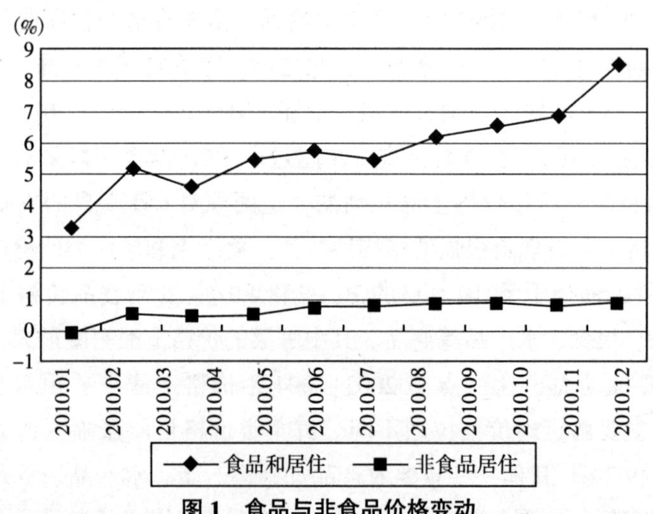

图 1　食品与非食品价格变动

资料来源：根据 CEIC 数据，课题组计算。

以上这些情况表明，到目前为止，价格总水平上升并不是全面的通货膨胀，而仍属于结构性价格上涨。

二、短期供给冲击因素是近期价格水平上升的主要原因

与2007年上一轮价格总水平上升相类似，本次价格水平上升也有着较为复杂的背景和影响因素，这在相当程度上增大了识别通胀原因、分析通胀机理的难度。从可能影响价格上升的原因来看，既有真实冲击如成本上涨、自然灾害，又有货币冲击如货币供应增长较快；既有国内因素如工资上涨、灾害性天气，又有国际因素如国际大宗商品价格上涨等。在众多可能性因素中，哪些因素是初始冲击，哪些因素起了主导性作用，需要认真加以辨识。

（一）影响价格变化因素的计量经济学分析①

我们首先以计量经济学方法检验2006年一季度至2010年三季度期间，影响消费价格指数变动的主要因素。所考虑的主要因素有总供求状况、国际价格、工资和货币供应量，分别以GDP产出缺口、进口价格指数、平均工资和M2增长率为代表。回归结论表明这一时期消费价格指数主要是受到总供求状况、国际价格和工资的影响，以上各变量均在95%的置信水平上显著，而货币供应量的影响则不显著。这一结论与国际货币基金组织2010年11月发布的研究报告中的结论是一致的。我们使用同样的方法检验影响食品价格的因素，计量结果表明食品价格主要受农业生产资料价格、工资水平、总供求关系和受灾面积等因素的影响，而货币供应量的影响仍不显著。

以上结果中，值得注意的是货币因素对价格的影响与理论预期和人们的普遍认识不符，货币超发被很多人认为是当前价格上涨的原因。造成这种不一致的主要原因可能有以下几点：首先，现在普遍采用的衡量货币超发的方法低估了实际的货币需求。一般用M2减去GDP增长率再减去CPI来衡量货币超发，但由于CPI所覆盖的商品仅占全部GDP的30%左右，因而不能全面反映GDP的价格变化。其次，我国实体经济中有大量不被计入GDP的真实交易存在，如2009年全社会固定资产投资达到了22.5万亿元，而计入GDP的部分只有16.5万亿元，相差了6万亿元。差额主要由土地购置等因素构成，这可以看做是由于土地市场化进程带来的额外货币需求。我们用三种不同的方法估算货币超发情况，即M2增长减去真实交易增长、M2增长减去名义GDP增长、M2增长减去实际GDP增长再减去CPI，结果如图2

① 具体模型与计量结论可参看本文附件1。

所示。从图中可以看出，2002 年之前三者的变化基本相近。但自 2002 年起，三者的差异加大，这一方面是由于 CPI 和 GDP 缩减指数间的差异加大，更重要的是因为 2002 年开始实行的土地招拍挂形成的土地市场吸纳了大量货币，但这部分交易又不计入 GDP。因而 2002 年后，尽管货币供应量增长较快，但以 M2 减去真实交易衡量的货币超发情况并不严重，2004~2008 年甚至还是负数。以 M2 减去名义 GDP 衡量的货币超发情况也要明显低于 M2 减去 GDP 增长再减去 CPI，同期也有很多年份为负。2009 年信贷货币增长较快，以三种方法衡量的货币超发情况都明显上升，但以真实交易衡量的货币超发明显要低于其他两种方法，只超发 8%左右，其他两种方法则达到 20%左右。最后，计量结果表明无论是以何种方式衡量的货币超发和通胀间的相关关系都不强，也就是说货币超发的变化并不能解释通胀的变化。这并不是否认货币是通胀发生的必要条件，而是说明了在货币因素之外同时还存在很多其他影响价格变化的因素，并且在中国这些因素还发挥着很强的作用，因而仅看货币这一单一因素是不能解释通胀变化的。

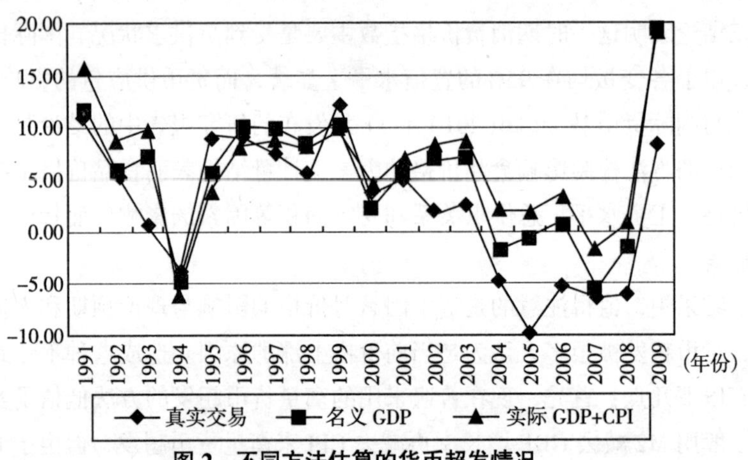

图 2　不同方法估算的货币超发情况

资料来源：根据 CEIC 数据，课题组计算。

（二）近期价格上涨的原因分析

总体来看，近期价格上涨的主要原因在于供给方面（特别是农产品供给的波动），而非需求拉动。供给方面，由成本上升和灾害性天气导致的产量波动起到了主导性作用。在供求关系之外，还有一些因素，如通胀预期和投机炒作也对价格上涨起到了推波助澜的作用。具体分析如下：

1. 总供求关系（特别是需求因素）不是近期价格变化的主因

近期价格水平上升是在宏观经济形势基本平稳的情况下发生的，这与2007年上一轮价格上升时的宏观背景迥然不同。首先，当前我国经济增长水平较为适度。去年以来，随着我国经济复苏的顺利展开，经济增长开始不断加速，但到目前为止，除个别季度因基数原因增长率较高外，季度GDP增长率基本处于9%~10%这一公认的潜在增长水平区间内。而2007年时我国季度GDP增长率达到了14%的高速，经济出现明显的过热。其次，当前我国以产出缺口衡量的总供求基本平衡。最近两个季度的产出缺口为0.61%和-0.01%，基本处于平衡点0附近。而2007年上一轮价格开始上涨时的产出缺口则达到了3%以上，有明显的总需求增长过快，超出供给增长的现象（见图3）。最后，当前世界经济仍未完全复苏，发达国家产能利用不足，失业率普遍偏高，并且在此之前连续两年，世界经济低速甚至负增长。而2007及之前三年世界经济一直增长较快，增速接近于4%，包括美国、欧盟在内的不少发达国家经济增长超过了其潜在增长水平。从具体产品来看，近期价格上涨较多的蔬菜、粮食等农产品也不存在需求突然大幅增长的情况。尽管随着工业化、城市化的推进和人民生活水平的提高，对农产品的中长期需求是持续提高的，但这种提高是一个较为平稳的过程，年度间并不会出现跃升。因而，总体来看，总供求关系特别是需求面因素不是近期价格变化的主要原因。

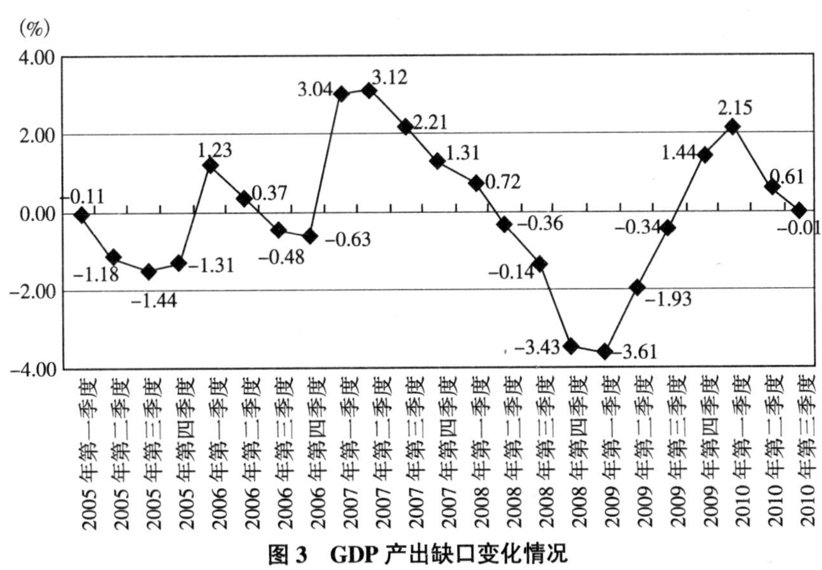

图3 GDP产出缺口变化情况

资料来源：根据CEIC数据，课题组计算。

2.由国际价格推动的生产资料成本上升是拉动近期价格上涨的重要原因①

自2009年以来，农业生产资料价格经历了一个快速上升的过程。从2009年8月的谷底，当月下降了7.5个百分点，上升到了2010年10月的5.2%，提高了12.7个百分点。农业生产资料中的饲料、化肥和农用机油涨幅尤其高，超过了平均涨幅。国际大宗商品价格上涨是推动农业生产资料价格上涨的重要因素，这主要是由于农业生产资料的上游产品多为能源类和矿产品，而我国目前此类产品高度依赖国际市场的供应。2010年以来，国际市场的原油、矿产品、金属和农产品也都出现了较大幅度的上涨，2010年下半年CRB总指数比2009年底上涨超过30%。在全球经济尚未完全复苏的情况下，大宗商品价格快速上涨的原因主要是美元贬值因素、投机因素和天气因素，天气因素导致的歉收则对小麦、玉米和大豆等农产品的价格上涨起到了直接推动作用。总体来看，本次国际大宗商品价格上升主要是受供给和货币因素的影响，与2007年价格上涨的需求因素作用较强不同。国际大宗商品价格上涨直接带动了我国进口价格的上升，今年我国进口价格指数上升很快，上涨率一度达到20%，接近2008年时的水平。由于进口价格和农业生产资料价格、食品价格之间存在较强的传递关系，因而国际输入的成本上升构成了当前农产品价格快速上涨的重要原因（见图4）。

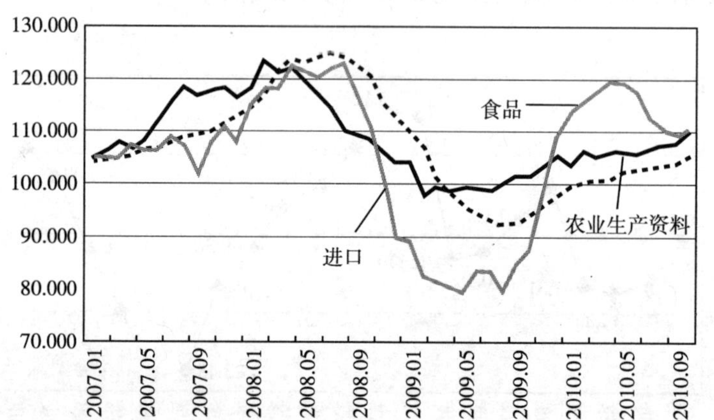

图4　进口价格指数、农业生产资料价格指数和食品价格指数之间的关系

资料来源：根据CEIC数据，课题组计算。

3. 劳动力成本上升是推动农产品价格上涨的重要诱因

今年以来，我国不少地区的劳动力市场供求关系出现了历史性转折，劳动力市

① 今年以来国际大宗商品价格变化的详细情况及对国内价格的影响，请参看附件2。

场由长期的供过于求转向了供不应求，这是中国经济接近或达到了刘易斯转折点的结果。劳动力市场的这一变化形成了较强的工资上涨压力，加之今年全国还有 30 个省区市提高了最低工资标准，造成今年以来非熟练劳动力的工资上升幅度较大，据预计今年农民工工资将上升 24%。工资的大幅上涨对劳动生产率增长较慢的农产品生产和流通部门影响较大，一些用工较多的蔬菜和经济作物品种因而生产成本上升较多，农产品的流通成本提高也较多，最终推动了农产品价格上涨（见图 4）。

4. 灾害性天气推动了农产品价格上涨

今年我国灾害性天气频发，旱灾、洪灾、低温冷冻等灾害性天气成灾面积大持续时间长。根据国家气象局的灾害性天气统计，自去年四季度起，我国农业受灾面积明显扩大。从 2009 年四季度起到 2010 年三季度，受灾面积同比分别增长了 33.4%、43.6%、52.7%和 44.5%。这对农业生产特别是蔬菜生产带来了很大影响。很多蔬菜品种产量下降、上市时间推迟，从而直接推动了蔬菜价格上涨。此外，今年国际粮食产量也受天气影响而减产，国际粮价因此上涨较多，对国内粮价上涨起到了心理示范作用。

5. 投机和预期因素对价格上涨起到了推波助澜的作用

去年以来，主要受房地产市场价格上涨过快的影响，全社会的通胀预期明显上升。根据中国人民银行的储户调查，2010 年三季度预测物价下季度继续上升的比例为 46.2%，比 2009 年初时高出了 20 个百分点。通胀预期强烈造成当个别商品市场供求稍有不平衡时，投机资金就乘机涌入加以炒作，人为扩大供求失衡，导致价格大幅度调整。通胀预期还使价格上涨更易于传递和扩散，扩大了涨价面。

6. “限电”造成部分产品供应紧张价格上涨

今年是“十一五”规划的最后一年，不少地方为冲刺“节能减排”目标，采取了拉闸限电等极端措施，导致不少产品供应紧张，价格上涨。近期，钢铁、电解铝、柴油和一些化工产品价格上升较快，都与限电措施导致的减产有密切的关系。这些产品价格的上涨，既进一步增加了消费品行业生产和流通的成本，也强化了全社会的通货膨胀预期。

在以上诸因素中，回归分析，如表 2 所示，显示国际价格变化对近期 CPI 上涨的影响最大，这一原因约占 93.45%；工资上升约占 1.82%，其他原因约占 5.11%，而总供求关系的影响几乎为 0。对食品价格影响最大的因素则是工资上涨，约占 60%，农业生产资料价格上涨约占 30%，灾害性天气的影响占 25%，影响食品价格下降的因素约占-15%，如表 3 所示。由于农业生产资料价格上涨主要由国际价格上涨推动，所以总体来看，推动近期价格上涨的主要因素是国际价格、工资和灾害性天气。由于今年国际价格上涨也主要由美元汇率和投机等短期因素导致，因而总体看近期价格的快速上涨主要受短期供给因素影响。

表 2　CPI 上涨的各因素贡献

拉动点数	CPI	GDP 缺口	国际价格	工资上涨	其他因素
2010Q1	2.2	2.14	–0.12	0.065	0.115
2010Q2	2.9	0.6	2.7	0.061	–0.428
2010Q3	3.5	–0.013	3.24	0.063	0.177
贡献率（%）	CPI	GDP 缺口	国际价格	工资上涨	其他因素
2010Q1	100	97.27	–5.45	2.95	5.23
2010Q2	100	20.46	92.06	2.08	–14.59
2010Q3	100	–0.37	93.45	1.82	5.11

资料来源：根据 CEIC 数据，课题组计算。

表 3　食品价格上涨的各因素贡献

拉动点数	食品 CPI	灾害	农资价格	平均工资	GDP 缺口	其他因素
2010Q1	5.03	–1.25	0.18	4.31	3.25	–1.46
2010Q2	5.90	0.01	1.30	3.71	0.92	–0.04
2010Q3	7.43	1.83	2.30	4.29	–0.02	–0.97
贡献率（%）	食品 CPI	灾害	农资价格	平均工资	GDP 缺口	其他因素
2010Q1	100	–24.85	3.58	85.69	64.61	–29.03
2010Q2	100	0.17	22.03	62.88	15.59	–0.68
2010Q3	100	24.63	30.96	57.74	–0.27	–13.06

资料来源：根据 CEIC 数据，课题组计算。

回归分析结果也表明今年以来推动价格上涨的主导因素在发生变化。一季度时无论是 CPI 总指数还是食品价格指数上升主要都是由总供求关系变化引起的，而当时价格上涨水平比较适度，也反映了总供求关系较为正常。但到三季度时，价格上涨的主要驱动因素就转变为了国际价格、工资和灾害性天气，而价格上涨幅度也明显偏高。

三、近期全面通胀风险不大而中期通胀压力加大

（一）近期全面通胀风险不大

尽管最近一段时间价格上涨的幅度较高，但无论是从价格上涨的结构，影响价格上涨的主要因素，还是当前宏观经济背景来看，未来特别是2011年价格水平持续大幅、全面上涨的可能性并不大。

第一，以蔬菜为主导的价格上涨是难以长时间持续的。从历史数据看，食品类的价格上涨惯性明显要低于非食品类，分别为0.75和0.92。而鲜菜价格上涨的惯性在食品中又是最低的，仅为0.26，也就是说平均持续上涨的时间只有2个月左右。这与蔬菜生产的周期较短，产量扩大较为容易有关。在此次蔬菜价格上涨后，国家出台了一系列支持蔬菜生产、流通的政策，预计明年蔬菜种植面积将扩大7%，蔬菜产量提高7.5%，蔬菜的流通销售成本也将下降。因而未来一段时间蔬菜价格出现止涨甚至下降都是很有可能的，根据10月份的上涨结构看，CPI因此至少降低1个百分点。从历史上看，粮食价格上涨惯性较强，但在今年粮食连续7年丰收、储备充足的情况下，国际粮价上涨的心理示范作用会逐渐减弱，粮价会逐步回归到与供求关系一致的水平上（见表4）。

表4　不同种类商品价格上涨的惯性

产品	价格惯性	产品	价格惯性
鲜菜	0.26	非食品	0.92
鲜瓜果	0.60	服务类	0.93
粮食	0.83	居住类	0.95
食品	0.75	工业品	0.88

资料来源：根据CEIC数据，课题组计算。

第二，国际大宗商品价格难现2008年暴涨的局面。尽管今年以来国际大宗商品价格出现了明显的回升，但展望未来一段时间特别是明年的走势，可以发现国际大宗商品继续大幅上行的阻力很大。首先，世界经济减速、发达国家产出缺口较大等基本面因素并不支持明年大宗商品价格大幅上涨。其次，今年以来价格升高的主要推手货币和美元汇率因素则存在着较大的不确定性，很难判定其走势一定有利于大宗商品价格的上涨。货币和汇率的走势主要取决于美国货币政策的走向和市场对

美国货币政策的反应。从前者来看，美国新一轮的量化宽松货币政策推出后受到来自国内外的众多批评，这虽然不能阻止美国继续执行该政策，但对美国未来的政策走向还是构成了一定的制约，美国难以放开手脚大印钞票。从市场反应来看，外汇和大宗商品市场的关注点也并不总是在美国货币政策一个点上，而是经常发生变化，如美国第二轮定量宽松政策刚推出时，市场反应强烈，美元汇率应声而跌，大宗商品则立即看涨。而当爱尔兰出现危机信号时，市场注意力立即转移，美元汇率重新上升，目前比刚推出量化宽松货币政策时大涨了5%，而大宗商品价格则出现了跳水，很多商品的累计跌幅达到了10%~20%。尽管还存在很多不确定因素，但目前包括国际货币基金组织在内的主要机构都预测明年国际大宗商品价格走势相对平稳，难现2008年大幅上涨的局面。如国际货币基金组织预测明年大宗商品整体涨幅为1.2%，远低于2008年27.5%和今年的19.9%，其中现货油价平均为78.8美元，比今年仅高出2.5美元，金属价格上涨1.9%，也远低于今年31.4%的涨幅。目前国内价格水平特别是PPI与国际能源原材料价格高度相关，明年国际价格的相对稳定对保持国内价格稳定十分有利。

第三，工资上涨对制造业的影响有限，劳动力成本压力难以扩散到农业和传统服务业以外的行业。今年以来工资的较大幅度上涨的确对农业和传统服务业造成了一定的成本压力。但对于其他行业特别是制造业来说，由工资上涨导致的成本压力还是有限的，这主要是由于这些行业的劳动生产率提高很快，完全可吸收抵消工资上涨的影响，实际上在一些行业中单位产品的劳动力成本还是下降的。此外，受劳动力长期过剩的影响，在今年以前，工资上涨的幅度很小，远远低于同期的劳动生产率增长，因而企业在一定时期内具备消化吸收劳动力成本上升的能力。这种情况表明由工资成本上升推动的价格上涨是难以扩散到非农和非传统服务业领域的，由此导致的全面价格上涨的可能性也不存在。

第四，当前及今后一段时期总需求与总供求处于基本平衡状态，不存在价格全面上涨的基础。在需求方面，今年以来我国的经济增长率不断在向较为适度的水平接近，目前总需求水平与潜在供给水平基本相一致，预计我国明年经济增长将比今年小幅回调，由10%左右的增长回落到9.5%左右，总需求的增长相应也会有所放缓。在供给方面，除农业等个别部门受到短期因素的影响使供给能力有所下降外，其他绝大多数部门的供给能力仍然增长较快，能够充分满足需求。这说明当前价格上升仍是结构性上涨的重要原因。随着短期因素的消失，农业部门的供给能力也在恢复正常，因而未来一段时期总供求关系将向更加平衡的方向发展，这种宏观经济环境是十分有利于价格稳定的。

从以上各方面的因素来看，2011 年价格失控的风险并不大。一些国际权威的宏观经济分析预测机构对中国 2011 年的通胀预测也明显低于当前的通胀水平，如国际货币基金组织和世界银行在今年 10 月和 11 月分别预测中国 2011 年的通胀率为 2.7%和 3.5%。综合考虑各方面的因素，2011 年通胀调控目标可以定在 4%左右，到 2011 年底通胀率将回落到 3%左右。

（二）中期通胀压力在加大

从中长期来看，中国的通胀形势仍很复杂。首先从一般历史经验看，在工业化过程中并不存在明显的通胀或通缩趋势。图 5 是一些处于不同工业化阶段的东亚经济体的通胀情况。这些经济体中有较早完成工业化的日本，也有 20 世纪 80 年代崛起的四小龙中的韩国和中国台湾省，还有属亚洲新兴工业化国家的泰国、马来西亚。这些经济体在同一时期所属的工业化阶段相当不同，但其通胀变化轨迹却相当一致，这表明工业化发展阶段不同并不是决定其通胀趋势的主要因素。工业化对价格水平的影响既有正向也有负向的。一方面，工业化进程会不断扩大对要素和资源的使用，从而加大要素和资源的稀缺程度，进而推动其价格上升。但另一方面，工业化又是生产率不断提高的过程，要素和资源的利用效率与加工程度也在提高，这使要素和资源价格变化对总价格水平的影响下降，从而有利于总价格水平的稳定。两方面综合作用的结果使工业化对价格水平的影响基本接近中性。

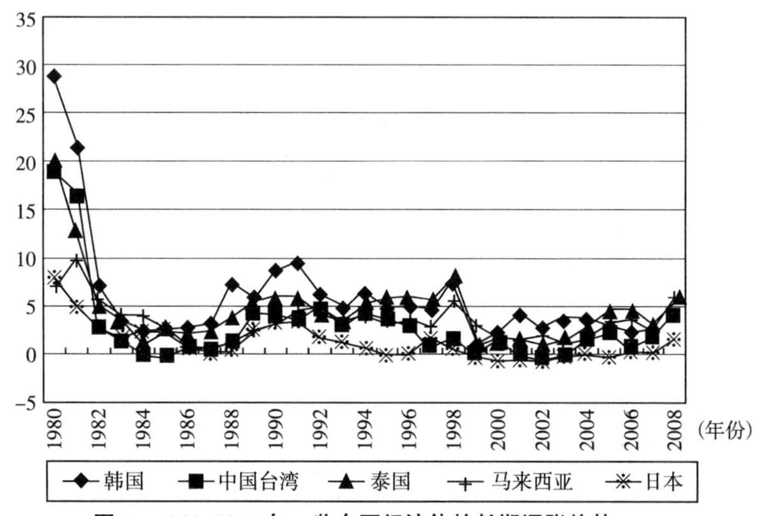

图 5 1980~2008 年一些东亚经济体的长期通胀趋势

资料来源：IMF WEO Database.

从我国工业化的特殊性和危机后新的形势来看，至少在中期内，我国的通胀压力是趋于上升的。一是中国人口规模大、发展速度快，加之国际市场大宗商品的资源稀缺程度比以往又有所提高，因而我国工业化对资源性价格的冲击更为强烈，上涨速度可能超过以往。二是随着全球化高潮的结束和中外技术水平差距的缩小，我国在改革开放以来所享受的技术转移红利也将趋于减少，这将放慢中国的生产率增长速度，降低中国经济对高成本的吸收和承受能力。三是危机后各国普遍采取了极宽松的货币政策，在全球范围内造成了流动性过剩的局面，流动性过剩通过各种渠道对中国价格形势的稳定产生不利影响。

四、宏观调控要处理好“抑通胀”和“保增长”间的关系

在当前价格上涨较快但经济增长仍存在下行风险的情况下，要进一步处理好“抑通胀”和“保增长”间的关系。更加灵活地运用财政、货币政策，有针对性地解决影响当前价格和增长的主要问题。

（一）更积极地发挥货币政策在管理通胀预期中的作用

1. 实行不对称加息

货币政策一般在供给冲击面前是无效的，但考虑到当前通胀预期较高，有发生自我实现预期通胀的可能，需要运用货币政策来稳定公众预期。可以考虑更积极地使用价格型政策工具，实施不对称加息，尽快消除负利率，稳定储蓄。不对称加息对实体经济的影响较小，有利于“保增长”。减少存贷款利差还可以抑制银行的放贷冲动，有利于银行体系建立起自我约束的信贷投放机制，降低金融风险。

2. 逐步解决货币信贷增长过快的问题

货币信贷增长过快既是短期刺激政策作用的结果，也是当前经济金融结构所使然。要根据价格形势和经济复苏、经济结构调整与金融发展的进展综合考虑确定合理的信贷规模，近期不应继续扩大信贷规模，但也不宜作急剧收缩，2011 年信贷规模控制在 7 万亿元左右为宜。同时要加强对表外信贷业务、资本市场融资的监管，防止变相扩大信贷规模。

3. 大幅度增加汇率的灵活性

应对国际价格上涨，权衡利弊，选准时机在一段时期内实现快速升值更为可取。还应加强资本流动监管，严格控制热钱流入，阻隔经流动性渠道传导的输入型通胀。

（二）更积极地发挥财政政策作用

财政政策在应对供给冲击型通胀中应发挥主要作用，要加大对短缺部门的支持，尽快消除供给缺口。特别是要加大农业的支持力度，进一步改善农业生产条件，提高抵御自然灾害的能力，促进农业生产率提高，使农业供给水平与工业化和城市化进程相适应。

（三）加强市场监管和市场体系建设

适应农产品市场由区域分散市场向全国集中统一市场转变的新形势，加强和完善市场监管和交易机制，防止过度投机。房地产市场调控仍要继续坚持，要通过扩大供给和严控投机需求双向调节来实现供求平衡。

（四）建立针对中长期通胀压力的长期应对策略

1. 提高生产效率、改善供给

资源要素价格长期上涨的趋势是不可避免的，由此推动的农产品和传统服务业价格上涨也是必然的。不能过度抑制这一过程，否则会造成更大的供需不平衡。因此，反通胀的长期策略，应是通过促进生产率提高、增加产出、降低农产品支出比重等途径减少这部分价格上涨对整体价格形势的影响。

2. 更有效地利用国际市场国外资源

根据比较优势原则，适当调整国内农业生产结构，可以逐步扩大国内生产成本高、经济效益低的非主粮类农产品进口。在继续重视对石油、矿产资源海外投资的同时，要加大对海外农业资源的投资和控制，在海外形成新的稳定的农业生产能力。

3. 加强对低收入人群的保障水平

通胀的主要受害人群是固定收入人群，其中的低收入者更是受通胀影响最大的人群。要避免这部分人群因价格特别是食品价格上涨而导致生活水平下降。可以借鉴国际经验，编制针对不同收入人群的价格指数，从而更清晰地显示价格上涨对不同收入人群的影响。在货币保障的基础上，考虑增加发放食品券等实物保障方式，以保证低收入人群的基本生活不受价格变动的影响。

执笔：孙学工　刘雪燕

附件1　影响通胀因素的计量分析

我们构造了通货膨胀方程来分析各个因素对通货膨胀水平的影响，以此更好地分析判断当前价格上升的原因。在通货膨胀方程中，被解释变量为消费者价格指数CPI，GDPCYCLE为使用HP滤波法计算得到的GDP缺口，IMPORT为进口价格指数，WAGE为平均价格水平同比增长率，M2为广义货币供给同比增长率。在计算中全部使用季度数据。

为清晰表示不同因素对通货膨胀的影响效果，在回归结果中我们没有去除不显著变量，故回归结果中，调整R2的数据与R2的数据差距较大。

回归结果表明，除M2外，其他因素对CPI具有显著的影响。其中，如果平均工资水平上升速度加快1个百分点，则一年之后CPI上升0.5个百分点，二者之间存在四个季度的滞后。

进口价格指数对一个季度之后的CPI具有显著的影响，如果进口价格指数上升1个百分点，那么一个季度之后的CPI上升0.17个百分点。

GDP缺口对于当期的通胀水平具有显著的影响，如果经济增长超过潜在增长率，那么超过部分几乎全部体现为价格的上涨。

Dependent Variable：CPI				
Method：Least Squares				
Date：11/18/10　　Time：15：33				
Sample（adjusted）：2006Q1　2010Q3				
Included observations：19 after adjustments				
Variable	Coefficient	Std. Error	t-Statistic	Prob.
C	76.94345	5.705801	13.48513	0.0000
GDPCYCLE	1.000925	0.242289	4.131122	0.0010
IMPORT（-1）	0.173592	0.031901	5.441622	0.0001
WAGE（-4）	50.24614	19.55824	2.569053	0.0223
M2（-1）	-0.008941	0.101768	-0.087856	0.9312
R-squared	0.753048	Mean dependent var		102.8632
Adjusted R-squared	0.682490	S.D. dependent var		2.830026
S.E. of regression	1.594664	Akaike info criterion		3.992137
Sum squared resid	35.60134	Schwarz criterion		4.240674
Log likelihood	-32.92530	F-statistic		10.67278
Durbin-Watson stat	1.173231	Prob（F-statisitic）		0.000351

在本轮价格上升过程中，食品价格上升扮演了重要的角色。我们构造食品价格方程来分析是什么推动了食品价格的上涨，并使用季度数据进行回归分析。FOOD为CPI八大类中的食品价格，ZAI为农业受灾面积的同比数据，NYPI为农业生产资料价格指数，QTWAGE为除去国有企业和城镇集体企业外的其他类型企业的平均工资，由于缺乏非熟练工的工资率数据，我们使用这个指标替代，M2为广义货币同比增长率，CYCLE为使用HP滤波法计算得到的GDP缺口。计算中使用的数据都为季度数据。

为清晰表示不同因素对食品价格的影响效果，在回归结果中我们没有去除不显著变量，故回归结果中，调整R2的数据与R2的数据差距较大。

回归结果表明，农业灾害在三个季度之后对食品价格有显著影响，回归系数为0.06，这表明每一单位农业灾害面积变化对食品价格的影响作用不是很大，但灾害的实际影响仍要取决于实际灾害面积的变化，如实际灾害面积增长较大时，仍可对食品价格造成实质性的影响，这也正是2010年所发生的。

农业生产资料价格的上升对当期食品价格就有非常显著的影响，生产资料价格上升1个百分点，当期就会传递到食品价格中0.685个百分点。

工资对与食品价格具有显著影响，但存在一年的滞后期，一年中工资价格上涨的近60%会传递到食品价格中。

广义货币供给M2对食品价格没有显著影响，不同滞后期的影响都不显著。

当期经济缺口对食品价格具有显著的影响力，如果经济增长超过潜在增长率，则会显著提高食品价格。

Dependent Variable：FOOD				
Method：Least Squares				
Date：11/24/10　Time:11：28				
Sample（adjusted）：2006Q1　2010Q3				
Included observations：17 after adjustments				
Variable	Coefficient	Std. Error	t-Statistic	Prob.
C	20.07105	10.38859	1.932027	0.0795
ZAI（-3）	0.060051	0.018187	3.301922	0.0071
NYPI	0.685157	0.084975	8.063064	0.0000
QTWAGE（-4）	0.596168	0.234119	2.546437	0.0272
M2（-2）	0.322390	0.188615	1.709247	0.1154
CYCLE	1.476935	0.375114	3.937291	0.0023
R-squared	0.906532	Mean dependent var		107.9471
Adjusted R-squared	0.864046	S.D. dependent var		6.968157
S.E. of regression	2.569291	Akaike info criterion		4.995701

续表

Variable	Coefficient	Std. Error	t-Statistic
Sum squared resid	72.61383	Schwarz criterion	5.289777
Log likelihood	-36.46346	F-statistic	21.33744
Durbin-Watson stat	1.937168	Prob（F-statisitic）	0.000025

执笔：刘雪燕

附件 2　大宗商品国际市场的走势及其对我国物价的影响

一、近期国际市场价格上涨对我国物价影响的机理分析

21 世纪初，我国加入 WTO 以来，融入全球工业分工体系的步伐明显加快。在经济持续快速发展的同时，作为制造业大国对国际市场能源、原材料的需求量也在不断加大。我国每年新增石油消费量占新兴市场和发展中国家总量的 1/3 左右。2008~2009 年，全球基础金属总需求降幅从 1%扩大到 3%，但我国需求量增幅却从 2%升至 8%。目前，石油、铁矿石、大豆、铜等大宗商品的进口额占我国各项消费量的比重均超过 50%，而且逐年递增。

我国宏观经济运行，尤其是国内物价水平与国际市场的关系日益密切。2009 年以来，我国居民消费价格指数（CPI）与世界银行国际大宗商品价格指数的变动趋势基本一致，尤其是近半年以来上涨趋势更是趋于一致（如图 1 所示）。根据测算，2008 年 10 月以来，世界银行国际大宗商品指数每上涨 1%，我国居民消费价

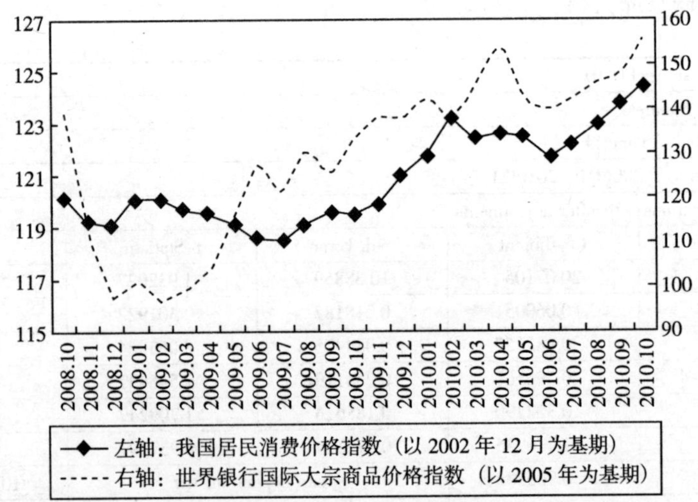

图 1　我国居民消费价格指数与世界银行国际大宗商品价格指数的变动趋势

资料来源：国家统计局、世界银行、CEIC。

格指数将上涨0.07个百分点。以2010年10月为例，国际大宗商品价格同比上涨17.5%，影响国内CPI上涨1.2%，同期国内CPI同比涨幅为4.4%，国际大宗商品涨价对国内物价水平上涨的贡献率为27.9%。与去年同期相比，2010年第三季度，因国际市场价格上涨，我国为进口9类初级商品多支出128.2亿美元，占同期价格上涨带来的GDP增加值的18.2%。

国际大宗商品价格通过国民经济各个部门的传导，对我国物价总水平施加压力。

首先，国际油价直接影响我国石化行业、农资行业、运输服务业的生产成本。高油价使得我国石化企业在成品油提价滞后的情况下利润下滑。原油精炼过程中的衍生品是化肥、塑料行业的重要原材料，高油价使得农业生产成本显著提高，对稳定粮食价格造成较大压力。原油价格变动还直接影响国内运输服务业的成本，运输成本是工业生产成本的重要组成部分，直接影响很多工业部门的利润结构。

其次，国内铁矿石、铜材、钢材、氧化铝、棉花市场直接与国际市场接轨，国际市场价格上涨直接影响钢铁、冶金、纺织工业的成本结构，并通过这些上游工业向汽车、电子、机械、服装、房地产等下游行业传导，直接挤压了制造与建筑业企业的利润空间。

最后，国际大豆价格上涨，对国内豆油、豆粕价格都有直接影响，并传导到食品业、饲料业以及养殖业。目前，我国居民消费价格指数（CPI）当中食品所占权重较高，这也加大了国际价格向国内物价总水平程度的传导。

二、国际大宗商品价格走势及其影响因素

2010年下半年以来，世界银行大宗商品价格指数比年中最低点上涨近15%。主要品种价格有不同程度的上涨，国际油价一度接近90美元/桶，虽然离147美元/桶的历史高点尚有距离，但已经超过各类权威机构的上涨预期。国际铜价于11月创历史新高8965美元/吨，市场对铜价的预期已经全面上调。主要农产品表现也异常活跃，2010年7月以来，国际小麦价格飙升60%~80%，玉米价格上涨约40%，10月份美国大豆价格环比上涨近10%，同比上涨超过20%，国际棉价从2008年峰值的98.45美分/磅飙涨至144.60美分/磅，涨幅近50%。

当前国际市场大宗商品价格上涨的主要原因是气候灾害、罢工、贸易保护引发的供给不足，美元贬值导致的价格偏离基本面，充裕流动性引致的投机炒作。

首先，气候灾害、工人罢工、贸易保护、环保政策引发产量下降、库存减少，导致供给不足。

俄罗斯、乌克兰、哈萨克斯坦和澳大利亚等世界主要产粮区因极端天气而大幅减产，欧盟和北非地区也相继报告农作物减产。为保证国内供应和抑制粮价上涨，俄罗斯政府决定将谷物出口禁令延迟至 2011 年 7 月，乌克兰政府也打算在 2010 年底前限制粮食出口，这加重了对国际粮价走强的预期。由于自然灾害的影响，印度等国正在酝酿粮食补库存计划，埃及等北非国家和部分中东国家在澳大利亚和北美抢购粮食，进一步加剧了供给缺口。

全球第三大石油港口法国 Fos-Lavera 港工人罢工导致运输受阻，北海、墨西哥湾油田小幅减产，支撑国际油价上涨。全球第三大铜矿——智利 Collahuasi 铜矿工人罢工导致产量下降，引发主要国家库存相继下滑，导致铜价飙升。

近期，印度钢铁部长表示，应该限制铁矿石出口以保证国内供应充足，此举将加剧铁矿石现货市场的竞争。2010 年下半年，我国高耗能省份为达成全年节能减排目标，关停电解铝、钢铁行业中小产能，导致铁矿石进口减少、钢材出口减少，对国际市场产生较大影响。

其次，美元贬值导致大宗商品价格偏离经济基本面。

国际大宗商品以美元计价，美元指数和国际大宗商品总指数之间具有较强的相关性。今年数据显示，美国经济复苏进程慢于预期，对美元贬值较强的预期导致下半年以来美元指数连续数月下降，对大宗商品价格上涨形成有力支撑。

最后，为了加速经济复苏，主要发达国家实行的新一轮量化宽松货币政策造成更多流动性，引发新一轮投机炒作。

2010 年上半年欧元区实行 7500 亿欧元经济刺激计划，10 月美联储宣布实行第二轮量化宽松货币政策，11 月日本央行购入 1500 亿日元政府债券。量化宽松货币政策提高了通胀预期，引发机构投资者将资产配置从固定收益产品转向大宗商品指数，以对冲通胀。下半年以来，低成本资金和宽松的信贷环境促成投机性建仓，衡量商品投机的主要指标“非商业性净多头持仓量”有明显上升。

展望 2010 年第四季度和 2011 年的大宗商品市场走势，全球经济复苏进程的不确定性决定了国际大宗商品价格短期内高位宽幅震荡，中长期调整下行的基本走势。

实际上发达经济体经济复苏进程比预期缓慢，受欧洲债务危机、美国就业率低迷等因素影响，全球能源、原材料需求总量仍显不足，价格高涨仍旧缺乏经济基本面的有利支撑。欧洲爱尔兰等地的债务危机可能导致欧元兑美元的价格再次走弱，美元指数有望反弹，将进一步拉低价格。目前，部分国家出于抑制通胀预期和防止资产价格膨胀的目的已经进入加息通道，可能抑制未来流动性的传导与扩散，国际大宗商品价格可能因此进入震荡调整期。受各自供需基本面以及不同类型炒作题材发挥程度的影响，不同商品的价格变动将在 2011 年第一季度以后呈现分化走势。

国际油价将从目前开始高位回调，并重新进入震荡调整期。据美国能源情报署报告，美国油品库存总量有下滑的现象，但是仍处于高位。美国 10 月份炼油厂开工率由 9 月份的 87.35%下降了近 5 个百分点。世界银行预计全球石油需求增长将保持在 1.5%的温和增长水平。一系列经济数据显示，发达经济体复苏步伐依旧迟缓，石油产品需求仍将弱于金融危机爆发之前。我国成品油价格体系尚未与世界接轨，尽管国内正在经历体制性“柴油荒”，但直接通过国际市场补给的机制尚未理顺，无法直接推升国际需求。总之，石油库存高企、需求恢复缓慢将是造成油价下行的主要因素。

国际有色金属经历备库旺季后，主要品种价格走势或将分化。随着市场对一系列经济复苏预期的充分消化，仅凭新兴市场需求恢复增长，年底增大库存储备等利好消息不足以支撑铜价维持目前高位。在全球主要铜矿复产或提高产量的同时，即将迎来第四季度即铜消费的传统淡季，铜价的前期上涨可能会进一步压抑下游产业需求。诸多因素正在驱使铜价在经历一段高位震荡后回归经济基本面。铝消耗大户汽车业和房地产业前一阶段的回暖主要是受扩张性政策引导，目前有数据显示两个行业的恢复慢于预期。我国部分省区市为达成节能减排目标，限制电解铝中小产能开工，但是全球范围内铝产量增速仍大于消费恢复的增速，整体供大于求的局面将使铝价保持平稳运行且可能小幅回落。

历经供给冲击后的调整期，低比价与高成本将推动农产品价格稳步上行。农产品需求稳定，库存并非历史低点，供给冲击过后，价格将有所回落。世界粮农组织最新公布的《世界农作物前景及粮食形势》报告预测，2010 年全球谷物产量为 22.39 亿吨，比今年的预计产量高出 900 万吨，2010~2011 年度世界谷物消费量将达 22.48 亿吨。但由于谷物库存量相对较大，供应仍将充足。2010~2011 年度世界谷物库存消费比为 23%，明显高于 2007~2008 年度粮食危机期间的最低点。目前，农产品与能源、金属比价依旧较低，中长期面临种料、农资、劳动力成本上升的压力，价格将稳步上行。

我国国内粮食市场相对独立于国际市场。我国政府历来高度重视国内粮食的安全问题，近年来大力鼓励粮食生产，国内市场粮食供需基本平衡，近期政府同步加大粮食收储与主要农产品抛储的力度，并通过补贴来稳定农产品市场价格。

我国经济转型的力度与方式将深刻影响国际铁矿石价格走势。我国钢铁企业一般在冬季补充库存，春节前后暂停，其后以更快速度进货，以满足上半年不断提高的钢铁产量。这一季节性补涨能够弥补前一阶段节能减排政策关停中小产能导致的需求缺口，可能导致现货到岸价格止跌反弹。2011 年是我国“十二五”计划的开局之年，基础设施项目规模有望进一步提升，钢铁需求量将进一步提高，但是面对通胀压力，信贷市场流动性受限，产能只可能审慎扩张。与此同时，国内钢铁行业将加快兼并重组的步伐，低端、过剩产能将被淘汰，我国对进口铁矿石的需求可能减少，这将使铁矿石价格保持下行趋势。

当前，由流动性充裕放大供给不足引发的国际大宗商品价格上涨，将因缺乏经济基本面的有力支撑而逐步回落。政府有关部门正积极采取措施缓解国际市场价格传导的压力，比如通过降低关税扩大相关商品进口。如果按照我国节奏渐进式推进汇率竞争机制改革，也会有助于化解美元汇率波动的不利影响，降低进口成本增大的压力。总之，当前我国国内物价上涨是可调、可控的，2011 年伴随输入性通胀的缓解，国内物价水平将趋于平稳。

执笔：刘树杰　郭丽岩

本轮通货膨胀特征与走势分析

2010 年 7 月 CPI 同比增幅超过 3%后，直至 2011 年 10 月份月度 CPI 都保持在 3%以上，并且屡创新高，2011 年 7 月份 CPI 更是达到 36 个月以来的最高值 6.5%，通货膨胀问题引起广泛关注，成为当前宏观经济调控的首要问题。焦点问题是，本轮通胀的未来走势如何，通胀还会持续多长时间，通胀的压力何时会消除。这事关宏观调控政策力度和节奏的把握，事关下一步政策的走向。我们试图通过对比分析几轮通胀的成因和特点，对本轮通胀的走势做出较为精准的估计（见图 1）。

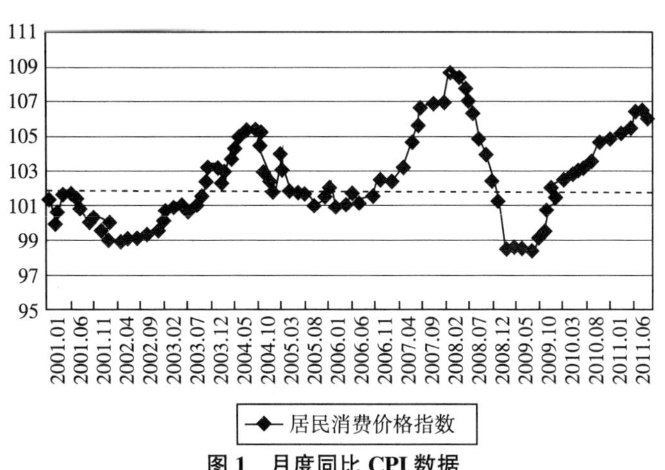

图 1　月度同比 CPI 数据

注：超过图中虚线的部分即为一轮通货膨胀周期。

历史数据表明 CPI 波动存在显著的周期性特征，如果我们把 CPI 同比增幅 3%作为衡量是否通胀的临界值，2000 年以来，我国共经历了 3 轮通货膨胀，分别是 2003 年 11 月至 2005 年 3 月、2007 年 3 月至 2008 年 10 月和本轮尚未结束的通货膨胀。

一、本轮通胀的特点分析

(一) 本轮通胀呈现全面上涨特征

2003~2005年的通胀中，食品、居住、烟酒及用品、医疗保健和个人用品四项对居民消费价格指数的贡献率达到104.8%，2007~2008年，四项的贡献率达到106.1%，而本轮通胀中四项贡献率下降到101.4%。其中食品的贡献率出现大幅下降，由前两轮的80%以上下降到70%左右（见表1）。

表1 四大类对居民消费价格指数的贡献

	居民消费价格指数	食品	居住	烟酒及用品	医疗保健和个人用品	四项和
平均上涨点数						
2003.11~2005.3	3.6	9.1	4.8	1.0	-0.2	3.7
2007.3~2008.10	6.0	15.1	5.7	2.3	2.7	6.5
2010.7~2011.10	5.0	11.1	5.6	2.2	3.5	5.1
贡献率（%）						
2003.11~2005.3	100	83.1	18.1	4.1	-0.5	104.8
2007.3~2008.10	100	83.5	12.9	5.5	4.2	106.1
2010.7~2011.10	100	71.4	17.5	6.1	6.4	101.4

注：2011年国家统计局调整了居民消费价格指数的构成权重，我们在计算本轮通胀中各项对居民消费价格指数的贡献时，2010年部分按照旧权重计算，2011年部分按照新权重计算，然后计算均值。

在以前两轮通胀中，交通和通信类、娱乐教育文化用品及服务、衣着以及家庭设备用品及维修服务四类对CPI的贡献率分别为-8.6%和-1.3%，对物价上涨起到制动作用（见表2）。而在本轮通胀中，它们不仅没有表现出制动效果，反而起到了推波助澜的作用，可以看出，在本轮通胀中，物价上涨呈现扩散趋势，全面上涨的特征更加明显。

表2 四大类对居民消费价格指数的贡献

	居民消费价格指数	交通和通信	娱乐教育文化用品及服务	衣着	家庭设备用品及维修服务	四项和
平均上涨点数						
2003.11~2005.3	3.6	-1.6	1.5	-1.6	-1.4	-3.1
2007.3~2008.10	6.0	-1.0	-0.8	-1.1	2.4	-0.5
2010.7~2011.10	5.0	0.1	0.6	0.8	1.7	1.6

续表

	居民消费价格指数	交通和通信	娱乐教育文化用品及服务	衣着	家庭设备用品及维修服务	四项和
贡献率（%）						
2003.11~2005.3	3.6	-4.1	1.9	-4.1	-2.4	-8.6
2007.3~2008.10	6.0	-1.5	-0.6	-1.6	2.4	-1.3
2010.7~2011.10	5.0	0.1	0.5	1.4	2.1	4.1

（二）本轮通胀中新涨价因素更加显著

对比分析三轮通胀中翘尾因素和新涨价因素对物价上涨的贡献，如表 3 所示，在前两轮通胀中，翘尾因素和新涨价因素在推动物价上涨中平分秋色，贡献率都在 50%左右，而在本轮通胀中，截至 2011 年 10 月份，翘尾因素的贡献率为 47.8%，考虑到 2011 年 10 月后翘尾会迅速下降，因此预计在本轮通胀中，翘尾因素的贡献率为 45%左右，新涨价因素的贡献达到 55%。可以看出，本轮通胀与上两轮通胀相比，更多表现为新涨价因素的拉动。

表 3　三轮通胀中翘尾因素和新涨价因素的贡献率

	居民消费物价指数	翘尾拉动点数	新涨价拉动点数	翘尾贡献率（%）	新涨价贡献率（%）
2003.11~2005.3	3.6	1.80	1.80	50.0	50.0
2007.3~2008.10	6.0	2.93	3.07	48.8	51.2
2010.7~2011.10	5.0	2.39	2.61	47.8	52.2
预计本轮通胀数据	4.5	2.02	2.48	44.9	55.1

（三）与上轮通胀相比本轮通胀的货币色彩较弱

要分析通胀中货币因素的作用，首先要解决的是流动性度量的问题，我们认为流动性是个流量的概念，与交易的次数和货币的流动速度存在正相关关系，M2 中包含的定期存款不能用作投资和消费，M2 只能用来衡量存量。与 M2 相比，M1 具有更强的购买力，CPI 与 M1 的正相关性应高于与 M2 的相关性。这也可以通过数据得到验证，如图 2 所示。

通过进一步分析，我们发现提前 12 个月的 M2 和提前 6 个月的 M1 与 CPI 之间存在较稳定的正相关关系。到 2007 年 5 月后，M2 的解释能力下降，但 M1 仍具有很强的解释能力，如图 3 所示。

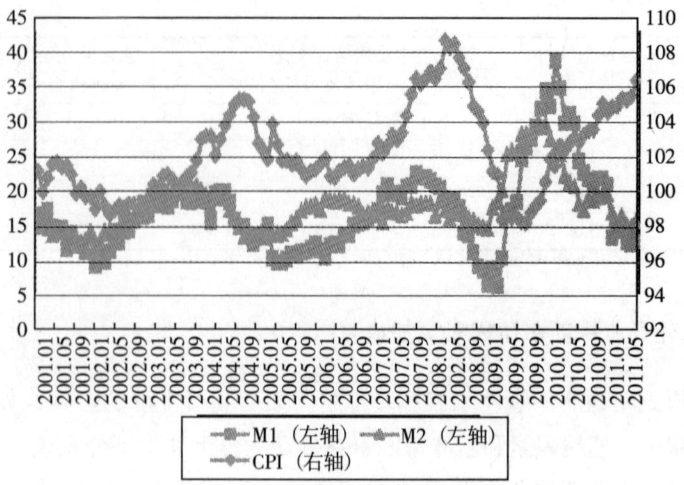

图 2　CPI 和 M1 的相关性好于和 M2 的相关性

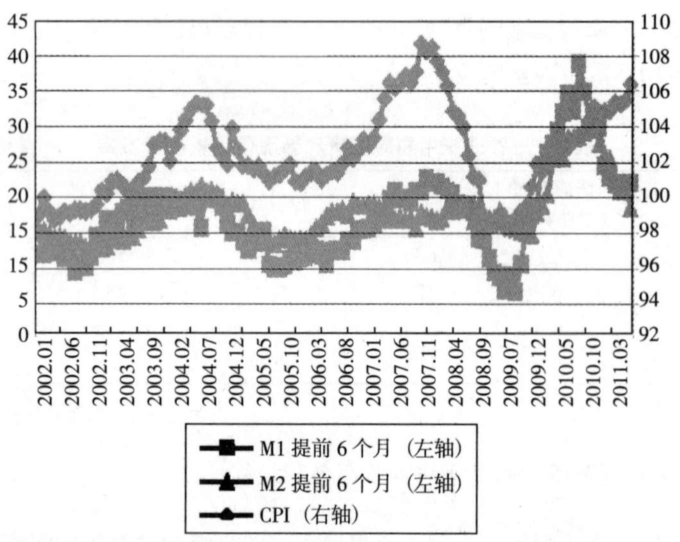

图 3　提前 6 个月的 M1 增速和 CPI 的相关性更好

在三轮通胀中 M1 增速表现出较大的差异，2003~2005 年通胀中，M1 平均增速为 18.4%，2007~2008 年通胀期间 M1 平均增速为 19.6%，而截至 2011 年 10 月本轮通胀 M1 平均增速为 15.8%，货币因素对本轮 CPI 的影响较弱（如表 4 所示）。通过上述分析可以看出，2008 年以来为刺激经济增长而出台的宽松的货币政策对本次通胀不具有决定性影响，本轮通胀的货币色彩较弱。

表 4 三轮通胀中 M1 平均增速

	居民消费物价指数	M1 平均增速（%）
2003.11~2005.3	3.6	18.4
2007.3~2008.10	6.0	19.6
2010.7~2011.10	5.0	15.8

（四）本轮通胀受到更多输入性因素的影响

随着我国经济对外开放程度的不断上升，国际市场价格波动对我国国内价格的影响作用也越来越显著，由于我国是大宗商品的净进口国，因此相关产品价格大幅上涨所造成的供应冲击，使得我国中下游行业面临较大的成本压力，增大通胀压力。

从 CRB 指数可以看出，在前两轮通胀中，大宗商品指数远低于本轮通胀，本轮通胀面临的国际通胀环境更加复杂，因此输入性因素对我国通胀的影响有可能会加大（见图 4）。

图 4 路透—杰弗里商品研究局（CRB）指数走势

我们使用进口价格指数反映输入性因素对我国通货膨胀率的影响。数据分析表明，进口价格指数与通货膨胀率之间存在很强的同步性和相关性。在 2007~2008 年通货膨胀的上升段，进口价格指数为 112.8%，本轮通胀中，截至 2011 年 10 月，进口价格指数平均为 113.2%（见图 5）。输入性因素对本轮通胀的影响要高于对上轮通胀的影响。

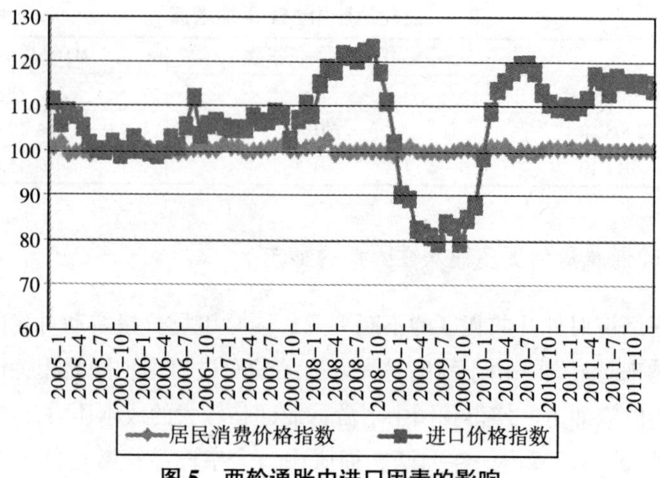

图 5 两轮通胀中进口因素的影响

（五）本轮通胀中成本推动的作用显著

仔细分析各类商品的主要成本影响因素可知，人力成本对各类商品的价格影响最大，其次是生产资料价格。我们通过重点分析人力成本和生产资料价格在几轮通胀中的变化，得到本轮通胀的成本推动特征（见表 5）。

表 5 各类商品主要成本影响因素

类别	细项	主要成本影响因素
食品类		受人力成本和生产资料价格影响，但受到外部因素干扰较多
衣着类	服装价格	具有可贸易性，此外受流通环节影响
烟酒及用品类	烟草价格	价格管制
	酒类价格	受生产资料、人力成本影响，价格调整具有黏性
家庭设备用品及维修服务类	耐用消费品价格	具有较强可贸易性，受较少流通环节影响
	家庭服务及加工维修服务价格	主要受人力成本与消费需求影响
医疗保健及个人用品类	西药价格	部分受 PPI 生产资料影响，部分受管制
	中药材及中成药价格	主要受人力成本与 PPI 生产资料影响
	医疗保健服务价格	主要受人力成本影响，大部分存在价格管制
交通和通信类	交通工具价格	具有较强可贸易性，受较少流通环节影响
	车用燃料及零配件价格	车用燃料受到价格管制，零配件则具有可贸易性

续表

类别	细项	主要成本影响因素
交通和通信类	车辆使用及维修价格	主要受人工成本影响
	城市间交通费价格	受生产资料价格影响， 但较多受到价格管制
	市区交通费价格	受生产资料价格影响， 但较多受到价格管制
	通信工具价格	受生产资料价格和人工成本影响
	通信服务	大多受价格管制
娱乐教育文化用品及服务类	学杂托幼费价格	大多受价格管制
	教材参考书	受人工成本和生产资料价格影响， 部分受价格管制
	文娱费价格	受人工成本影响
	旅游价格	受人工成本影响，部分受价格管制
	文娱用品价格	具有一定可贸易性
居住类	水、电及燃料价格	受生产资料价格影响， 但主要受价格管制
	建房及专修材料价格	主要受生产资料价格影响
	租房价格	

首先是生产资料成本的高涨。其自 2010 年下半年以来对我国造成越来越大的通胀压力，并主要表现在 PPI 指数以及原材料、燃料、动力购进价格指数的不断加速上涨上。前两轮通胀中，工业生产者购进价格指数平均上涨 10.6%和 8.3%，本轮通胀中，工业生产者购进价格指数平均涨幅为 9.5%（见图 6）。

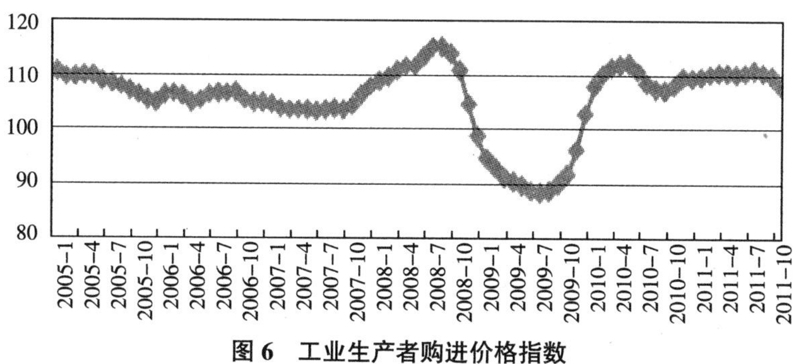

图 6　工业生产者购进价格指数

其次是劳动力成本的上升。2009 年下半年以来，随着我国经济从全球金融危机中逐渐复苏，投资和出口增长带动劳动力需求快速增长，劳动力成本的上升压力有所显现。国家统计局调查数据显示，2005~2009 年，城镇职工（不包括私营企业）平均货币工资年均增长 15.2%，2009 年达到 32736 元；2010 年第一季度末，外出农民工月均收入为 1560 元，同比增长 11.1%。近年来，国家采取一系列措施提高社会保障的覆盖率和保障水平，仅 2010 年初以来，就有 15 个省区市上调最低工资标准，上调幅度平均达 20.6%。同时，中西部地区的发展和“三农”政策的实施，也提高了农民外出务工的机会成本。一般来说，劳动生产率短期内难以快速提高，劳动力成本的上升无疑会加重通货膨胀的上行压力。但在较长时期内，劳动力成本优势的减弱将刺激国内企业调整要素投入比例，通过大幅提高劳动生产率的方法抵消劳动力成本上升造成的负面影响。自 2010 年 7 月至 2011 年 6 月，我国制造业人均工资上涨 10.3%，这需要在未来的经济增长中依靠劳动生产率的提高进一步消化。

进一步分析得出，核心 CPI 与经济长期走势密切相关，这更多地反映了成本因素对通胀的作用。上一轮通胀过程中，虽然 CPI 表现出较大的升幅，最高点达到 8.7%，均值也达到了 6%，但核心 CPI 并没有表现出大的波动，一直保持在 0.8%~1.2%之间。而本次通胀中，不仅 CPI 表现出明显的上升趋势，核心 CPI 的上升幅度更是惊人，2010 年以来几乎是逐月上升，6 月份达到 2.5%的高点后，至 10 月份都以 2.3%或者 2.4%的高速度上升（见图 7）。

通过综合分析可知，本轮通胀与上轮通胀相比，成本推动的作用更加显著。

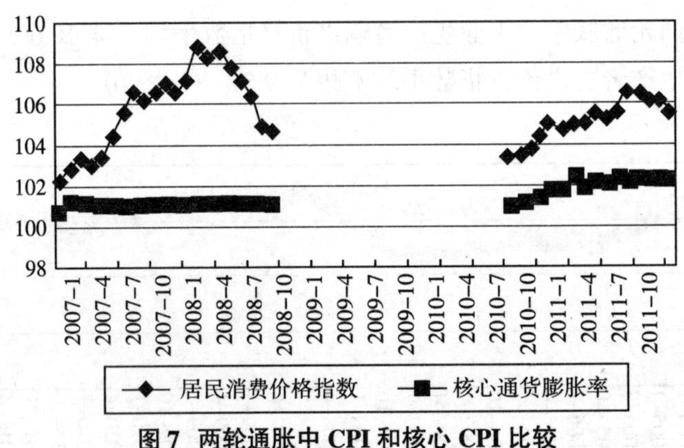

图 7 两轮通胀中 CPI 和核心 CPI 比较

二、本轮通胀走势分析

(一) 本轮通胀幅度可能处于前两轮通胀之间

在分析通货膨胀时的经济基本面支撑时需要注意，GDP 增速缺口与 CPI 相比有两个季度的先行期。因此，2003 年 11 月至 2005 年 3 月的通货膨胀对应的经济基本面应为 2003 年二季度至 2004 年三季度的经济运行特征，2007 年 3 月至 2008 年 10 月的通货膨胀对应的经济基本面应为 2006 年三季度至 2008 年一季度的经济运行特征。相应地，本轮通胀的经济基本面特征应为 2009 年四季度以来的经济运行情况。经分析可知，2003 年 11 月至 2005 年 3 月的通货膨胀对应的产出缺口为-0.28%，不具备经济基本面的支撑，因此通胀没有表现出全面、大幅上涨的特征，平均上涨了 3.6 个百分点。而 2007 年 3 月至 2008 年 10 月的通货膨胀伴随着经济过热，产出缺口为 1.35%，因此 2007~2008 年的通胀幅度远高于上一轮的通货膨胀，CPI 平均上涨幅度达到 6%。本轮通胀中，经济没有出现过热现象，截至 2011 年 10 月，产出缺口为负值，因此本轮通胀的幅度不会超过 2007~2008 年的通胀，应处于前两轮通胀之间（见表 6）。

表 6　通货膨胀的经济基本面支撑

	居民消费物价指数	产出缺口
2003.11~2005.3	3.6	-0.28
2007.3~2008.10	6.0	1.35
2010.7~2011.10	5	-0.07

(二) 本轮通胀的持续时间可能会稍长于前两轮通胀

通胀的持续时间的长短与通胀的惯性直接相关，而通胀的惯性则取决于通胀的结构。2003 年 11 月至 2005 年 3 月、2007 年 3 月至 2008 年 10 月以及本轮通货膨胀的惯性，如表 7 所示，分别为 0.86、0.87 和 0.89，本轮通胀的惯性稍大于前两轮，可预计本轮通胀的持续时间可能会稍长于前两轮。2003~2005 年的通胀持续了大约 16 个月，2007~2008 年的通胀持续了大约 18 个月，预计本轮通胀可能会持续 22 个月左右，预计到 2012 年二季度，月度同比数据会降低到 3%以下，本轮通胀会结束。

表 7　三轮通胀惯性分析

	食品	居住	烟酒用品	医疗保健和个人用品	交通和通信	娱乐教育文化用品及服务	衣着	家庭设备用品及维修服务	合计
惯性	0.85	0.95	0.97	0.97	0.81	0.9	0.99	0.98	
对通胀贡献									
2003~2005	83.1	18.1	4.1	–0.5	–4.1	1.9	–4.1	–2.4	
2007~2008	83.5	12.9	5.5	4.2	–1.5	–0.6	–1.6	2.4	
本次	67.1	22.1	5.8	6.8	–0.3	0.7	–0.2	1.4	
贡献惯性									
2003~2005	0.70	0.172	0.040	–0.005	–0.033	0.017	–0.040	–0.023	0.86
2007~2008	0.71	0.123	0.054	0.041	–0.012	–0.005	–0.016	0.024	0.87
本次	0.57	0.210	0.056	0.066	–0.003	0.007	–0.002	0.014	0.89

三、未来不确定因素值得关注

目前物价形势已经初步得到控制，未来还有以下几个不确定因素值得关注，不确定性因素的发展变化对通胀形势的发展有重要的影响作用。表 8 中促进 CPI 上涨因素出现的，如需求增加、灾害天气引起粮食减产、游资炒作、美国出台第三轮量化宽松货币政策等因素都会推高 CPI，延长 CPI 在高位运行的时间。但如果出现人民币加速升值、粮食增收稳定粮食价格等因素则会加速 CPI 的下跌。

表 8　未来不确定性因素

促进 CPI 上涨的因素	促进 CPI 下跌的因素
1. 居民收入和转移支付的增加，需求增加	1. 人民币加速升值
2. 灾害天气影响粮食产量，引起粮食价格波动	2. 粮食再次获得丰收
3. 游资炒作推高农产品价格	
4. 水、电、煤气等公用事业费用和成品油涨价	
5. 美国再次出台量化宽松货币政策	

另外，行政措施对通胀走势的影响也不容忽视。如发改委将进一步对食品制成品、水、电、煤气、汽油等基本生活必需品进行价格控制，预计短期 CPI 的涨速将得到控制，但如果基本面不发生重大改变，成本推动的作用不减弱（煤炭、石油价格持续下跌），这些产品将会在明年合适的时机涨价，CPI 持续高位的时间将会

延长。

此外，整个社会的通胀预期会导致居民增加当期消费，厂家加速提价，积累存货，从而可能导致供需平衡被打破，通胀不排除出现螺旋上升的可能。

执笔：刘雪燕

近年来价格上涨的新特征与调控策略调整

在经历了20世纪末到21世纪前几年的价格变动平静期后，我国的通胀问题再度升温并成为宏观政策的主要关注点之一。2011年宏观调控的首要任务就是控制价格过快上涨，全年宏观政策取向的调整也主要是依据价格形势的变化做出的。与以往的价格上涨和通胀的经典情况相比，21世纪以来特别是近年来的价格上涨表现出很多新的特征，有必要总结分析这些新特征，从而为进一步改善宏观调控提供依据。

一、近年来价格上涨的新特征

从通胀的来源、结构、影响和总量背景等方面看，近年来的价格上涨都不同于以往和经典的情况。

一是国内价格上涨有更明显的全球化特征，我国价格形势变化与全球价格变化的联系越来越紧密。从图1中可以看出，2005年以来我国的价格走势与发展中国家整体走势几乎完全一致，而2005年之前两者的走势存在明显差异。导致中国和世界价格变化同步的根源在于2005年后国际大宗商品价格走势成为主导中国和全

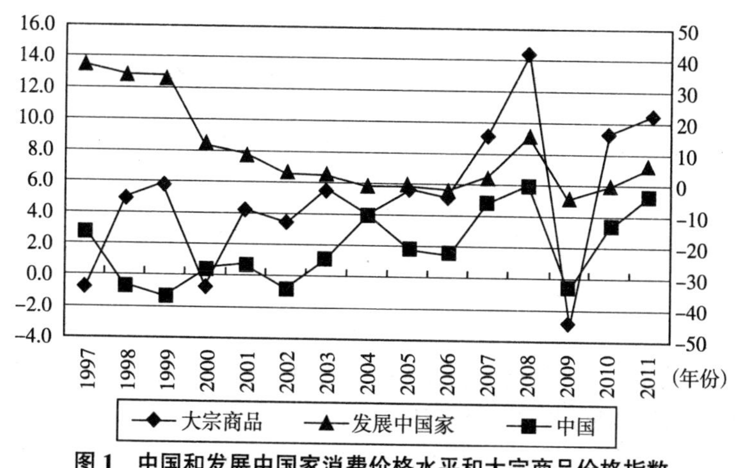

图1　中国和发展中国家消费价格水平和大宗商品价格指数

球价格的共同因素。2005 年之前中国和发展中国家的 CPI 和大宗商品价格指数之间没有明显联系，但之后的走势开始趋向一致。这主要是因为，近年来新兴发展中国家以实体经济主要是制造业为主体的经济增长普遍加速，导致对资源能源的需求上升，各国都越来越依靠国际市场来保障供给。如中国 2005 年以来 6 年的铁矿石进口量是之前 6 年的 3.9 倍，石油和铜都是 2.3 倍。这也就意味着导致通胀的供给瓶颈制约部门越来越由国内转向了国外。在这种情况下，国际价格对国内价格的影响也就越来越大，并导致各国价格变化趋于一致。

二是价格上涨明显呈现结构性，相对价格调整特征显著。近年来的价格上涨中，农产品价格上涨幅度要远高于工业品和服务的价格上涨。与 2005 年底的价格相比，到 2010 年消费价格中的食品价格累计上涨了 45.9%，年均上涨 6%；而以工业品和服务为主的家庭设备用品和服务只累计上涨了 6.1%，年均仅上涨 1%，如果考虑质量提高的因素，可以认为是无价格上涨（见图 2）。这表明近几年的价格总水平上涨主要是农产品与工业品和服务品之间的相对价格调整。

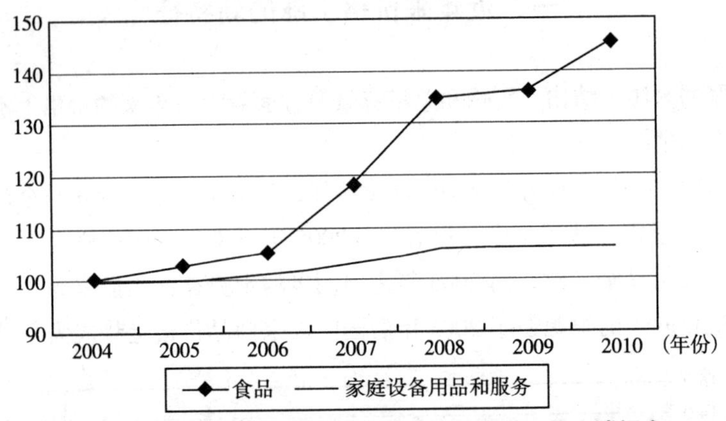

图 2 2004~2010 年食品和工业品和服务累计价格上涨幅度

三是价格上涨的收入分配效应并非完全对低收入者不利。在经典通胀中，通货膨胀会产生不利于低收入者的分配扭曲。但由于当前价格上涨的结构性特征，农产品价格上涨明显有利于提高农村居民的收入，而农村居民是最大的低收入群体。从图 3 可以看出，2007 年前，城乡实际收入增长速度差（城市居民可支配收入增长率减去农村居民纯收入增长率）与价格上涨无明显关系，而 2007 年以后，两者呈现出明显的相关关系，即价格上涨加速时，农村居民纯收入的增长速度快于城市居民。如 2011 年前 3 季度价格上涨较快，CPI 分别达到了 5.1%、5.7%和 6.3%，而农村居民现金纯收入的实际增长也分别达到 14.2%、13.1%和 13.4%，比城市居民收入的实际增长分别高出 7.7、5 和 5 个百分点，达到了近几年来的最高。虽然价格上涨对城市中以退休人员为主体的低收入阶层还是有不利影响，但其群体人数要远小于农村居民。

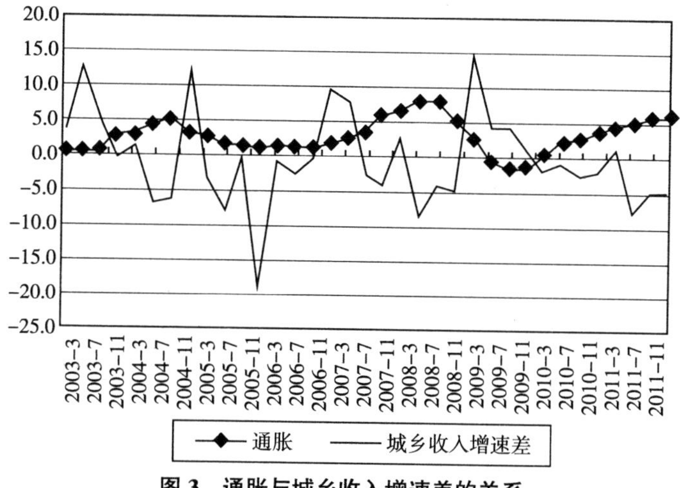

图 3　通胀与城乡收入增速差的关系

四是近年来的价格上涨是在总供求关系基本平衡条件下发生的。从产出缺口和消费价格指数的对比中，可以看出历史上的价格上涨或多或少和总供求失衡有一定的联系。但 2010 年三季度以来的价格上涨和产出缺口的变化方向却不一致。2009 年以来，产出缺口持续较小，基本处于平衡点附近，但价格的涨幅却持续上升，这种脱离总供求关系的价格上涨多数是由供给成本推进和某些短期冲击因素引起的（见图 4）。

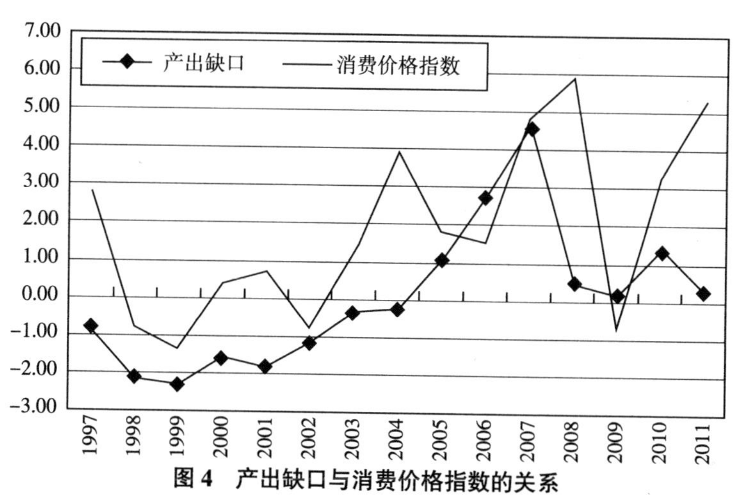

图 4　产出缺口与消费价格指数的关系

二、价格调控策略调整

考虑到价格上涨的这些新特征，价格调控策略也要相应做出调整，以实现有效和低成本的反通胀。

一是应适当提高对通胀的容忍度，设立适宜的通胀目标。一方面，价格上涨的全球化特征说明一国政策对通胀走势的影响能力降低。如果不适度容忍通胀，就必须付出比过去更大的产出损失来稳定价格。另一方面，全球性通胀的实质是对日益稀缺的资源能源的竞争，不容忍适度通胀意味着在全球资源竞争中选择退出，将资源让与他国利用。从价格上涨对收入分配的影响看，也有条件适当提高通胀容忍度，因为最大的低收入群体实际上从价格上涨中受益，至于城市中的低收入群体则可以通过与价格指数联动的定向补贴方式缓解其困难。

二是不能不加区别地抑制所有商品价格的上涨。近年来的价格上涨有很强的相对价格调整特征，而相对价格调整是工业化过程中必然发生的，忽视价格结构调整的反通胀政策反而会导致结构性短缺，形成更大的价格上涨压力。因此要引导疏导好长期趋涨的商品价格变化，以缓涨来逐步释放上涨压力，防止急涨对通胀预期的不利冲击，从而降低由相对价格调整演化为整体价格上涨的风险。

三是货币政策应着眼于中期价格的稳定。本轮价格上涨主要是由农产品和大宗商品价格的上涨推动的，而这两种价格都有波动大但持续性不强的特点。货币政策如果着眼于稳定短期物价，必然导致政策本身的大幅调整转向，难以避免猛加力和急刹车交替的情况发生，结果造成产出的大幅波动，付出了很高的调控成本还不一定能取得明显效果。因而货币政策参数应主要依据中期通胀趋势确定，货币当局的短期目标应以稳定通胀预期为主。

四是调控政策应更加重视需求政策与供给政策的优化组合。在总供求基本平衡的情况下过度压缩总需求，会给供给面带来更大的困难，生产者必须同时面对成本上升和市场萎缩，微观主体的生产经营条件会严重恶化。而供给政策在减轻通胀压力的同时，也改善了企业的经营条件，是应对供给冲击型通胀更为适宜的政策工具。

执笔：孙学工

信贷增长是不是导致通胀预期的元凶

2009年以来，随着四万亿元投资计划的展开和整体经济形势的回暖，金融机构加大了信贷投放力度，前6个月人民币贷款增加了7.4万亿元。从第三季度开始，贷款增长速度有所回落，其中三季度仅增加了1.28万亿元，预计全年新增贷款接近10万亿元，比上年有较大幅度增长。2009年信贷增长对促进中国经济率先复苏，实现扩内需保增长调结构的宏观调控目标发挥了积极作用。

与此同时，当前市场上出现了一定程度的通货膨胀预期，根据中国人民银行的储户调查，2009年第二季度未来物价预期指数为55.7%，比2009年第一季度和去年第四季度分别提高了1.8和2.6个百分点。首先需要说明的是，在经济衰退期和通货紧缩期适当的通胀预期对促进经济复苏有着正面和积极的意义，而不应被视为洪水猛兽。大家不应忘记仅仅几年前为使日本经济走出通缩，日本政府想方设法引导和创造通胀预期。包括诺贝尔经济学奖得主克鲁格曼在内的很多著名经济学家都开出各种药方来创造和提高通胀预期。通胀预期之所以对经济走出衰退十分重要，主要是在于通胀预期能够刺激企业的投资行为和消费者的消费行为，从而扩大总需求，促进经济增长。但与此同时，通胀预期也要控制在合理适度的范围内，以避免发展成为真正的自实现预言式的高通胀。因此中央提出管理通胀预期的方针是十分正确的，管理意味着既不是要完全消除通胀预期，同时也不会放手任其发展。

从2009年的情况看，我国通胀预期还在适度和合理的范围内。以中国人民银行储户调查的未来物价预期指数来衡量的通胀预期在2009年第二季度的水平与2003年低通胀期时基本相当，而远低于随后2004~2008年的通胀预期。同一调查中预期未来物价会上升的居民比重也处于有该调查以来的最低值附近。而认为储蓄最合算的居民比重虽然在2009年第三季度比第二季度有所下降，但也仍处于40%以上这一历史高位上。显然当前的通胀预期并没有使居民的储蓄和消费行为发生急剧和根本性的变化，因而也就不会导致出现消费迅速膨胀拉动物价快速上涨的局面。

2009年市场上出现通胀预期的原因何在呢？理性预期理论认为预期是经济活

动参与者利用所有可得信息对未来做出的预测。从各方面的情况看，当前出现通胀预期的确是多种因素作用的结果。一是中国经济快速复苏提高了人们对中国经济增长的信心，对价格走势的判断也相应发生了变化。中国经济增长率由上年第四季度的6.1%迅速回升到2009年三季度的8.9%，并将进一步提高，这意味着经济增长率向潜在增长率靠拢，总供求关系由供大于求向供求平衡甚至供不应求的方向发展，从而使未来价格变动有了上升的空间。二是2009年以来，在全球经济复苏和美元贬值等因素的作用下国际市场石油、黄金和矿石等大宗商品都出现了价格快速回升，如石油价格由2月份的每桶30美元左右迅速上涨到目前的80美元左右，黄金价格则突破了1000美元，铜价则从每吨3000美元上升到5000美元。相应地，国内相关产品价格也出现了上涨，由于普遍预期明年世界经济形势将好于2009年，人们因此担心这些产品的价格上涨将持续下去，因而提高了通胀预期。三是2009年以来的价格走势也在一定程度上提高了通胀预期。受经济复苏和灾害性天气的影响，尽管各类价格指数同比还在下降，但从7月份起我国消费价格环比出现了上升，生产资料价格出现环比正增长的时间还要早。根据适应性预期理论，人们总是根据过去推断未来，物价即期出现上升，必然会影响到人们对未来价格走势的判断。四是出于挽救金融机构和刺激经济复苏的需要，当前的全球流动性十分宽松，虽然流动性宽松不一定必然导致通胀，但通胀的发生则一定要具备流动性宽松这一条件，当前全球流动性的状况可以说为全球通胀的发生创造了必要条件，这也提高了通胀预期。五是资产价格上涨较快，这也影响到部分居民的通胀预期。2009年以来，房地产市场和股票市场都出现了明显回升的势头。全国70个大中城市房屋销售价格由年初同比下降1.3%提高到10月份的同比上升3.9%，热点地区的上涨幅度还要高，不少地区的房价又回到甚至超过了历史最高水平。在股票市场方面，月度平均上证综指由年初的1990点上升到10月份的2995点，上涨了1000多点。对资产市场价格上涨的预期因而上升，在中国人民银行储户调查中，认为未来投资股票和买房合算的居民比例上升较快，2009年第三季度其比例分别达到了41.6%和17.1%，比上个季度分别提高了3.1和1.3个百分点，从历史水平看，也都处于较高水平，需要引起关注。严格地说，对资产价格的预期并不等同于对一般通货膨胀的预期，这一方面是由于两者的统计范围不同，另一方面是由于到目前为止的理论与实证研究都还无法确立资产价格和通货膨胀之间存在着稳定和固定的关系。但资产价格和通胀间毕竟存在着千丝万缕的联系，加之心理作用，资产价格预期上升的确也会影响到部分人群的通胀预期。

在以上各因素中，2009年以来的信贷增长与国内经济复苏和资产价格上涨有较密切的关系，从这个意义上说信贷增长对出现通胀预期的确起了一定的作用。但正如前面所指出的那样，到目前为止通胀预期的上升仍是适度的、合理的，对促进经济稳定回升有着积极意义。同时也要看到通胀预期上升是多因素作用的结果，并不只来源于信贷增长这一单一渠道。即便是与信贷联系较紧的国内经济复苏和资产价格上涨也不纯粹是信贷增长作用的结果，经济复苏还和四万亿元投资计划、各种刺激消费的政策和产业振兴计划等有关。而影响资产价格的因素就更复杂，既存在着市场自身调整周期这类内在因素，如房市和股市在 2008 年都经历了较大的调整，进入 2009 年后有内在的上升动力；同时信贷增长、热钱加速流入等这些外部环境因素也起了很大作用，特别是中国经济的率先复苏和人民币升值预期都加速了热钱的流入，对资产市场不能不产生影响。此外还有一些中长期因素如工业化、城市化和消费结构升级等因素对资产价格也有影响。

真正需要关心的问题是 2009 年的信贷高速增长会不会带来未来的高通货膨胀。我们认为通胀预期只是通胀可能的来源之一，通胀在更大程度上还是由供求关系这一基本因素决定的，通胀预期本身也不可能偏离供求关系现实太远。从各方面的情况来看，随着中国和全球经济复苏的持续，明年我国的通胀压力将有所加大，但通胀水平仍在可承受和可控的范围内，发生中高通货膨胀的可能性并不大。一是从历史经验看，信贷高增长并不必然带来高通胀。我国历史上几次高通胀发生之前，都有高信贷增长相伴随。但也有几次高信贷的增长并没有引发高通胀。二是 2009 年信贷高增长的一些特征也使其对实体经济和通胀的影响不像表面看起来这么大。如 2008 年信贷规模控制过严，很多信贷需求未能得到满足，因而 2009 年的高增长具有补偿性质，如果将两年信贷增长合起来看，2009 年高增长的合理性就会多一些；再如 2009 年上半年信贷的高增长中有近 30%是来源于票据融资，并未进入实体经济中，有一定的虚增成分，这对一般商品市场的通胀影响就较小。还有 2009 年信贷中中长期信贷的比重明显高于往年，2009 年 1~10 月中长期货款占新增货款的比重约为 90%，而上年为 35%。因而尽管信贷是一次性发出的，但企业是在一个很长的时间段内使用这些贷款，这也使信贷增长对需求和价格的影响不像信贷量显示的那么大。三是当前产能过剩问题还比较严重，且在近期内还难以解决，特别是消费品生产行业供大于求的现象还比较普遍，对价格上涨起到了明显的抑制作用，对从生产资料价格向消费价格的传递也起到了阻隔的作用。四是我国粮食等农产品连年丰收，主要农产品供给比较充足，由农产品价格波动导致通胀上升的可能性也不大。

鉴于 2009 年我国还处于经济复苏的初始阶段，经济回升向好的势头还不稳定、不巩固、不平衡，我国应继续实行积极的财政政策和适度宽松的货币政策。同时也需根据国内外经济形势和价格变化，适时微调相关政策，保持政策的前瞻性、及时性和灵活性。管理好通胀预期也是稳定明年通胀形势的重要一环，这有利于进一步降低出现通胀的风险。中央银行应进一步加强通胀预期引导工作，提高与市场和公众的沟通技能，并不断增强自身的反通胀信誉。

执笔：孙学工

渠道权力与蔬菜价格形成机制

食品类价格上涨是带动本轮物价总水平上涨的重要因素，特别是食品类中的蔬菜价格，在媒体渲染的舆论氛围下，引起了全国人民的持续关注。事实上，自2002年开始，我国食品类价格指数就已经持续高于居民消费价格指数，尤以居民菜类消费价格指数更为突出，“十一五”时期，我国居民菜类价格指数平均高出居民消费价格指数8.9个百分点（按年度数据计算）。虽然菜类消费在居民消费总篮子中的比重不算太大，但由于与日常生活息息相关，居民对菜价的感知度更高，敏感度更大。与此同时，全国各地也经常出现菜农因蔬菜收购价过低而弃收、自毁蔬菜事件，“菜贱伤农”常与“菜贵伤民”并行出现。为此，需要对蔬菜价格形成机制进行深入的研究，从而更好地进行物价总水平调控，防止“农”与“民”的民生受害。

一、现实中的蔬菜价格：蛛网模型

根据蛛网模型，对于蔬菜等种植生产周期比较长的农产品而言，价格走势将呈现震荡特征，即老百姓说的“大小年”。对于菜农和消费者来说，震荡性价格波动特征会导致“菜贱伤农”和“菜贵伤民”的交替出现。“菜贱伤农”之后，低菜价的悲观预期会减少菜农的积极性，引起减产、弃种，从而使得下期蔬菜供给减少，这反而使得价格相对走高，引起“菜贵伤民”。而在“菜贵伤民”之后，高菜价的乐观预期会提高菜农的积极性，从而使得下期蔬菜供给增多，进而使得价格再次走低，又引起“菜贱伤农”。从长期来看，“菜贱伤农”和“菜贵伤民”的交替出现是否会消失则取决于供给曲线和需求曲线的效率对比。当供给曲线的斜率大于需求曲线斜率绝对值时，最终的价格将收敛于均衡价格，“菜贱伤农”和“菜贵伤民”最终将会消失；而当供给曲线的斜率小于需求曲线斜率绝对值时，最终的价格将趋于发散，“菜贱伤农”和“菜贵伤民”将愈演愈烈。但是，不管是哪种情况，蛛网模型预示了“菜贱伤农”和“菜贵伤民”交替出现的基本结论（Pashigian，2008）。

但是，与蛛网模型不同，近年来我国蔬菜市场却呈现“菜贱伤农”和“菜贵伤民”并存的局面，这是蛛网模型在我国的一个现实悖论。首先，从蔬菜批发价格指数和消费价格指数来看（如图1所示），市场价格的走势并不符合蛛网模型的结论，而是表现出持续走高的特征，具体来说：①消费价格由“大小年”模式转变为持续“大年”。从图中的均值数据来看，2001~2005年，零售环节的蔬菜消费价格指数基本呈现了一高一低的“大小年”模式；但是进入2006年之后，蔬菜消费价格走势只升不降，价格指数进入持续上升通道，2010年消费价格指数的均值逼近120，保持在相对高位运行。②蔬菜批发价格同样表现出升多降少的趋势，但价格波动趋于稳定。2005年之前，蔬菜批发价格指数表现出典型的季节性特征，涨跌互现；但从2005年开始，蔬菜批发价格基本维持在100以上，并且波动性越来越小。③批发价格和消费价格之间的不完全传递特征非常明显，两者的同步性越来越差。2005年之前，蔬菜批发价格指数和消费价格指数之间的波动较为一致，但是从2005年开始，两者变动的同步性越来越小，特别是在2009年之后，这种不同步性表现得更为明显。所以，从数据来看，持续高位运行的蔬菜消费价格折射出现实中不同程度的“菜贵伤民”已经成为常态。

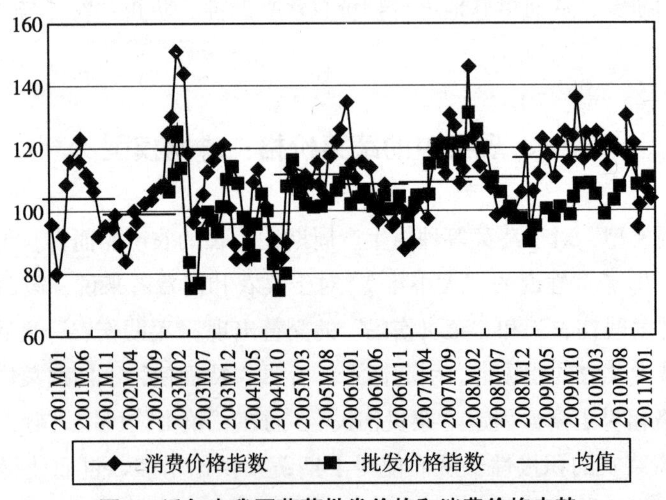

图1　近年来我国蔬菜批发价格和消费价格走势

资料来源：农业部（蔬菜批发价格指数）、国家统计局（蔬菜消费价格指数）。

虽然蔬菜的消费价格进入了相对高位运行区间，但是对于菜农来说，蔬菜的收购价格却一直并不高，并经常出现滞销情况。根据新华社、《农民日报》等新闻媒体的报道，除了2007年之外，2006~2011年的六年间，全国各地每年都出现了“菜贱伤农”的情况。2006年，全国各地都出现了严重的冬菜滞销情况，河北、河南、北京、黑龙江等地的菜农损失巨大；2008年和2009年连续两年出现冬储菜价格低谷，山东、河南、浙江、东北、宁夏等地都有蔬菜大面积滞销的报道；2010年冬季云南、海南、四川等地出现大面积蔬菜滞销；2011年山东、上海、浙江等地出现严重的蔬菜滞销。所以，对于菜农来说，也没有出现蛛网模型所预示的“大小年”交替情形，“菜贱”也成了常态，只是不同年份菜贱程度不同罢了。

整体来看，可以基本确认“菜贱伤农”和“菜贵伤民”并存的局面在我国已经形成，蛛网模型对此缺乏解释。本文认为，蔬菜价格“贵贱分明”的背后是蔬菜价格形成机制的扭曲，定价权已经由两端的供求双方转向中间商，而中间商定价时代的来临则是“小生产+大流通”体制的产物。

二、渠道权力对蔬菜价格形成的影响分析

为了对蔬菜生产销售环节的各类价格进行刻画，可以简单假设存在三类交易主体：菜农（f）、中间商（i）和消费者（c），其中，中间商可以包括各级批发商、各种零售终端以及流通体系基础设施供应部门。三类主体之间展开交易，菜农将蔬菜卖给中间商，中间商将蔬菜卖给消费者，每一个交易环节都存在着一个交易价格，记P_f为菜农卖给中间商的蔬菜价格，P_i为中间商卖给消费者的蔬菜价格，并记蔬菜种植的成本为C_f，中间商的流通环节成本为C_i。

（一）激励相容的定价原则

首先可以明确，不管是收购价格还是零售价格，都必须满足激励相容的定价原则，即价格必须能够同时使得交易双方都存在交易的动力。很显然，如果蔬菜可以无成本进行保存，对于菜农来说，只要蔬菜收购价格大于蔬菜种植成本，他就愿意将其卖给中间商；[①] 而对于中间商来说，只要零售价格能够覆盖收购价格和流通环节成本，他也有动力进行采购和销售。所以，菜农和中间商激励相容的收购和零售价格区间分别为：$C_f<P_f$（菜农），$P_f+C_i<P_i$（中间商）。假设消费者存在一个外生的保留价格P_c，当$P_c<P_i$时，消费者对蔬菜价格的上涨将超过忍耐限度，并通过采取相应策略对菜价施加影响，所以理性市场中将存在消费者定价约束$P_c<$

① 当然，对于蔬菜可以无成本进行保存的假设是不现实的，由于我们不分析供求关系变化引起的价格变动，这样的假设并不妨碍本文结论的适用性。在蔬菜易腐败的情况下，越高的菜价对菜农的激励越大。

P_i。[①] 通过对菜农、中间商和消费者的激励相容约束条件进行整理，可以得到一个更严格的定价区间：

$$C_f < P_f < P_c - C_i$$

$$C_f + C_i < P_i < P_c \tag{1}$$

这说明，理论上每个环节的交易价格都必须至少能够覆盖前期发生的固定成本（如种植成本、流通成本），并且最大不能超过消费者可忍耐的心理价位减后期物流成本。

为了便于分析，也可以将上述定价约束进行增量分解，假设菜农、中间商在交易中得到的利润分别为 W_f、W_i，则有 $P_f = C_f + W_f$，$P_i = P_f + C_i + W_i$，将 P_f 代入 P_i，可以得到 $W_T = P_i - C_T$，其中 $W_T = W_f + W_i$，$C_t = C_f + C_i$ 是生产供应环节的总利润和总成本。考虑到消费者对定价的约束条件 $P_i < P_c$，可以得到生产供应环节具有激励相容特性的总利润约束：

$$0 < WT < P_c - C_T \tag{2}$$

可以看到，该约束右端是个外生值，说明供应链各主体能够得到的最大利润值具有硬约束，为消费者保留价格扣除固定成本。以上给出了生产供应环节的定价原则以及供应链环节的总利润区间，下面将引入渠道权力因素对收购和零售价格以及各主体利润分配进行求解。

（二）渠道权力与蔬菜价格的多重扭曲

在供应链的各交易环节，不同主体的定价权力是不同的，谁掌握了定价权，谁就拥有了渠道权力。根据博弈论对价格形成机制的研究，可以将供应链中发生的每一次交易看做是一次不同主体之间的讨价还价过程（Osborne 和 Rubinstein，1990）。下面，先从渠道权力入手对蔬菜收购环节和销售环节的价格形成机制进行研究，然后再对零售价格的构成扭曲进行分析。

1. 蔬菜收购价格形成机制

根据讨价还价理论，可以将菜农和中间商之间的讨价还价表示为：

$$f_\theta(W, d) = \arg\max (W_i - d_i)^\theta (W_f - d_f)^{1-\theta} \tag{3}$$

其中，d 是讨价还价双方的威胁点，θ 为中间商的讨价还价能力。此处可以简

① 事实上，由于蔬菜等食品类商品的需求具有刚性，当消费价格超过保留价格时消费者并不会转向其他替代消费品。这里，保留价格的含义是消费者对价格上涨的容忍程度，当蔬菜价格超过保留价格，消费者将通过其他渠道，比如给物价部门施压等方式，对蔬菜价格进行影响。

单令 $d_i = d_f = 0$，这样，可以简化为 $f_\theta(W, 0) = \arg\max(W_i)^\theta (W_T - W_i)^{1-\theta}$，在总利润 W_T 和讨价还价能力 θ 给定的情况下，通过最大化求解可以得到：

$$W_i / W_T = \theta \tag{4}$$

这说明中间商获得的利润预期与讨价还价能力成正比。如果批发商具有完全的讨价还价能力（即 $\theta=1$），则批发商将拿到供应链环节的所有利润，即 $W_f=0$，$W_i=W_T$。进一步假设如果蔬菜零售价 $P_i = P_c$（下面将进行证明），则菜农和中间商总共可以获得的利润为 $W_T = W_f + W_i = P_c - C_T$，在批发商具有完全的讨价还价能力的情况下，农户卖给中间商（批发商）的价格为 $P_f = C_f + W_f = C_f$，即农民以成本价卖给批发商蔬菜。

关键问题是，现实中菜农和中间商之间的讨价还价能力到底如何分布？本书认为，最主要的决定因素是蔬菜等消费品的自然属性：较长的种植周期和较短的保存周期。一般来说，蔬菜在经过较长时间的种植之后，采摘期都较短，如果不在采摘期内进行采摘，则难以保证蔬菜的品质。即使在采摘期进行了快速的采摘，如果不快速投向市场，则容易发生腐烂，即使可以采用保鲜技术，成本也相当巨大。这直接决定了菜农到采摘期必须快速找到销路，否则将带来巨大的损失，在与菜农讨价还价的过程中，中间商则不需要考虑快速采摘等因素，所以，中间商比起菜农来说，具有更大的定价权。另外，由于我国仍然是小农经济社会，单个农民的种植规模要远远小于市场总规模，在菜农数目多、中间商数目少的情况下，如果菜农无法以某种形式联合起来与中间商进行议价，则定价权将会转移给中间商。综合考虑这些因素，在现实的讨价还价中，菜农往往具有很低的讨价还价能力，尤其是那些种植规模较小的菜农，只能完全被动地接受中间商给出的收购价格。所以，现实中 $\theta \to 1$ 决定了 $W_f \to 0$，$W_i \to W_T$，这样，菜农只能以成本价将蔬菜卖给中间商，导致“菜贱伤农”。

2. 蔬菜销售价格形成机制

同样，可以对中间商和消费者之间的讨价还价过程进行分析，从上面的分析可以看到，菜农和中间商之间的利益分成基本是中间商攫取大部分利润，菜农基本以成本价卖出蔬菜。所以，可以近似假设在与消费者的讨价还价过程中，中间商的策略是最大化供应环节的利润 W_T，由于实际的 $W_T = P_i - C_T$，其中 C_T 为外生固定值，所以，中间商的落脚点是最大化 P_i。对于消费者来说，则正好相反，其目标是最大化 $W_c = P_c - P_i$。因此，中间商与消费者之间的讨价还价围绕 P_r 展开。根据讨价还价理论，这里可以将两者的讨价还价过程形式化为

$$f_\sigma(W,\ d') = \arg\max(W_T - d_i')^\sigma\ (W_c - d_c')^{1-\sigma} \tag{5}$$

其中，σ 是中间商的讨价还价能力，同样简单假设 $d' = 0$，并 $W_T = P_i - C_T$ 和 $W_c = P_c - P_i$ 代入讨价还价方程，通过最大化求解可以得到

$$P_i = \sigma P_c + (1 - \sigma)C_T \tag{6}$$

从推导结论可以看出，当中间商的讨价能力最大，即 $\sigma = 1$ 时，$P_i = P_c$；当中间商的讨价还价能力最小，即 $\sigma = 0$ 时，$P_i = C_T$。如果假设消费者的最大承受意愿 $P_c > C_T$，则蔬菜的零售价将随着中间商讨价还价能力的增强而不断提高，因为存在 $\partial P_i / \partial\sigma > 0$。

现在的关键问题是判断中间商和消费者之间讨价还价能力的分布。众所周知，消费者对于蔬菜等基础消费品具有较低的价格弹性，属于刚性消费需求，这个结论已经得到众多经济学研究的支持，这直接决定了消费者在讨价还价中处于劣势地位。另外，与菜农类似，消费者虽然数量较多，但是却非常分散，单个消费者的需求不足以形成获得定价权的消费者权力。所以，综合来看，在消费者和中间商的讨价还价过程中，中间商仍然具有绝对的讨价还价能力，即 $\sigma \to 1$，$P_i \to P_c$。所以，在中间商具有相对较高渠道权力的时候，"菜贵伤民"具有一定的必然性。

3. 蔬菜零售价格构成的扭曲

现实中，中间商并不是简单的指批发商、零售商等渠道商，同时还包括运输部门、路政部门，乃至税务部门在内的相关市场中介组织，它们共同构成了广义上的中间商。如果简单将零售价格 P_i 和收购价格 P_f 之间的价差看做是所有中间环节的收入 $W_T' \equiv P_i - P_f$，根据前面对收购价格和零售价格的研究，$W_T' = P_c - C_f$，则渠道商与其他市场中介组织之间事实上也围绕着 W_T' 的分配进行讨价还价。在我们的模型中，菜价实际上可以分解为两部分：利润加成本，其他市场中介组织对菜价施加的影响被外生设定为供应链中发生的固定成本 C_T，即 $W_T' = W_T + C_T$。现在，如果这些其他市场中介组织也要参与利润分成，它们的利润分成以物流成本体现，则以批发商和零售商为代表的渠道商和以运输部门、路政部门为代表的其他市场中介组织之间将进行如下博弈：$f_\rho\ (W_T',\ d_i') = \arg\max\ (C_T - d_{i1}')^\rho\ (W_T' - C_T - d_{i2}')^{1-\rho}$，上式各变量定义与前面类似，ρ 是其他市场中介组织的讨价还价能力，同样简单假设 $d_i' = 0$，可以得到 $C_T = \rho W_T'$。

这说明以运输部门、路政部门为代表的其他市场中介组织渠道权力越大，最终销售价格构成中物流等成本比例也将越大。事实上，以运输部门、路政部门为代表的其他市场中介组织，在与批发商和零售商的讨价还价过程中，具有很强的垄断色

彩和强制力，拥有更强的讨价还价能力。各地公路、批发市场等具有较大的垄断特征，另外，为运输提供燃料的石油产业也属于垄断行业，渠道商在收购蔬菜之后，必须直接或间接使用这些配套机构的服务才能将蔬菜转销出去。所以，这些其他市场中介组织可以通过设置各种费用，提高服务价格对蔬菜价格产生影响，即设置一个较大的 C_T。所以，当以运输部门、路政部门为代表的其他市场中介组织具有更大的渠道能力和讨价还价能力时，蔬菜零售价格的构成中，物流等相关成本 C_T 将占据较大比例。正如有新闻评论指出“农贸市场越来越高档，摊贩们的租金和管理费大幅度上升，我们在买菜的同时，实际上是为城市管理成本埋单”。

4. 资本与渠道权力的结合

有一种观点认为，当前菜价快速上涨是由超量的货币发行导致的，在流通性过剩的情况下，逐利的资本将整个经济泛资产化。大蒜、绿豆、宝石、红酒等物品的价格快速上涨，这种解释可以说具有一定的合理性，因为这些商品具有较长的保存周期，为资本炒作提供了条件。但是，对于蔬菜等农产品，其本身并不具备较长的保存属性，其价格高涨是否也具有炒作的影子？本文认为，蔬菜价格的背后可能存在炒作的影子，但是，这种炒作不是对蔬菜本身的炒作，而是对流通基础设施的炒作，资本通过控制具有较高讨价还价能力的流通部门（如批发市场）以获取利润。同样，可以通过前面的模型来看看资本介入后的蔬菜价格。以菜农和中间商的讨价还价为例，之前简单假设 $d_i = d_f = 0$，但是，如果存在投机动机，资本必须最少获得无风险收益，因此有 $d_i > 0$，这样，讨价还价过程可以形式化为 f_θ（W，d）= $\arg\max(W_i - d_i)^\theta$ $(Wf)^{1-\theta}$，各变量的定义不变，通过推导可以得到：

$$W_i = \theta W_T + (1-\theta)d_i \geqslant \theta W_T \tag{7}$$

对比分析无投机情况下的结果，投机情况下中间商将获得比之前更大的利润。所以，在供应环节总利润一定的情况下，资本炒作的介入将更大的挤压菜农的收入。

上述系列模型简单证明了批发商等市场中介组织掌握渠道权力之后对蔬菜价格的影响情况。在中间商具有更强讨价还价能力的时候，菜农只能以成本价将蔬菜卖给批发商，消费者也必须承受最高的价格，这就是我们现实中看到的“菜贱伤农”和“菜贵伤民”并存的情形。而运输、路政等配套物流机构和市场中介组织也可以通过自己掌握的渠道权力对流通环节施加成本，获取利润，使得蔬菜价格构成中物流成本居高不下。最后，当资本与渠道权力结合时，投机动机也更加挤压两端的蔬菜价格，使得“菜贱伤农”和“菜贵伤民”更为严重。

三、基于渠道权力的相关政策建议

根据前面的分析，“菜贱伤农”和“菜贵伤民”并存局面的形成是蔬菜的自然属性和渠道权力不平衡导致的，必须针对它们出台政策措施，包括蔬菜供给体系建设、渠道治理等。但是，蔬菜的自然属性和渠道权力不平衡都非一朝一夕能够改变的，因此，要想破解“菜贱伤农”与“菜贵伤民”并存的局面，必须立足长远，以长期政策为主。

（一）对蔬菜供给体系建设的政策建议

1. 构建多层次的城镇蔬菜供应体系，优化种植空间布局

对于蔬菜一类的生鲜、易腐败农作物来说，除了在国家层面确定若干重点生产基地之外，必须在区域内平行建立“城镇—乡村”供应体系，形成蔬菜供给的内部来源。这样既有效降低了单一供应来源容易受气候影响的风险，同时也缩短了需求与供给的空间距离，减少流通环节成本，提高蔬菜的销售周期。

2. 探索建立农产品价格区间制度，保护菜农和消费者利益

可以考虑建立农产品价格区间制度，并成立相应的农产品收购基金，当蔬菜收购价格低于全国种植蔬菜的平均成本时，政府可以通过收购基金进行保护价收购，或组织国有批发企业、相关企业以成本价收购蔬菜，并考虑给予适当补贴，避免造成菜农弃收和毁菜局面发生。而当零售环节的价格呈现快速增长，多倍于 CPI 涨幅时，也可以考虑采取价格调控措施，比如增加蔬菜紧急进口。

3. 定期公布蔬菜种植面积的相关指标，增强对菜农种植的引导

蔬菜市场受到价格和数量因素的双重影响，在市场需求基本稳定的情况下，当前的蔬菜价格影响未来的种植总面积，而未来的种植面积又将影响下一阶段的价格。菜农较容易从市场中获得过去的蔬菜价格信息，但是对于种植面积的信息却很难获得。因此，相关部门可以考虑定期公布全国蔬菜的种植面积，并在种植计划等方面给予菜农相应的指导，避免供给因素对市场价格造成过大冲击。当前，“菜贱伤农”严重打击了菜农种菜的地积极性，“伤得很重”，下一步减产、弃种的可能性较大。但是，当大部分菜农都有此意愿的时候，蔬菜的总体供应量将难以保证，此时蔬菜市场将进入供给短板状态，将导致更严重的“菜贵伤民”，因此，相关部门必须在近期及今后一段时间加强对蔬菜种植的监管和对菜农种植的指导，避免出现这种情况。

(二) 对渠道权力治理的政策建议

1. 提高菜农的组织化水平，增强其在蔬菜收购环节的议价能力

制约菜农渠道权力提升的主要因素是蔬菜的自然属性和菜农的分散化。蔬菜的自然属性难以改变，所以，将分散化的菜农组织起来，形成利益同盟，提高讨价还价能力是提高菜农的渠道权力的关键。世界上很多国家都存在高度组织化的农户联盟，其中，以日本农协最为典型。对于我国来说，成立菜农合作组织的根本目的是要提高菜农在蔬菜收购价格方面的议价能力，当然，为了保障菜农合作组织能够获得稳定的议价能力，合作组织还可以提供种植计划、技术等方面的专业性指导。

2. 建立公益性蔬菜批发市场，提高“农超对接”比例，稀释流通环节的渠道权力

在“小生产+大流通”的蔬菜生产供应格局下，推进公益性批发市场建设不仅可以直接对菜价进行调控，也可以通过引入批发环节的竞争机制对相关投机行为构成有效威慑，直接稀释批发环节的渠道权力。短期内，在部分零售菜价仍然维持较高水平的城市，特别是大型城市和省会城市，可以考虑借鉴北京的做法，以政府的名义收购，或参股当地批发市场，从而对批发环节的价格实施调控。这种方式在短期内避免出现因摊位费上涨而导致本地区蔬菜价格进一步上涨的现象，也可以避免出现一些不合理收费现象，尽可能减少蔬菜价格中的非种植成本。另外，需要继续推进“农超对接”，在有条件的地区鼓励发展“大生产+小流通”体系，以直销方式缩短供应链，降低中间环节对蔬菜价格的加成。批发市场实施农产品“全量出售”政策，价格形成引入拍卖机制，促进价格公开公正。

3. 交通运输系统可有针对性地采取一些优惠措施，减少蔬菜运输费用

对于蔬菜等农产品的运输，首先必须坚决贯彻执行绿色通道政策，避免其他巧立名目，增加物流成本；其次必须重点解决蔬菜运输过程中的超重超载等问题，运输单位总有超载的动机，已经形成了“超载+罚款”现实模式，相关部门可以借此为突破口，以降低运输成本为目标，有针对性地制定一些政策措施，包括对蔬菜运输的承重标准、罚没标准等进行重新评估和设计。

执笔：黄卫挺

参考文献

[1] Pashigian B. P. CobwebTheorem. The New Palgrave Dictionary of Economics. Second

Edition. Eds. Steven N. Durlauf and Lawrence E. Blume. Palgrave Macmillan，2008.

[2] Osborne J. M.，Rubinstein A.. Bargaining and Markets. Academic Press，1990.

[3] 黄卫挺. 探究“菜贱伤农”与“菜贵伤民”并存现象. 价格理论与实践，2011.

当前猪肉价格上涨的原因及趋势分析

2011 年以来，全国猪肉价格持续上涨，特别是从 5 月份开始，猪肉价格上涨速度加快且涨幅明显增大，6 月份猪肉价格涨幅达到 57.1%，对当月通胀的贡献率达到 21.4%，成为推动当前 CPI 高企的一个主要的新涨价因素。涨价的原因是什么，下半年走势如何，是否会继续推动价格总水平加速上行，本文将就这些社会各界广泛关注的问题进行探讨。

一、当前猪肉价格上涨的基本情况

2011 年以来，我国猪肉价格进入新一轮涨价周期，此次猪肉价格的上涨有以下一些特点。

一是涨价幅度较大。从猪肉价格指数看，今年上半年我国猪肉价格同比上涨 31.7%。截至 6 月底，全国鲜猪肉批发均价为 24.68 元/公斤，同比大幅上涨 67.9%，比年初上涨 30.6%，高于 2008 年的历史高点 7.9%。如此高的价格涨幅，是近三年来的新情况。

二是涨价时间反常。根据猪肉价格变动规律，由于季节效应，春节前猪肉价格一般会出现小幅上涨，而春节过后会有一段时间的回落。但今年猪肉市场却违反往年节后价格有所回落的变动规律，猪肉价格呈现出持续上涨并加速上扬的态势。继 3 月同比涨幅达到 27.2%以后，4 月和 5 月分别上涨 35.2%和 40.4%。端午节过后，随着气温升高和消费需求减弱而进入消费淡季，猪肉价格上涨节奏却较前几个月大幅加快，涨价时间更为集中，涨价幅度明显扩大。在 6 月一个月的时间内，环比价格涨幅达到 11.4%，消费者对涨价的感受非常明显。

三是涨价范围较广。本次猪肉涨价基本上是全国性的价格普涨。分区域看，全国各主要大中城市北京、上海、广州、天津等地的猪肉零售和批发价格纷纷创下历史新高；太原、郑州、石家庄、长沙、成都、昆明、长春、乌鲁木齐、海口等二线

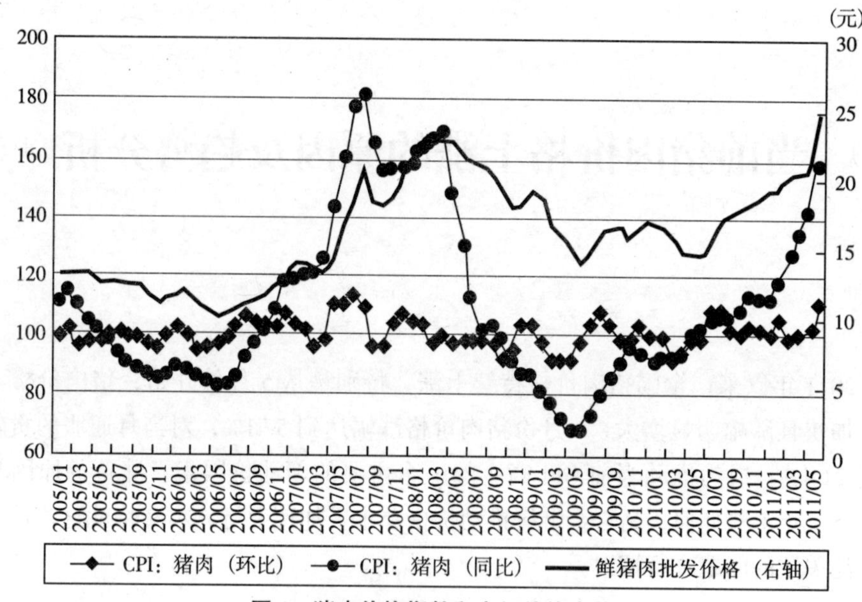

图 1　猪肉价格指数和市场价格走势

城市的价格涨幅居前；宁夏、甘肃、青海等西部省份也现了同步快速上涨的现象。

四是各环节价格全面上扬。从价格上涨的结构看，从生猪购进到猪肉批发和零售的价格都出现了不同程度的上涨。与年初相比，6 月底生猪收购价格上涨 41.3%、猪肉批发价格上涨 30.6%、猪肉零售价格上涨 21.9%。此外，仔猪交易价格也出现了大幅上扬。可以说生猪市场交易上下游各个环节产的品价格呈现全面上涨的格局。

二、当前猪肉价格上涨的原因

作为一种市场化程度较高的农产品，猪肉涨价主要是市场供求关系变化的结果。由于猪肉基本可以被认为是生活必需品，需求有着相对的刚性，那么生猪供给相对不足也就成了推动当前生猪价格快速上涨的主要因素。具体来看，导致国内生猪供给偏紧的原因主要有以下几方面。

（一）生猪价格周期性波动规律影响

从历史经验看，生猪价格变化具有一定的周期性，我国生猪价格波动一般是 3~4 年一个周期。自 2004 年猪价冲高回落之后，2007~2008 年出现了一个价格上升周期，2011 年又到了一个生猪价格回升期，此次价格波动是前两年以来周期波动的反映。2009 年 9 月至 2010 年 6 月，生猪市场价格持续 9 个月较低迷，一度跌入历史低谷，养猪业基本处于亏损状态。据农业部门调查统计，此期间养殖户亏损面最大时达到 58.2%，部分中小规模养殖户或空圈弃养，或被迫退出养殖行业，生猪养殖规模有所缩减。如 2010 年四川省养猪户同比减少 8.4%；2011 年 2 月，浙江省 272 个可比典型村养猪户同比减少 1.93%；2011 年 4 月，江西 10 个生猪生产定点监测县（100 个行政村）养猪户数同比减少 6.32%。虽然 2010 年下半年猪肉价格逐步回升，但由于生猪生产周期较长，一些养殖户担心生猪出栏时行情下跌，补栏积极性仍普遍不高，没有进行及时补栏，生猪特别是能繁母猪养殖数量总体偏少。如图 2 所示，2010 年 8 月，全国能繁母猪存栏量 4580 万头，为本轮“猪周期”最低点，根据猪的生长育肥周期，能繁母猪存栏量与生猪存栏量则存在几个月的时间差，2010 年下半年能繁母猪存栏量的下降直接影响 2011 年上半年生猪存栏量。数据显示，2011 年上半年全国生猪月平均存栏量 44918.3 万头，较 2010 年下半年减少 68.3 万头。生猪存栏量下降导致出栏供应量相应减少，进而推动猪肉市场价格上涨。

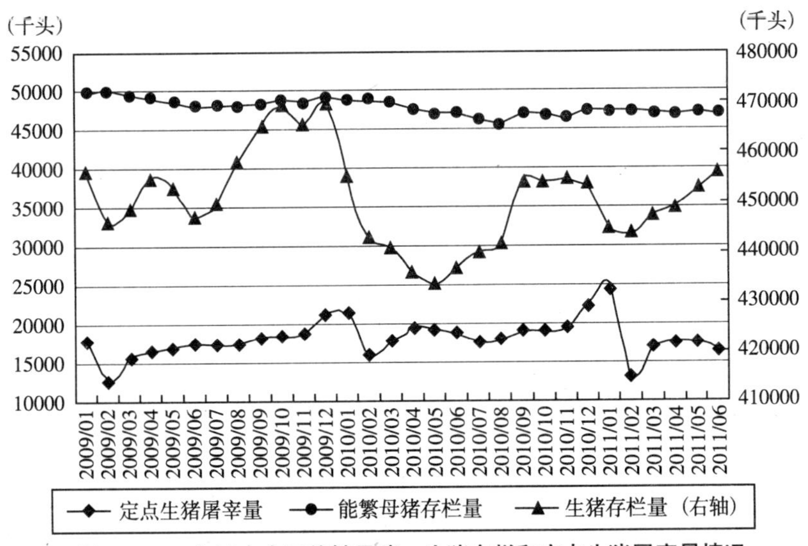

图 2　2009 年以来全国能繁母猪、生猪存栏和定点生猪屠宰量情况

（二）动物疫病导致短期市场供给减少

2010 年以来，各地相继暴发如猪瘟、高热等各种动物疫病，特别是 2010 年 11 月的 5 号病和 2011 年年初的肠胃炎疫情，使四川、湖南、河南、山东和广东等生猪主产区的母猪配种成功率下降，仔猪出生偏少、成活率下降、死亡增加（如在养猪大县湖南湘潭，部分养殖企业仔猪死亡率高达 20%~30%），这在一定程度上影响了今年上半年的生猪存栏和出栏数量。根据农业部门的调查，2011 年 1 月份仔猪存栏为 2009 年以来最低水平，按 4~5 个月的育肥周期计算，5~6 月份为出栏低谷。农业部定点监测数据显示，上半年生猪出栏量同比减少 4.8%，定点生猪屠宰量 1771.5 万头，同比下降 5.5%。因而受疫情影响，新增生猪出栏量下降，上半年生猪市场的供应相对偏紧，短期供求关系失衡，导致猪肉价格快速上涨。

（三）成本增加推动价格上行

从饲养成本看，从 2010 年下半年开始，由于以粮食为主的农产品价格大幅上涨，作为主要饲料原料的玉米价格持续攀升。到 2011 年 5 月份，全国每 50 公斤玉米平均收购价已达到 100.5 元，较 2010 年同期上涨约 16.4%。而 2011 今年玉米、豆粕、杂粮等猪饲料价格一直居高不下，上半年饲料玉米的平均价格为 2.18 元/公斤，同比上涨 10.7%，比近 5 年同期平均水平上涨 30%以上，目前零售市场玉米价格已达到 2.8 元/公斤左右，比年初上涨了约 20%。据农业部门调查和测算，5 月份购买仔猪育肥出栏一头 100 公斤的肥猪，仅饲料成本就比 2010 年同期增加 80~100 元，养殖成本将达到 1230 元左右，同比上涨约 15.6%。从市场流通成本看，今 2011 年国家有关部门加大了对运输超载现象的整治以及 2 月和 4 月两次上调油价，造成生猪运输的运力下降，运输费用相应增加，因而物流成本上升在一定程度上也就增加了单位肉价成本。此外，部分地区猪场养殖工人工资成本上涨了 20%左右，市场经营者摊位租金也有所上涨，从而增加了经营成本。这些成本性因素通过市场传导进而推高了猪肉价格。

（四）突发性事件的影响

2011 年 3 月份，河南孟州等地发生了“瘦肉精”事件，引起了国家相关部门的高度重视。5 月份，国家工业和信息化部印发了关于贯彻落实《“瘦肉精”专项整治方案》的通知，各地纷纷开展了对猪肉制品（包括产成品、半成品、原材料等）市场的全面检查、清缴工作，经过市场治理，处理了一批问题产品，短期内造成产品市场供应减少。同时地方政府也加大了生猪行业的整顿力度，强化对“瘦肉精”的检测，提高了生猪收购门槛，导致一些地方养殖户延长生猪养殖时间，推迟生猪出栏时间，从而在一定程度上造成部分地区生猪货源严重不足，甚至出现“抢猪潮”，猪源紧张进而推高了生猪收购价格。

三、下半年猪肉价格走势判断

2011年半年猪肉价格的快速上涨已经对居民的猪肉消费生产了一定影响，下半年市场运行中既存在抑制猪肉价格加速上行的有利因素，也存在一些推动猪肉价格继续上涨的不利因素。

从有利因素看，一是生猪生产方面，受猪肉价格上涨影响，猪粮比价（生猪价格和玉米价格）效应将会发挥作用。5月和6月下旬全国猪粮比价达到7.55：1和8.47：1，大大高于5.5：1的生猪养殖盈亏平衡点。这有利于激发养猪户的积极性，加大对生猪补栏，预计经过4~6个月的生长周期，新一批生猪的上市将对猪肉价格的增长起到缓解作用。有数据显示，5月和6月，全国生猪存栏量分别为45280万头和45640万头，其中能繁殖的母猪存栏为4710万头和4720万头，两个月环比均出现正增长，这将有利于在未来生产周期中增加生猪的存栏量。二是猪肉消费方面，短期内受夏季高温天气影响，居民的猪肉消费需求量将出现总体下降。特别是7~8月为暑期，学校食堂集中消费量也将大幅减少。此外，由于猪肉消费存在很大的可替代性，猪肉价格如果继续攀升则可能导致一部分消费者的需求转向牛肉等其他畜产品，猪肉的市场需求将会得到一定抑制，这有利于平衡市场，稳定猪肉价格。三是政府调控方面，6月初，国家农业部出台了《关于做好当前生猪生产有关工作的通知》，商务部也明确表示在发挥市场调节作用的同时，要加强对中央储备肉的管理，以保持猪肉市场运行的相对稳定。辽宁等地已率先开始动用储备肉增加市场猪肉供应，向全省投放5800吨储备冻肉，平抑市场猪肉价格。其他各部门也正在积极采取应对措施，从货源组织、预防疫情、市场监管等方面加大力度，政策效应将会在今后的几个月中逐步显现，有利于增强市场价格的稳定性。

当然，短期内引起猪肉价格上涨的因素不可能立即消除，目前市场中仍然存在一些不利因素。一是动物疫病方面，据农业部门调查，受旱涝急转、夏季高温等因素影响，6月下旬，广东、湖南、江西等地区生猪疫病有所加重，若生猪疫情控制不当，有可能再度影响市场供给，加剧市场波动，引发生猪价格再次上行。二是养殖成本方面，下半年玉米等饲料因工业需求增长较快，其价格还有上升空间，养猪的人工工资成本也存在一定的刚性，这也就意味着生猪饲养成本可能继续保持高位运行，这将对生猪价格形成持续不利影响。从生猪养殖周期看，尽管生猪存栏数量在逐步恢复，但后备母猪补栏约1年后才能完全有效补充生猪市场供应。三是政策措施方面，即使国家动用储备猪肉对市场进行反调节，但可用于平抑价格的储备猪肉数量也不是太多，加之储备猪肉的轮换期只有 4 个月左右，当储备猪肉投放到市场后，还需要重新购买，如果未来几个月内市场供应量没有实质性增加，政策对平抑猪肉价格的效果也将打折扣。

综合来看，当前的猪肉价格仍运行处于上升期，短期内价格仍将保持高位运行，中期内将出现平稳回落走势。一方面，由于猪肉价格的上涨有一定的惯性，根据 2005 年以来的数据测算，猪肉价格上涨惯性为 0.9，与粮食价格上涨惯性相当，大大高于其他食品价格上涨惯性，高基数使同比价格在 2011 年三季度仍将延续较高涨幅。另一方面，随着下半年母猪产仔及仔猪成活率的提高，生猪存栏量将逐步恢复，市场供给短缺的情况将得到明显改观，猪肉价格大幅上升的可能性不大，环比价格涨幅将逐步得到抑制。从同比价格看，预计猪肉价格在 7~8 月将继续走高，市场批发价格将达到 26~27 元，同比价格涨幅将维持在 60%左右；9 月份猪肉价格开始企稳回落，但同比涨幅仍将保持在 50%以上；从 10 月份开始，生猪及猪肉价格有望稳步回调，同比价格涨幅逐步缩窄，年底降至 20%左右。从环比价格看，三季度各月的环比价格涨幅上下小幅波动，四季度各月的环比价格出现下降。

因此，短期猪肉价格上涨仍将对居民消费价格（CPI）的上升造成较大压力，如图 3 所示，预计 7、8、9 月将分别带动 CPI 上涨 1.59 个、1.41 个和 1.33 个百分点，可能成为推动三季度 CPI 继续攀升的主要新涨价因素。但四季度随着猪肉价格涨速的逐步放缓，其对 CPI 影响将逐步减弱，带动 CPI 上涨幅度不超过 1 个百分点。

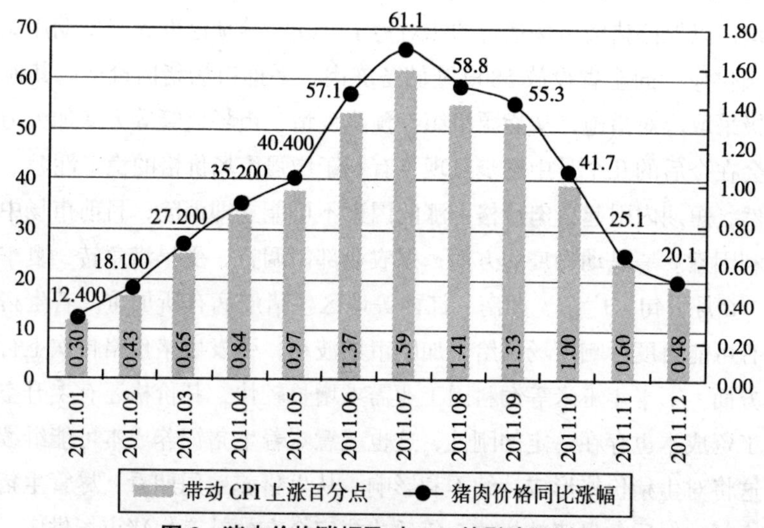

图 3　猪肉价格涨幅及对 CPI 的影响预测

四、政策建议

此次全国性的猪肉价格过快上涨，已经影响了部分居民的生活，如果猪肉价格大幅上扬，必将带动居民消费价格的进一步上涨，不利于中央调控通胀目标的实现。因而必须从生猪生产、市场流通等方面齐抓共管，保障市场供应，稳定市场价格。

（一）健全完善预警体系，加强市场和价格监测与调控

此次猪肉涨价的主要原因是供需矛盾，因此应进一步完善反映产品市场供需信息的预警体系，增加固定监测点数量，重点加强对母猪存栏变化和仔猪价格情况的监测；加强对生猪主产区和主销区生猪供求关系的分析，及时掌握猪肉供求数量和市场价格变化趋势；强化信息引导，适时发布生产和市场动态变化信息；扩大国家储备猪肉投放力度，增加猪肉和其他可替代消费的肉类进口，抑制价格过高上涨。

（二）加强动物疫病防控，建立重大疾病保险制度

几乎每次猪肉价格上涨都或多或少与疫病有关，因此应当增加动物疫病防控投入，加强对生猪疫病防控指导与服务，改善生猪饲养环境和动物防疫条件，促进生猪规范化养殖，尽量减轻疫病对养猪业的威胁和危害。就养殖过程中几种常见的传染性和高致死性疾病，针对不同区域、不同养殖数量建立梯级保险制度，通过建立种猪、母猪重大病害、灾害等保险制度，在降低养殖风险的同时，提高养殖户的积极性。

（三）大力发展规模养殖，提高生猪供应能力

散养户因进退养殖行业速度快，很容易引发市场供给大幅波动，而规模养殖则对稳定生猪生产起到了较大的作用。针对目前全国性的猪肉供应偏紧情况，国家已出台生猪养殖相关优惠政策，应当加快落实这些政策，大力推行“公司+农户”模式，充分发挥农户养殖的灵活性与公司经营的规模效应，提高生猪规模化养殖程度和产业化经营水平，保障生猪存栏、出栏数量增加和市场肉源供给充足。

（四）完善价格补贴制度，实行“双补贴”政策

加大对因猪肉价格上涨而遭受损失的群体的财政性补贴，保护生猪养殖户和低

收入群体的利益。一方面，增加对生猪养殖户的补贴，通过补贴政策有效引导生产，缓解生猪生产周期性波动对市场的影响。如进一步扩大对疫病疫苗的补贴范围，对重大疫病完全实行无偿的强制性国家防疫免疫政策。另一方面，为确保低收入群体的生活不受猪肉和其他食品价格价波动的影响，应借鉴国际经验建立实物补贴制度，按照营养配比为低收入家庭定量配给粮食和肉蛋奶。

（五）强化市场监管，维护猪肉市场秩序

加强对市场质量和价格的监管，加强生猪和猪肉的检疫检验，重点加大对集贸市场、超市等流通场所猪肉价格的巡查力度，规范生猪市场流通秩序，严肃查处哄抬价格、囤积居奇等扰乱猪肉市场价格的行为。

执笔：杜飞轮